Alfred Hermann Fried

Geschichte der Friedensbewegung

edition pace | Band 14
Regal zur Geschichte des Pazifismus 1

Herausgegeben von Peter Bürger,
Editionsmitarbeit: Ingrid von Heiseler

In Kooperation mit dem
Alois Stoff Bildungswerk der DFG-VK NRW,
unterstützt durch die Bertha von Suttner Stiftung
der DFG-VK

Alfred Hermann Fried

Geschichte der Friedensbewegung

Eine Darstellung zum Pazifismus bis 1912

Aus der zweiten Auflage des
‚Handbuchs der Friedensbewegung'
(1913)

edition pace

FSC
www.fsc.org
MIX
Papier aus ver-
antwortungsvollen
Quellen
Paper from
responsible sources
FSC® C105338

Diese Buchausgabe folgt der schon erschienenen
Digitalversion des Online-Regals bei der DFG-VK NRW

© 2024

Alfred Hermann Fried

GESCHICHTE DER FRIEDENSBEWEGUNG

Eine Darstellung zum Pazifismus bis 1912
(Aus der zweiten Auflage des
‚Handbuchs der Friedensbewegung‘, 1913)

Neu herausgegeben von Peter Bürger

edition pace (Gründungsreihe) | Band 14
Regal zur Geschichte des Pazifismus 1

Redaktion & Gestaltung: Peter Bürger
(www.tolstoi-friedensbibliothek.de)
Umschlagmotiv: Alfred H. Fried um 1905
(Library of Congress | commons.wikimedia.org)

Herstellung & Verlag: BoD – Books on Demand, Norderstedt
ISBN: 978-3-7597-0334-7

Inhalt

Die Geschichte der Friedensbewegung bis 1912

Anhang

ALFRED HERMANN FRIED (1864-1921):
FRIEDENSNOBELPREISTRÄGER

Handbuch

der

Friedensbewegung

Zweiter Teil

Geschichte, Umfang und Organisation
der Friedensbewegung

Von

Alfred H. Fried

Zweite, gänzlich umgearbeitete und erweiterte Auflage

Berlin und Leipzig 1913
Verlag der „Friedens-Warte"

Aus diesem Handbuch stammt A. H. Frieds Darstellung
„Die Geschichte der Friedensbewegung"

Vorbemerkungen zu dieser Edition

Alfred Hermann Fried (1864-1921) war Weggefährte – keineswegs nur ‚Schüler‘ – der Österreicherin Bertha von Suttner, begründete im November 1892 die Deutsche Friedensgesellschaft (DFG) und wurde 1911 mit dem Friedensnobelpreis ausgezeichnet. Zuletzt hat Guido Grünewald – unter Mitherausgeberschaft der Bertha-von-Suttner-Stiftung der DFG-VK – einen beachtlichen Sammelband zur Würdigung dieses schier unermüdlichen Friedensarbeiters vorgelegt.[1] A. H. Frieds zuerst 1905, sodann 1911/1913 (als zweiteilige Neuauflage) veröffentlichtes ‚Handbuch der Friedensbewegung‘ enthält neben den Abteilungen zu Grundlagen und Organisation des Pazifismus eine umfangreiche Darstellung *„Die Geschichte der Friedensbewegung"*, die zwar auf einzelne Vorläufer verweisen kann (→S. 246-248), aber doch in ihrer Art für den deutschen Sprachraum eine Pionierarbeit ist. Die Lektüre dieses hier erneut dargebotenen frühen Versuchs einer Geschichtsschreibung der Bewegung wider das ‚Programm Krieg‘ bleibt lohnend auch für diejenigen, die in ihrer Hausbibliothek die aktuellen Standardwerke zum Thema (→S. 254-255) zusammengestellt haben. Auf Schritt und Tritt stoßen wir auf ‚Realien‘ und Fährten, die anderswo nicht zu finden sind. Zugleich vermittelt das Werk in vielen Kapiteln die Sichtweise eines Zeitzeugen, der Entwicklungen und Ereignisse aus der Perspektive einer bestimmten Strömung der Friedensbewegung beleuchtet.

Die radikalen Friedensfreunde vor 120 Jahren – aus heutiger Sicht die ‚eigentlichen Pazifisten‘ – folgten etwa dem Ansatz von Leo Tolstoi, der sein Vertrauen mitnichten in die Einsichtsfähigkeit der Regierenden und eine irgendwie zwangsläufige Evolution des ‚zivilisatorischen Fortschritts‘ setzte: Die Beherrschten müssen sich jetzt dem Waffendienst und überhaupt der Kriegsapparatur *verweigern*. (Leider ist es Tolstojanern oder Sozialisten nicht gelungen, vor der Eröffnung des großen Menschenschlachthauses zeitig einen solchen ‚Generalstreik‘ zu initiieren). – Alfred Hermann Fried hingegen stellte förmlich sein ganzes Leben in den Dienst des Friedens, weil er glaubte, der Durchbruch zu einem neuen Recht der Völker –

---

[1] Guido GRÜNEWALD (Hg.), Alfred Hermann Fried: Organisiert die Welt! (= Geschichte & Frieden, Band 36). Bremen: Donat Verlag 2016.

nach Maßgabe von Vernunft und Humanität – stehe bevor: *„Fortschrittstatsachen"* überall … Viele Regierungen und selbst den deutschen Kaiser sah er auf einem passablen Weg. Seine Geschichtsschreibung von 1913 endet mit einem Geschichtsoptimismus sondergleichen: *„Möge die rastlose Vorarbeit, die seitens der Friedensbewegung geleistet wird, in der Hand befähigter Männer zum Wohle der Menschheit verwertet werden. … Möge aus diesem Rückblick auf das Vergangene die werdende Frucht erkannt werden, möge daraus Mut und Zuversicht sprießen für die Millionen, die der Zeit des nahen Weltfriedens entgegenarbeiten."* (→S. 244-245).

Es kam stattdessen nur ein Jahr darauf der Erste Weltkrieg mit am Ende 17 Millionen Toten. A. H. Fried sah sich herausgefordert zu „beweisen, dass der Pazifismus nicht bankerott ist … Der Pazifismus lebt und streitet und bereitet sich auf die große Aufgabe vor, die seiner nach Beendigung des Krieges auf diesem zerrütteten Erdteil harrt."[2] – Das Lebenswerk dieses Friedensstreiters vermögen wir nur mit Respekt zu betrachten. Seine optimistische Einschätzung der modernen „Zivilisation" und der Mächtigen können die Nachgeborenen nicht mehr als hilfreich betrachten. Sein Programm jedoch muss am Anfang einer unvorstellbaren ökologischen Krise des ganzen Erdkreises und inmitten eines ‚Weltkriegs auf Raten' endlich wieder gehört werden: Organisiert eine Welt, in der alle miteinander reden, nachdenken, zusammenarbeiten und Lösungen erproben. Sorgt für Regeln, die der ganzen menschlichen Familie und nicht einer winzigen Minderheit von ‚Ego-Shootern' dienlich sind. *Mindestvoraussetzung* ist, dass die Waffen schweigen. Sonst kommt auf jeden Fall eine Barbarei, die alles Gewesene in den Schatten stellt.

Zur Verbesserung der Übersichtlichkeit sind in der vorliegenden Neuedition die Textabteilungen der ‚dritten Gliederungsstufe' mit arabischen Ziffern versehen worden. Frieds Darstellung eröffnet ein zunächst dreiteiliges ‚Regal zur Geschichte des Pazifismus', herausgeben in Kooperation mit dem Alois Stoff Bildungswerk der DFG-VK NRW. Grundlegend ist die im Internet kostenfrei abrufbare Digitalfassung als Erstauflage; es folgt jedoch bei allen Teilen auch eine nichtkommerziell kalkulierte Taschenbuchausgabe der *edition pace*.

Düsseldorf, im März 2024   Peter Bürger

---

[2] A. H. FRIED: Vom Weltkrieg zum Weltfrieden. Zürich: Orell Füssli 1916, S. 7.

DIE GESCHICHTE DER FRIEDENSBEWEGUNG BIS 1912

Textquelle

ALFRED HERMANN FRIED:
Handbuch der Friedensbewegung. Zweiter Teil.
Geschichte, Umfang und Organisation der Friedensbewegung.
Zweite, gänzlich umgearbeitete und erweiterte Auflage.
Berlin und Leipzig: Verlag der „Friedens-Warte" 1913,
S. 1-262: „VI. Die Geschichte der Friedensbewegung".

„Friedens*idee* und Friedens*bewegung* sind nicht wesensgleich.
Die eine ist nur die Voraussetzung der andern; die Idee war
es auch hier, die zur Tat führte. Erst die für die Friedensidee
planmäßig eingesetzte Arbeit ist *Friedensbewegung*.
Eine Geschichte dieser Bewegung kann sich aber nicht darauf
beschränken, lediglich das in ihrem Interesse unternommene
Tatwirken zu verzeichnen. Sie muß auch dem Empfinden und
Denken Raum geben, das die Menschheit beseelte, lange ehe
sie die Reife zum Handeln besaß, und das auch, nachdem es
schon lange ein pazifistisches Wirken – eine Friedensbewegung
also – gab, auch neben dieser sich entfaltete und immer
wieder befruchtend auf sie einwirkte."

ALFRED HERMANN FRIED

A.
Bis zum Wiener Kongreß

Friedensidee und Friedensbewegung. – I. DIE VORGESCHICHTE: 1. *Altertum.* Altes Testament – Orient – Griechen. – Römer. – Neues Testament und Kirchenväter. – 2. *Mittelalter.* Thomas v. Acquino. – Marsilius von Padua. – Honoré Bonnor. – Peter Dubois. – Treuga dei – Fehderecht und Landfriede.

II. DIE NEUZEIT: 1. *Bis Ende des XVII. Jahrhunderts.* Georg von Podiebrad. – Erasmus von Rotterdam. – Luther. – Heinrich IV. – Emeric Crucé. – Hugo Grotius. – Richard Zouche. – Thomas Campanella. – Amos Comenius. – Landgraf Ernst von Hessen-Rheinfels. – Herzog Karl von Lothringen. – Spinoza. – Pufendorf. – Thomasius. – Friedrich von Logau. – Fénelon. – Bayle u. a. – Die Quäcker. – William Penn. – William Temple und John Bellers. – 2. *Das Jahrhundert der Aufklärung.* Abbé St-Pierre. – Rousseau und Leibniz. – Montesquieu. – Voltaire. – Die Enzyklopädisten (Holbach, Diderot, Turgot). – Ange Gondart. – La Harpe, Gaillard und Mayer. – Gottsched. – Palthen. – Totze. – Lilienfeld. – Vattel – Lessing. – Friedrich der Große. – Kaunitz' Abrüstungsvorschlag. – Herder. – Wieland. – Schiller. – Hippel. – Schinly. – Swift. – Hume. – Price. – Bentham. – Die nordamerikanische Föderation. – Alexander Hamilton. – Die französische Nationalversammlung (Beauharnais, Mirabeau, Volney, Pétion, Isnard, Robespierre, Cloots, Abbé Gregoire, Ediasseriaux, Condorcet). – 3. *Von Kant bis zum Wiener Kongreß.* Immanuel Kant – Kants Gegner.– von Jakob. – Krug. – Schelling. – Zachariae. – Chateaubriand. – Fries. – von Malinowsky. – Batain. – Jean Paul. – G. Hugo. – Heeren und Krause. – Erzherzog Karl. – Fichte. – Fournier. – St Simon. – Thiery. – Constant de Rebecque. – Der Wiener Kongreß. – Der Deutsche Bund. – Der Schweizer Bund. – „Die Heilige Allianz". – Napoleons Plan für eine europäische Staatengesellschaft.

Friedensidee und Friedensbewegung

Vielfach gehen die Bekämpfer des Pazifismus von der Anschauung aus, als ob es sich dabei um eine Modelaune der Gegenwart handelte, die eines Tages ebenso rasch verschwinden werde, wie sie angeblich gekommen sein soll. Daß eine solche Anschauung auf einem Irrtum beruht, ist am besten durch einen geschichtlichen Rückblick zu widerlegen. Es ist darin zu zeigen, wie sich der Friedensgedanke schon in der Frühzeit unserer Kultur eingestellt hat, und wie er sich auch unter den widerwärtigsten Verhältnissen, unter den Stürmen und der Finsternis ganzer Zeitabschnitte behauptete, wie er sich entwickelte und an Stärke zunahm, um sich immer mehr zur Tat zu verdichten. Denn am Anfang war bloß der Gedanke, die Idee. Man pries den Frieden als ein Ideal, das aus der Sehnsucht der Menschheit entsprang. Erst allmählich fing man an, über die Möglichkeit einer Verwirklichung des Ideals nachzudenken und so die Friedens*idee* zur Friedens*bewegung* hinüber zu leiten, die erst da greifbar in Erscheinung tritt, wo es versucht wird, die uralte, die Menschheitsgeschichte wie ein roter Faden durchlaufende Idee in die Wirklichkeit zu übertragen.

Friedens*idee* und Friedens*bewegung* sind nicht wesensgleich. Die eine ist nur die Voraussetzung der andern; die Idee war es auch hier, die zur Tat führte. Erst die für die Friedensidee planmäßig eingesetzte Arbeit ist *Friedensbewegung*. Eine Geschichte dieser Bewegung kann sich aber nicht darauf beschränken, lediglich das in ihrem Interesse unternommene Tatwirken zu verzeichnen. Sie muß auch dem Empfinden und Denken Raum geben, das die Menschheit beseelte, lange ehe sie die Reife zum Handeln besaß, und das auch, nachdem es schon lange ein pazifistisches Wirken – eine Friedensbewegung also – gab, auch neben dieser sich entfaltete und immer wieder befruchtend auf sie einwirkte. Sie vermag aber auch zu zeigen, wie schon frühzeitig neben den Kundgebungen der Sehnsucht und den Wertungen des Friedens die Gedankenarbeit der Menschheit der praktischen Verwirklichung zustrebte; jene Gedankenarbeit für den Frieden, die schon bei den Alten sich bemerkbar machte, das trübe Mittelalter erleuchtete und in der frühen Neuzeit immer stärker hervortrat, bis sie erst an der Schwelle unserer Gegenwart, zu Beginn des vorigen Jahrhunderts, jene Bestrebungen erstehen ließ, die wir jetzt als „Friedensbewegung" bezeichnen.

Diese Richtlinien sind in dem nachfolgenden Versuch innegehalten worden. Und nur um einen solchen handelt es sich hier. Mehr als eine Skizze der pazifistischen Entwicklung zu bieten, würde über den Rahmen dieser Arbeit hinausgehen. Für eine umfassende Geschichte der Friedensbewegung ist wohl auch der richtige Zeitpunkt noch nicht gekommen. Noch fehlt uns für die Ereignisse, die sich zumeist in den letzten zwanzig Jahren zusammendrängten, die Perspektive, und der Zeitabschnitt des Stürmens und Drängens, in dem wir uns jetzt befinden, muß erst abgeklärteren Zeiten Platz gemacht haben, ehe an eine klassische Geschichte des Kampfes um den Weltfrieden gedacht werden kann.

Falsch wäre es, aus dem Alter der Idee und der auf ein Jahrhundert zurückblickenden Bewegung die Aussichtslosigkeit des Friedensgedankens herleiten zu wollen. Nur wer mit Vorurteilen daran geht, die Geschichte zu prüfen, dem also die geistigen Voraussetzungen zu einer solchen Prüfung fehlen, wird bestreiten können, daß in dem Wesen der zwischenstaatlichen Beziehungen grundlegende Veränderungen vor sich gegangen sind. Veränderungen, die durch die unausgesetzte Gedankenarbeit der erleuchteten Geister aller Zeiten bewirkt wurden. Niemals soll man vergessen, was im ersten Teile dieses Buches ausgeführt wird: Die Friedensbewegung schafft den Völkerfrieden nicht, die Kulturentwicklung bedingt ihn und zeitigt diese Friedensbewegung. Deren Geschichte ist daher nichts weiter als ein Bericht über Signale, die den Fortschritt der Menschheit sichtbar machten.

I. Die Vorgeschichte

1. Altertum

Altes Testament. Orient

Spuren des *Friedensideals* finden wir, wenn auch neben zahlreichen Beweisführungen, deren sich die Kriegsanhänger mit Vorliebe bedienen, schon im Alten Testament. Die jüdischen Propheten, unter ihnen vornehmlich *Jesaias,* weissagten und priesen ein Zeitalter dauernden Friedens. Bei den alten Völkern des Orients durchzieht der Friedensgedanke die religiöse Lehre. Die Religion der *Perser* verkündet, daß nach der Besiegung Ahrimans aller Streit aufhören und Friede herrschen werde. Die großen Geister der Chinesen bekämpften den Krieg. Der indische Gesetzgeber *Manu* erklärt den Krieg als

15

im Widerspruch zur Vernunft stehend und fordert seine Vermeidung. Sechshundert Jahre vor Christus predigte *Buddha* die Einheit der Menschen, das Verächtliche der Gewalt, die Werte der Liebe, und verkündete die *Zendavesta* den Grundsatz: „Widerspruch gegen den Frieden ist Sünde."

Griechen

Die antike Welt vergaß trotz ihres kriegerischen Aufbaues nicht, daß der Friede einen bessern Zustand der Menschheit darstelle. Namentlich bei den *Griechen* wiesen die Dichter und Redner oft auf die Wohltaten des Friedens hin. Schon *Homer* nennt den Krieg ein „entsetzliches Scheusal" und läßt Zeus dem Kriegsgott Mars seinen Haß ausdrücken, da er stets nur den Kampf und die Schlachten geliebt habe. *Euripides* (480–406 v. Chr.) bezeichnete diejenigen als Narren, die da versuchen, „wertvolle Güter durch den Krieg zu erhaschen," und sagt, daß der Krieg niemals aufhören werde, „wenn Streitigkeiten mit Blut erstickt werden sollen". Auch bei *Aristophanes* (um 450 bis ungefähr 380 v. Chr.) [Lysistrata z. B.] und *Aeschylos* (525–456 v. Chr.) finden wir Verurteilungen des Krieges. *Andokides*, der attische Redner, der ungefähr im vierten Jahrhundert vor der christlichen Zeitrechnung gelebt hat, sprach von dem unvermeidlichen Niedergang, den der Krieg dem Volke bringe, und der um dieselbe Zeit lebende Redner *Isokrates* (436–338 v. Chr.) stellte die Forderung auf, „man solle Frieden mit der gesamten Menschheit schließen. Es sollte unsere Sorge sein, den Frieden nicht nur zu schließen, sondern auch aufrecht zu erhalten. Aber das wird niemals geschehen, bis wir zu der Überzeugung gekommen sind, daß Ruhe besser als Unruhe ist, Gerechtigkeit besser als Ungerechtigkeit, die Sorgfalt um unser eigenes Gut angemessener als das Streben nach dem, was andern gehört". Die Hauptvertreter der *Stoa*, namentlich *Epiktet*, um 50 n. Chr., und *Zeno* (350–264 v. Chr.) träumten von einem Weltstaat, und *Plato* (427–347 v. Chr.) schilderte im „Timäus" und „Kritias" den Friedensstaat *„Atlantis"*. Auch der Lyriker *Krates*, der Lehrer des Zeno, soll einen solchen Friedensstaat geschildert haben. *Plutarch* (geb. 46 n. Chr.) spricht den bedeutungsvollen Satz aus: „Es gibt keinen Krieg zwischen Menschen, der nicht seinen Ursprung in Verruchtheit hätte; die einen werden veranlaßt durch den Wunsch nach

Abwechslung, die andern durch die gar zu große Begierde nach Einfluß und Macht."

Als Beispiel praktischer Friedenbestätigung der Griechen haben wir oben (BAND I. S. 169)[1] die Worte des König *Archidamos* von Sparta angeführt, die uns *Thukydides* berichtet, und dabei auf den *Amphyktionenbund* verwiesen, der uns als erstes Beispiel einer wenn auch losen Föderation mit schiedsrichterlichen Organen erscheint. Die Schiedsgerichtsbarkeit wurde im alten Griechenland ziemlich häufig angewandt. Wir besitzen auch den Text des bereits oben (BAND I. S. 169) erwähnten Schiedsvertrages zwischen *Argos* und *Sparta*, der folgende Bestimmung enthält: „Wenn zwischen den vertragschließenden Parteien ein Streit entsteht, haben diese den Gepflogenheiten ihrer Vorfahren (!) gemäß zum Schiedsspruch eines neutralen Staates ihre Zuflucht zu nehmen." Dennoch waren diese frühen Verwirklichungsversuche der Idee, für die sich noch weitere Beispiele anführen ließen[2], nur für den Streit der Griechen untereinander bestimmt. Der Gedanke einer friedlichen Streitschlichtung zwischen ihnen und *fremden* Völkern fehlte den Griechen ebenso wie den Römern.

Römer

Bei den Römern sang *Ovid* „vom göttlichen Frieden", bat *Lucretius* die Venus, sie möge den kriegerischen Werken ein Ende bereiten, und *Juvenal* spottete der „Elenden, die Kriege führen". *Virgil* (70–19 v. Chr.) klagte darüber, „daß die Freude am Waffenlärm und die unsinnige Kriegswut rasen". Bei aller Kriegsbegeisterung der Römer geht doch durch die Schriften ihrer Dichter und Denker ein Zug entschiedener Kriegsverachtung. *Cicero* schon wetterte gegen die Streitlösung durch Gewalt, die er, ein früher Bekämpfer des Kulturzoologismus, als „die Methode der Tiere" bezeichnete, während

---

[1] [Mit „BAND I / BD. I" oder „TEIL I" bezieht sich der Verfasser stets auf: Alfred Hermann FRIED: *Handbuch der Friedensbewegung. Erster Teil.* Grundlagen, Inhalte und Ziele der Friedensbewegung. Zweite, gänzlich umgearbeitete und erweiterte Auflage. Berlin und Leipzig: Verlag der „Friedens-Warte" 1911.]

[2] In dem soeben erschienenen Werke von A. RAEDER, „L'Arbitrage international chez les Hellenes" (Kristiania 1912. Publications de l'Institut Nobel Norvegien) sind nicht weniger als 81 Schiedsfälle aus der Geschichte der Hellenen behandelt.

ihm die Streitlösung durch Vergleich als die Methode vernunftbegabter Wesen erschien. *Sallust* (86–34 v. Chr.) sagte über die Empfehlung einer schiedsgerichtlichen Entscheidung seitens des Senats im Jugurthinischen Krieg, daß „diese Handlungsweise sowohl Rom als dem Gegner selbst zur Ehre gereichen" würde. *Seneca* (4 v. bis 65 n. Chr.) fragte, warum man „der Kriegführung und dem ruhmreichen Verbrechen, das ganze Nationen niedermetzelt", besondere Achtung schuldet, wo man doch sonst im bürgerlichen Leben Mörder und Meuchler bestrafe. Eroberer nannte er „Plagen, die der Menschheit nicht weniger schädlich sind als Überschwemmungen und Erdbeben". *Tacitus* (geb. 55 n. Chr.) verwirft den Krieg und ruft warnend aus: „Hütet Euch vor dem Manne, der Euch in den Krieg führt," und *Marc Aurel* (121–188 n. Chr.) stellt bereits die ganze Menschheit als eine große Gemeinschaft dar. „Da eine Vernunft das Weltall beherrscht", so schrieb er, „soll auch nur ein Gesetz die Menschen verbinden, denn alle Menschen sind Genossen eines Weltreichs". Kaiser *Probus* (232–282 n. Chr.) rief aus: „Keine Waffen sollen mehr auf Erden geschmiedet werden! Keiner Krieger wird man mehr bedürfen!" Er war es auch, der die Soldaten zur Herstellung von Kulturarbeiten verwendete.

Neues Testament und Kirchenväter

Reich an Lobpreisungen und Weissagungen des Friedens ist das Neue Testament. In Vertretung der Lehre Christi wandten sich die Kirchenväter aus der ersten Periode des Christentums sogar direkt gegen den Gebrauch der Waffen; so *Irenäus, Clemens von Alexandria, Tertullian, Cyprianus, Lactantius* u. a. Der heilige *Augustinus* erklärte: „Nicht Frieden halten heißt Christo trotzen."

2. Mittelalter

Thomas von Acquino. Marsilius von Padua.
Honoré Bonnor. Peter Dubois.

Kommen die Schriftsteller der antiken Welt über die reine Betrachtung und Empfehlung des Friedensideals nicht hinaus, so treten die

Geistesarbeiter des Mittelalters bereits verschiedentlich mit Plänen und ganzen Ideengebäuden hervor, die eine Weltorganisation bezwecken, als deren Ergebnis der dauernde Friede gedacht ist. Man muß sich im voraus darüber klar sein, daß jene Pläne für unsere heutige Auffassung des Friedens nur vom geschichtlichen Gesichtspunkte aus Interesse haben können. War doch in jener Zeit nicht einmal der innerstaatliche Friede hergestellt. Zumeist handelt es sich bei jenen Verfassern um eine Verbindung aller Staaten der christlichen Welt, mit dem offenen oder verborgenen Hintergedanken, die Herrschaft des Papstes oder die des Kaisers zu erweitern, oder die Christenheit für einen Krieg gegen nichtchristliche Staaten zu sammeln und zu stärken. So erblickte *Thomas von Acquino* um die Mitte des 13. Jahrhunderts die Sicherung eines dauernden Friedens in der Weltherrschaft des Papstes, während *Dante* (1265–1321), der auch in seiner „Göttlichen Komödie'; wiederholt den Friedensgedanken vertrat, in seinem Werke „De monarchia" den Plan einer regelrechten Staatenföderation entwarf, in der die Kirche dem Kaisertum untergeordnet sein sollte. Drei Jahre nach Dantes Tod empfahl *Marsilius von Padua* in seinem 1324 erschienenen Werk „Defensor pacis", die Kirchenkonzile zur Vertreterschaft einer europäischen Staatenrepublik umzuwandeln, und der Abt Honorée Bonnor, der im Dienste Karl des Weisen von Frankreich stand, trat in seiner 1380 erschienenen Schrift „Arbre de Bataille" für die Universalmonarchie unter der Führung des Kaisers ein. Die Weltreichsidee des Mittelalters war schon lange vor Dante von zahlreichen, meist geistlichen Schriftstellern entwickelt worden. Von diesen Projekten einer Weltorganisation scheint das eines weltlichen Mannes, des französischen Juristen Peter Dubois (bis 1321), in seinem im Jahre 1305 verfaßten Werke „De recuperatione terre Sancte" schon deshalb einer größeren Beachtung wert, weil es als das älteste Dokument eines Staaten-Organisationsplanes anzusehen ist, und weil es bereits den Vorschlag eines ständigen europäischen Schiedshofes enthält, für dessen Konstituierung ein System vorgeschlagen wird, das beinahe dem gleicht, das die I. Haager Konferenz für die Inbetriebsetzung des Haager Hofes angenommen hat.[3]

---

[3] S. darüber: W. SCHÜCKING, Die Organisation der Welt. Leipzig 1909, und E.H. MEYER, Die staats- u. völkerrechtlichen Ideen von Peter Dubois. Marburg 1908.

Als eine Friedenstat, wenn auch nur im Sinne des Mittelalters, ist die Einrichtung der *„treuga dei"*, des *Gottesfriedens*, aufzufassen, der von den Bischöfen von *Arles, Avignon* und *Nizza* und dem Abt *Odilo von Clugny* 1041 errichtet und durch Papst *Urban II.* auf der Kirchenversammlung zu *Clermont* (1095) für die gesamte Christenheit verkündet wurde. Danach waren vier Tage der Woche feierlich gefriedet. Jede Kriegführung – d. h. auch der Privatkrieg – war untersagt. Ein Beweis seiner Alltäglichkeit. In seinen weiteren Zielen hatte dieses kirchliche Friedenswerk dennoch keinen andern Zweck, als die christlichen Völker enger zusammenzuschließen, damit sie sich stärken zu einem gemeinsamen Krieg gegen den Islam. In der Tat wurde auf derselben Kirchenversammlung zu Clermont, die den Gottesfrieden verkündete, auch der erste Kreuzzug beschlossen.

Fehderecht und Landfriede

Auf den großen Umfang der Schiedsgerichtsbarkeit im Mittelalter ist schon oben (BD. I, S. 169 ff.) hingewiesen worden. Namentlich waren es die Päpste, die das Schiedsamt an sich rissen, aber auch von anderen Stellen wurde dieses häufig ausgeübt. Der Gottesfriede und die Schiedsgerichtsbarkeit bildeten in einer Zeit, wo die Beschäftigung der wehrhaften Ritterschaft in nichts anderem bestand, als darin, Übergriffe abzuwehren und solche selbst zu begehen, eine wohltuende Beschränkung des damals herrschenden allgemeinen Krieges. Durch jene Beschränkungen wandelte sich das Faustrecht allmählich in das *Fehderecht*, das in seinem Wesen eine große Ähnlichkeit mit der gegenwärtig üblichen Methode der Kriegsreglementierung besitzt, wie sie durch die Genfer und die Haager Abmachungen festgelegt wurde. Auch dort waren bereits für gewisse Personen, für Geistliche, Wöchnerinnen, Kranke, Pilger, Kaufleute und Fuhrleute, für Kirchen, Kirchhöfe usw. Schutz- und Ausnahmebestimmungen vorgesehen, ähnlich jenen, die die erwähnten Vereinbarungen für den modernen Krieg festsetzen. Die Versuche verschiedener Kaiser, das Fehderecht zu beseitigen und die Streitigkeiten vor eingesetzten Richtern zum Austrag zu bringen, führten nicht gleich zu der vollkommenen Beseitigung dieses Unwesens, die erst gelang durch die Einführung des „*Ewigen Landfriedens*" der durch *Maximilian I.,* am Reichstag zu Worms am 7. August 1495 proklamiert wurde. An Stelle der Fehde trat nunmehr das Reichskammergericht, womit an der Schwelle der Neuzeit ein erster gewaltiger Fortschritt im Sinne der Friedensidee erreicht war.

II. DIE NEUZEIT

1. Bis zum Ende des XVII. Jahrhunderts

Georg von Podiebrad

An der Schwelle der Neuzeit, wo ein so großer Wandel der Kultur eintrat, finden wir den Plan des Böhmenkönigs *Georg von Podiebrad* (1420–1471), der 1462 ein ewiges Friedensbündnis unter den christlichen Fürsten zur Ausführung bringen wollte. Ins Auge gefaßt war ein Staatenbund mit einem ständigen Gesandtenkongreß, eine Art zwischenstaatliches Parlament. Der Gebrauch der Waffen zwischen den Bundesmitgliedern sollte ausgeschlossen sein; alle Streitigkeiten wären vor einem Bundesgericht auszutragen gewesen. Hingegen war eine militärische Exekutivgewalt vorgesehen. Die Idee zu jenem Plane rührte nicht von Podiebrad selbst her, sondern von seinem Kanzler Antonius *Marius aus Grenoble,*[4] der als Abenteurer durch Europa zog, seine Idee überall anbot und erst beim Böhmenkönig Verständnis dafür fand. Dieser war nämlich als Ketzer erklärt worden, und sah daher in dem christlichen Staatenbund ein Mittel, sich den erwarteten Angriffen des Papstes zu entziehen, zumal er damit die Christenheit zum Entsatze Konstantinopels organisieren wollte. So lag auch diesem Friedensplane die Kriegsabsicht und die Erweiterung der Herrschaft seines Vertreters zugrunde.

Erasmus von Rotterdam

Um die Zeit, als König Podiebrad mit seinem Föderationsplan hervortrat, wurde *Erasmus von Rotterdam* (1467 bis 1536) geboren. Er

---

[4] Siehe: Dr. Ernst SCHWITJKY, Der europäische Fürstenbund Georgs von Podiebrad. Marburg 1907.

war einer der angesehensten und einflußreichsten Schriftsteller jener Periode. In zahlreichen seiner Schriften bekämpfte er den Krieg als widersinnig, trat er nachdrücklichst für den Frieden ein. Da er seine Gedanken mit großer Schärfe und vielem Witz zum Ausdruck brachte und dadurch großen Eindruck auf seine Zeitgenossen hervorrief, gilt er mit Recht als der Ersten einer, der die Friedensidee volkstümlich machte. In einer seiner Schriften ironisierte er sich selbst als „einen gewissen Vielschreiber, der nicht aufhört, mit seiner Feder den Krieg anzufeinden und zum Frieden zu mahnen". In seinem 1518 erschienenen Buche „Militis Christiani Enchiridion" bekämpfte er den damals vorbereiteten Krieg gegen die Türken mit viel Witz und Energie. Er stellt unter anderm die Frage auf, zu welcher Sekte man nach einem Siege die nicht gefallenen Türken bekehren solle, und ob angesichts des daraus entspringenden blutigen Ringens zwischen den Christen selbst, die Türken Liebe zur christlichen Religion gewinnen könnten. In verschiedenen seiner „Colloqien" erörtert er in scharfsinnigster Weise das Friedensproblem. In einem dieser „Zwiegespräche", das „Charon" betitelt ist, spottet er über den Einfluß der Kirche auf die Entfesselung der Kriege. Die Geistlichen seien es, die den Fürsten die Liebe zum Krieg ins Ohr träufeln. „Und damit man sich noch mehr über den tapferen Geist der Menschen wundere, rufen sie dasselbe bei beiden Parteien aus. Bei den Franzosen predigen sie, Gott stehe auf der Seite der Franzosen, und wer Gott zum Protektor habe, der könne nicht besiegt werden. Bei den Spaniern und Engländern lautet es: Dieser Krieg werde nicht vom Kaiser, sondern von Gott geführt; sie sollten sich aber nur als tapfere Männer erproben, der Sieg sei ihnen gewiß. Komme aber einer um, so sterbe er nicht, sondern fliege stracks in den Himmel, bewaffnet wie er sei … Dazu kommt dann noch die Jugend, die Unerfahrenheit, die Ruhmsucht, der Zorn und ein Gemüt, das eine natürliche Neigung besitzt zu dem, was ihm vorgehalten wird. So wird die Täuschung leicht, und es ist nicht schwierig, einen Wagen, der schon von sich aus Neigung zum Abstürzen hat, anzutreiben." Auch in dem Zwiegespräch *Ichthyophagia* (Vom Fischessen) wird das Törichte des Krieges eingehend erörtert.

Erasmus' hervorragendstes Friedensplaidoyer ist sein im März 1514 von London aus an seinen Freund *Antony von Bergen*, den Abt von St Bertin, gerichtetes Schreiben, wo er den bedrohlichen Zustand Europas und die Gefahr eines kriegerischen Sturmes darlegte, und den befreundeten Abt bat, seinen Einfluß bei Kaiser Maximilian und dem Prinzen Karl, nachmals Kaiser Karl V., zur Verhütung der Katastrophe geltend zu machen. Ebenso tritt Erasmus in seinen an Karl V. gerichteten „Instruktionen für einen christlichen Prinzen", in „Adagia" und „Querela pacis" als kritisierender Pazifist auf.

Luther

Von seinem hervorragendsten Zeitgenossen *Martin Luther* (1483–1546) kann man ebenfalls berichten, daß er den Krieg nicht als eine Wohltat bezeichnete. „Kanonen und Feuerwaffen", so erklärte er an einer Stelle, „sind grausame und verdammenswerte Maschinen. Ich halte sie für eine direkte Eingebung des Teufels. Wenn Adam in einem Traum gesehen hätte, welch schreckliche Werkzeuge seine Kinder erfinden würden, so würde er vor Gram gestorben sein."

Heinrich IV.

Gegen Ende des 16. Jahrhunderts befaßte sich Heinrich IV. (1553–1610), Frankreichs großer König, mit dem Plane der Schaffung einer „Christlichen Republik", von deren Durchführung er den „ewigen Frieden" für Europa erhoffte. „Le grand dessein" des französischen Königs ist von seinem Minister *Sully* (1560–1641) in dessen „Memoiren" lange nach dem Tode Heinrichs IV. veröffentlicht worden. Dieser Umstand erweckte die Vermutung, daß Sully selbst der Urheber jenes Friedensentwurfes sei und, nur um den Kredit seines Planes zu erhöhen, den König vorschob. Doch der Briefwechsel des Königs mit der Königin *Elisabeth von England* (1533–1603), die sich mit einem ähnlichen Plan befaßt haben soll, und andere Dokumente[5] bestätigen, daß König Heinrich mit dem Plan ernstlich befaßt war, wenn auch die Möglichkeit der Urheberschaft Sullys nicht ausgeschlossen erscheint.

Nach diesem Plane sollte die „Christliche Republik" die bisherige Gestaltung der europäischen Staaten nicht ändern, nur sollten diese durch die Verfassung des Bundes in ein festeres Verhältnis

---

[5] Siehe darüber: *„The Arbiter in Council"*, London 1906. S. 200 u. f. und dort die Anmerkung auf Seite 293.

treten, das jede kriegerische Auseinandersetzung zwischen den Bundesmitgliedern ausschließen sollte. Fünfzehn große Herrschaften waren als Glieder des Bundes gedacht. Nämlich die sechs Erbmonarchien Frankreich, Spanien, England, Schweden, Rußland und die Lombardei, die fünf Wahlreiche Deutschland, Böhmen, Ungarn, Polen und der Kirchenstaat, die drei Republiken Venedig, die Niederlande und die Schweiz, ferner eine aus den italienischen Staaten neu zu schaffende Republik. Ein Senat der Bundesrepublik, der aus sechzig Mitgliedern bestehen sollte, war bestimmt, die gemeinsamen Angelegenheiten zu ordnen, und ein oberster Gerichtshof wäre berufen gewesen, alle Streitigkeiten zu regeln.

Es war auch hier nicht reine Liebe zur Menschheit, die Heinrich IV. zur Betreibung dieses Planes veranlaßte. Der Wunsch, die Führerschaft des Hauses Habsburg zu brechen, dürfte wohl der maßgebendste Grund für ihn gewesen sein. Als Betätigung nach außen war übrigens wiederum der Krieg gegen die Türken als erste Pflicht erklärt, und wenn sich der Zar dieser Aufgabe widersetzen würde, sollte auch Rußland mit Krieg überzogen werden. Mit verschiedenen Staatsoberhäuptern Europas sollen Verhandlungen angeknüpft worden sein, und einige sollen dem Plan günstig gegenübergestanden haben; aber schließlich hat der Dolch *Ravaillacs*, dem Heinrich IV. 1610 zum Opfer fiel, die Ausführung des Planes vorzeitig vereitelt. Immerhin bleibt diese „grand dessein" die Grundlage zahlreicher später formulierter Föderationspläne, die sich die Abschaffung des Krieges zur Aufgabe stellten.

Acht Jahre nach dem Tode Heinrichs entbrannte jener große Krieg, der dreißig Jahre lang die meisten europäischen Staaten zu erbitterten Kämpfen führte. Die Greuel dieses Krieges haben befruchtend auf den Friedensgedanken eingewirkt und zahlreiche Denker und Dichter veranlaßt, das Wesen des Krieges zu kritisieren und Verbesserungen für den zwischenstaatlichen Verkehr in Vorschlag zu bringen.

Emeric Crucé

Noch war der große Plan Heinrichs durch Sully nicht veröffentlicht, da trat im Jahre 1623 der Franzose Emeric de Lacroix, der als großer Verehrer des ermordeten Königs galt, mit einem Buche hervor, in dem der Krieg eindringlich bekämpft und weitgehende Vorschläge zu seiner Vermeidung anempfohlen wurden. Der Titel dieses Buches lautet: „Le nouveau Cynée[6] ou discours d'État représentant les occasions et moyen d'establir une paix générale et la liberté de Commerce par tout le monde." Es war den Monarchen und Fürsten der Zeit gewidmet. Der Verfasser nannte sich am Titelblatt *Emeric Crucé* (Emericus Crucaeus). Er flehte die Fürsten an, den Ehrbegriff nicht zu mißbrauchen und sich vor den kriegerischen Einflüsterungen ihrer militärischen Ratgeber zu schützen. Die Größe eines Königs hänge nicht von der Ausdehnung seines Gebietes ab. Der Krieg ist geeigneter, ein Ansehen zu vernichten als eines zu schaffen, und jene Ehre ist zu verachten, die durch Blutvergießen erworben ist. In neun Abschnitten behandelt er das Thema. Im ersten Abschnitt spricht er allgemein von den Wohltaten des Friedens, im zweiten bis vierten von den Schäden des Krieges für den Handel, die Industrie und die Wissenschaften. Der fünfte Abschnitt handelt von der Brüderlichkeit und der menschlichen Solidarität, der sechste von der religiösen Toleranz, und im siebenten entwickelt der Verfasser seinen *„Plan zur Organisation des dauernden Friedens"*. Der neunte Abschnitt befaßt sich mit der Rangordnung der Fürsten innerhalb der Weltunion, und schließlich im zehnten wird die Frage erörtert, wer die Initiative zur Ausführung übernehmen solle.

In seinem Plan schlägt der Verfasser die Errichtung eines ständigen Kongresses vor, der in Venedig, als dem am bequemsten gelegenen Ort, tagen solle. Außer den europäischen Ländern will er auch Persien, China, Äthiopien und Indien in die Staatengemeinde mit inbegriffen sehen. „Wenn diese Länder auch weit entfernt sind, so überwindet die Schiffahrt diese Unbequemlichkeit, und für eine so gute Sache soll man sich nicht vor einer langen Reise scheuen. Interessant ist es, daß in seinen Ausführungen zum erstenmal der Freihandel als Stütze des Friedens bezeichnet wird. Die pazifistische Kritik Lacroix' hat durch die Jahrhunderte an Gegenwartswert nichts eingebüßt. So wenn er im Hinblick auf die damaligen Religionskriege ausruft: „Etwas weniger von jener Theologie, die über unsern Verstand geht, und etwas mehr von Medizin und den Künsten,

---

[6] Nach den Überlieferungen des Plutarch war *Cyneas* jene Person, die dem *Pyrrhus* riet, von seinen Eroberungsplänen abzusehen und sich der Ruhe hinzugeben.

die nützlich für unser Leben sind"; so wenn er fragt: „Warum soll ich, weil ich ein Franzose bin, dem Engländer oder Spanier Böses wünschen?" oder wenn er in Aussicht stellt, daß die Errichtung des Friedens den Weg ebnen würde zur Reform der Gesetze und ihrer Anwendung, zur Ermäßigung der Steuern, zur Befreiung von der Armut, zur Errichtung und Verbesserung von Kanälen.

Hugo Grotius

Zwei Jahre später – 1625 –, mitten unter den Stürmen des Dreißigjährigen Krieges, veröffentlichte der Holländer *Hugo Grotius* sein denkwürdiges Buch „De jure belli ac pacis" (Vom Recht des Krieges und des Friedens), durch das die moderne Völkerrechtswissenschaft begründet wurde.[7] Schon im Jahre 1609 hatte er sein Buch „Mare liberum" (Das freie Meer) veröffentlicht, durch das er den Grundsatz der Freiheit des Meeres zur Anerkennung brachte. Bis dahin galt das Meer ebenso dem staatlichen Besitz unterworfen wie das Festland. Die großen seefahrenden Nationen teilten sich in den Besitz der Ozeane, und die Päpste glaubten, das Recht zu haben, ganze Meere zu verschenken. In seinem Hauptwerk versuchte es Grotius zum erstenmal, die Kriegführung selbst in feste Regeln zu bringen und dadurch ihre Nachteile etwas einzuschränken. Die Absicht, die Kriegsgreuel seiner Zeit zu mildern, führte den Gelehrten auch dazu, über die Vermeidung des Krieges nachzudenken, die er als die höchste Pflicht der Fürsten und Völker bezeichnete. So versuchte er auch, für die Errichtung eines europäischen Kongresses einzutreten und die Schiedsgerichtsbarkeit als das beste Mittel zur Ersetzung des Krieges zu empfehlen.

Grotius hatte den großen Staatenkongreß, der im Jahre 1648 dem

---

[7] Es gibt eine Anzahl Schriftsteller, die sich schon vor GROTIUS mit völkerrechtlichen Fragen befaßt haben, so der Italiener GENTILIS, der 1598 sein Werk „De jure belli libri tres" veröffentlichte (1552-1608); der spanische Jesuit SUAREZ (1548–1617), der 1612 seinen „Tractatus de legibus et de legislatore" herausgab, in dem der Gedanke der Staatengemeinschaft vielleicht zum erstenmal vertreten wurde, Franciscus VICTORIA (1557), u. a. Doch war Grotius der Bahnbrecher für die völkerrechtliche Idee. Ein Jahr vor Veröffentlichung des Hauptwerkes von Grotius veröffentlichte ein Deutscher namens NEUMAYR zu Jena (1624) eine Schrift, „Von Friedenshandlungen" betitelt, in der er einen Plan zur Beseitigung des Krieges entwarf.

dreißigjährigen Ringen ein Ende machte und zu Münster und Osnabrück den sog. *Westfälischen Frieden* schloß, nicht mehr erlebt. Es wäre für ihn ein Triumph gewesen, zu sehen, wie die Idee des Völkerrechts, zu deren Förderung er so viel beigetragen hat, hier einen weiteren Antrieb erhielt, war es doch zum erstenmal in der Geschichte, daß fast alle europäischen Staaten zu gemeinsamer Friedensarbeit auf einem Kongreß zusammentraten.

Zouche. Campanella. Comenius

Zwei Zeitgenossen[8] des Grotius, der eine ein Italiener, der andere ein Tscheche, haben sich zur gleichen Zeit wie er und ebenfalls unter dem Eindruck des verheerenden Völkerringens, mit dem Problem der Beseitigung des Krieges und der Herstellung einer den Frieden sichernden Staatenorganisation befaßt. Der eine war der kalabresische Dominikanermönch *Thomaso Campanella* (1568–1639), der bei seinem Tode ein Buch „De monarchia hispanica" hinterließ, das erst 1653 veröffentlicht wurde. Darin entwickelte er einen Plan für eine Universalmonarchie, als deren Haupt der Papst gedacht war. Der andere war der große tschechische Pädagog und Philosoph *Amos Comenius* (1592–1676), der in seiner Schrift „Consultatio catholica" für eine friedliche Beilegung der zwischenstaatlichen Streitigkeiten eintrat und schon damals als die Quelle der Kriegsgefahr den Umstand hervorhob, „daß sowohl die Fürsten wie die Untertanen ihre Leidenschaften nicht der Herrschaft des Rechts unterzuordnen wissen."

Landgraf Ernst von Hessen - Rheinfels. Herzog Karl von Lothringen

Die zweite Hälfte des 17. Jahrhunderts war reich an Entwürfen und Schriften, die für eine Änderung des zwischenstaatlichen Verhältnisses eintraten, und nicht minder reich an Arbeiten auf dem Ge-

---

[8] Ein anderer Zeitgenosse, der als „zweiter Begründer des Völkerrechts" bezeichnet wird, war der Engländer *Richard Zouche* (1590 bis 1660) der 1650 seine Schrift „Juris et judicii fecialis, sive juris inter gentes" etc. veröffentlichte, die als das erste Handbuch des positiven Völkerrechts gilt (siehe OPPENHEIM, Intern. Law 2. Ed.I. SS. 88). Eine Neuausgabe dieser Schrift erschien in den von *J.B. Scott* herausgegebenen „Classics of Intern. Law" (Carnegie-Institution). Washington 1911, 2 Bde.

biete der Völkerrechtswissenschaft, die durch das Werk des Grotius belebt worden war. Von einem deutschen Fürsten, der als Armeekommandant den Dreißigjährigen Krieg mitgemacht hatte, vom *Landgrafen Ernst von Hessen-Rheinfels* (1623–1693), besitzen wir ein Projekt, das in dessen im Jahre 1666 erschienenen Buche „Diskret gesinnter Katholik" enthalten ist. Darin wird zur Herstellung des dauernden Friedens die Errichtung eines katholischen Fürstenbundes empfohlen. In Luzern, der zwischen den beiden größten katholischen Mächten, Österreich und Frankreich, am zentralsten gelegenen Stadt, sollte ein Schiedstribunal errichtet werden, als dessen Oberhaupt der Papst wirken sollte. Die Nichtbefolgung der Urteile sollte den Bannfluch nach sich ziehen. In einem ähnlichen Gedankengang wie das Projekt Heinrichs IV. bewegte sich der Plan des *Herzogs Karl von Lothringen und von Bar*, den dieser 1688 in seinem Testament niederlegte. Die Staatenorganisation sollte danach allerdings durch Gewalt herbeigeführt werden, und die Schiedsgerichtsbarkeit ist darin mehr als eine ordentliche Gerichtsbarkeit gedacht, die das zur Suprematie zu bringende Haus Österreich ausüben solle. Interessant ist das Schema des Herzogs vorwiegend durch seinen Plan zur Organisierung des europäischen Handels.

Spinoza. Pufendorf. Thomasius

In seinem 1670 erschienenen „Politischen Traktat" hat *Baruch Spinoza* (1632–1677) über das Recht vom Kriege geschrieben, wobei er sich indirekt für den Frieden aussprach, den er als den einzigen Zweck des Krieges bezeichnete. Von den Juristen dieser Zeit, die den Spuren des Grotius folgten, hat der Deutsche *Samuel Pufendorf* (1632 – 1694) in seinem 1671 erschienenen „Jus naturae et gentium" die internationale Konferenz und das Schiedsgericht als Mittel zur Beilegung von Völkerstreitigkeiten empfohlen und ein ausführliches Schema dafür ausgearbeitet. Sein berühmtester Nachfolger ist der deutsche Philosoph *Christian Thomasius* (1655–1728), der 1705 seine „Fundamenta juris naturae et gentium" veröffentlichte.

Logau. Fénélon. Bayle u. a.

Von den Schriftstellern jenes Jahrhunderts, die sich im pazifistischen Geiste äußerten, ist neben dem Deutschen *Friedrich von Logau* (1604–

1655), dessen Leben fast ganz vom Dreißigjährigen Krieg erfüllt
wurde, und dessen den Krieg verwerfende Anschauung in zahlreichen seiner „Sinngedichte" zum Ausdruck kommt, der französische
Erzbischof *Fénelon* (1651 –1715) zu nennen, der sich als Schriftsteller
und Kanzelredner einen Namen gemacht hat, und der als Erzieher
der Enkel Ludwigs XIV. von großem Einfluß war. Er ist der erste
folgerichtige Pazifist an der Schwelle des 18. Jahrhunderts, der den
Krieg – sofern er nicht zur Verteidigung dient – unbedingt verwarf.
Zwischen Diebstahl und Eroberung kennt er keinen Unterschied. Jeder Krieg, selbst der glücklich beendete, stiftet seiner Meinung nach
mehr Böses als Gutes. „Die Nationen der Erde", sagt er in seinem
„Telemach", „bilden nur eine und dieselbe Familie, und anstatt
grausamer als die Tiere miteinander zu kämpfen, sollten sie einen
großen Bund schließen mit einem Kongreß aller Fürsten." In ähnlicher Weise, oftmals noch entschiedener, nahmen Fénelons Landsleute *Pascal* (1623–1662), *Boileau* (1676–1710) und *La Bruyère* (1645–
1696), wie der Engländer *Locke* (1632–1704) Stellung gegen den
Krieg. Der große Philosoph *Pierre Bayle* (1647–1706) bemerkt in seinem „Dictionnaire historique et critique" (1695–1697), daß wir, je
länger wir die unausbleiblichen Folgen des Krieges ins Auge fassen,
dessen Urheber desto mehr verabscheuen müssen. Die gewöhnlichen Folgen des Krieges „sind geeignet, denen Zittern und Furcht
einzujagen, die ihn unternehmen oder dazu raten, um Übel zu vermeiden, die vielleicht nie eintreten oder schlimmstenfalls oft viel geringer wären als die, welche einem Bruch unumgänglich folgen".

Die Quäker

Um die Mitte des 17. Jahrhunderts wurde in England die Sekte der
Quäker begründet, die in radikalster Weise den Kampf gegen den
Krieg aufnahm und ihn bis in unsere Zeit mit Hartnäckigkeit und
Erfolg durchführte. Der Gründer dieser Sekte, die sich allmählich zu
einer mächtigen Organisation entfaltete, der Schuhmacher *George
Fox* (1624– 1691), durchzog als pazifistischer Wanderredner London
und die englischen Provinzen. Von seinen Mitarbeitern und Nachfolgern in der Führung verteidigte *Robert Barclay* (1648–1690) in seinem Hauptwerk über die wahre christliche Glaubenslehre die Friedensidee vom religiös-moralischen Gesichtspunkt, während *William*

Penn (1644–1718), der Begründer des Staates Pennsylvanien in Amerika, mit seinem „Essay on the present and future peace in Europe", der 1693 erschien, an der Wende des neuen Jahrhunderts als ein wichtiger Vorläufer der modernen Friedensbewegung in Erscheinung tritt.

William Penn

William Penns Entwurf unterscheidet sich von den Plänen seiner Vorgänger durch den Atemzug einer politisch vorgeschrittenen Zeit, der ihn durchweht. Er zerlegt das Wesen des Krieges psychologisch, und die Mittel, die er gegen das Übel vorschlägt, zeichnen sich durch politische Klugheit aus. Der Form nach ähnelt sein Plan dem Heinrichs IV., der ihm, wie er am Schlusse seiner Arbeit bemerkt, nicht unbekannt war. Er hat ihm aber einen andern Inhalt gegeben, der durch das Jahrhundert, das zwischen beiden Entwürfen liegt, und wohl auch durch den Geist der englischen Revolution, die mittlerweile vor sich gegangen war, bedingt wurde. Den Kern der Idee bildet bei Penn ein ständiger internationaler Kongreß, der sowohl als beratende Körperschaft wie als Schiedshof wirken sollte. Sein Buch ist in zehn Abschnitte geteilt, denen ein zusammenfassender Abschnitt folgt. Der erste Abschnitt handelt „Von dem Frieden und seinen Vorteilen", während im zweiten „Die Mittel des Friedens, nämlich Gerechtigkeit statt Krieg" dargelegt werden. Im dritten Abschnitt wird ausgeführt, „daß Gerechtigkeit das Ergebnis einer guten Regierung" sei.

Der vierte Abschnitt bildet den Hauptteil des Werkes; er handelt „Über einen allgemeinen Frieden oder den Frieden Europas und dessen Mittel". In fünf Punkten entwickelt Penn hier seinen Plan zu einer Staatenorganisation. Die souveränen Fürsten Europas sollten Delegierte zu einem „Allgemeinen Reichstag", einer „Ständeversammlung" oder einem „Parlament" erwählen und Rechtsregeln zur gegenseitigen Beobachtung errichten. Die Versammlung soll jährlich, zum mindesten aber einmal in zwei oder drei Jahren zusammentreten. Sie soll als „Souveräner Reichstag" oder als „Parlament der europäischen Staaten" bezeichnet werden. Vor diese Versammlung sollen alle schwebenden Streitfälle der Souveräne gebracht werden, „die nicht durch Sondergesandtschaften vor Beginn

der Sitzungen beigelegt werden können". Wenn eine der Souveränitäten, die diesen Reichstag bilden, sich weigern sollte, ihre Streitigkeiten diesem zu unterbreiten oder ein Urteil zu erfüllen und zu
diesem Zwecke zu den Waffen greifen würde, hätten sich alle andern Souveränitäten zu vereinigen und die Erfüllung des Bundes-
rechts zu erzwingen. Im fünften Abschnitt werden die „Ursachen
der Streitigkeiten und die Ursachen der Friedensverletzung" unter-
sucht, als deren wichtigste die Leidenschaftlichkeit der Menschen,
ihre Langsamkeit beim Erkennen und ihre Vergeßlichkeit gegenüber den Lehren der Erfahrung bezeichnet wird. Der sechste und
siebente Abschnitt behandeln mit viel Scharfsinn den Umfang der
Vertretungen der einzelnen Staaten in der Versammlung, wobei der
wirtschaftlichen Bedeutung der Länder klug Rechnung getragen
wird. Im achten Abschnitt werden die Statuten für die Sitzungen
ausgearbeitet, während im neunten den zu erwartenden Einwänden
begegnet und im zehnten Abschnitt in neun interessanten Punkten
„die realen Vorteile" dargelegt werden, die aus dieser Friedensorganisation erwachsen könnten.

William Temple und John Bellers

Im Schlußkapitel weist Penn auf die „grand dessein" Heinrichs IV.
und auf das Buch des englischen Diplomaten Sir *William Temple*
(1628–1699) „Account of the United Provinces" hin, der an der Hand
einer Darstellung der Geschichte der vereinigten Provinzen von
Holland die praktische Möglichkeit einer europäischen Föderation
darlegt. Unmittelbar an Penn lehnte sich der Quäker *John Bellers* an,
der im Jahre 1710 eine Abhandlung über einen „europäischen Staat"
veröffentlichte.

2. Das Jahrhundert der Aufklärung

Abbé St. Pierre

Unter kriegerischen Stürmen, die wieder ganz Europa verwüsteten,
setzte das 18. Jahrhundert ein. Das Jahrhundert der Aufklärung und
Humanität, dessen große Denker alle zum Friedensproblem Stel-

lung nahmen und fast ohne Ausnahme den Krieg verwarfen. Der Friede zu Utrecht hatte eben den Eroberungskriegen Ludwigs XIV. ein Ende gemacht und eine eindringliche Friedenssehnsucht erweckt. Aus den Empfindungen dieser Zeit heraus schrieb der französische Abbé *Charles Irénée Castel de St. Pierre* (1658–1743) sein berühmt gewordenes dreibändiges Werk „Projet de la paix perpetuelle etc.", das von 1712–1716 veröffentlicht wurde. Als Sekretär der französischen Delegierten hatte er 1712 an dem Utrechter Friedenskongreß teilgenommen, der in ihm den Gedanken entstehen ließ, ob es nicht möglich wäre, die Vorteile eines Vertrages, wie er dort geschlossen wurde, dauernd zu sichern.

Der Plan des Abbés knüpfte an die Ideen Heinrichs IV. an, schlug aber nicht eine Universalmonarchie, sondern eine Föderation aller europäischen Staaten mit Ausnahme der Türkei vor. Die 24 von ihm aufgeführten Staaten sollten je einen Vertreter zu einem europäischen Senat entsenden. Die umfangreiche Darstellung der Funktionen dieses Senates und der näheren Bestimmungen für das Zusammenleben dieser europäischen Föderation hat St. Pierre zu einem Abkommen mit fünf Fundamentalartikeln zusammengezogen, das die Souveräne durch ihre nach Utrecht zu entsendenden Vertreter hätten unterzeichnen sollen. Der Senat sollte dauernd in der zur freien Friedensstadt erhobenen Stadt Utrecht tagen, um die gemeinsamen europäischen Angelegenheiten zu beraten. Neben dem Senat sollten vier ständige Verwaltungsämter für Politik, Militärwesen, Finanzen und Rechtspflege errichtet werden, denen die Ausführung der Senatsbeschlüsse, von Zeit zu Zeit auch Verständigungsausschüsse, denen die zwischenstaatlichen Streitigkeiten obliegen sollten. Für das Verständigungsverfahren waren recht umfangreiche und verwickelte Bestimmungen getroffen, als deren letzte Instanz nach verschiedenen Ausgleichsverfahren das Schiedsgericht eingesetzt wurde. Die Nichtbefolgung seiner Entscheidungen wurde mit dem Banne Europas bedroht, den die vereinten Kräfte der Union wirksam zur Durchführung bringen sollten. Kein Staat sollte mehr als 6000 Mann unter Waffen halten, aber für einen von der Union geführten Krieg gegen einen äußeren Feind oder einen Rechtsbrecher im Innern sollten die Kosten seitens der Bundesstaaten nach Maßgabe ihrer Einkünfte aufgebracht werden. Als Grundlage der Föderation war der Status quo gedacht.

Die umfangreiche und ins Einzelne gehende Darstellung des Abbés machten sein Werk ziemlich schwerfällig. Er versuchte diesen Übelstand zu beseitigen durch Herausgabe eines Auszuges, der 1728 erschien. Immerhin erregten seine Ausführungen großes Aufsehen unter den Zeitgenossen, stießen aber auch auf großen Widerstand, der jedoch den tapfern Verteidiger seiner Idee nicht zu entmutigen vermochte. „Die Größe des Gegenstandes", so äußerte er sich in einem Briefe, „gibt mir genügend Mut, um die Unzahl der Hindernisse nicht zu scheuen, die sich von allen Seiten in Menge darbieten". Später wurde er resignierter und setzte seine Hoffnungen auf die Nachwelt. Als Greis im hohen Alter äußerte er sich in diesem Sinne: „Meine Pläne werden von Dauer sein; etwas davon wird allmählich in die jungen Geister jener dringen, die eines Tages berufen sein werden, an der Regierung teilzunehmen. Und sie werden der Öffentlichkeit gute Dienste leisten können. Die Ausblicke auf die Zukunft haben mich immer reichlich entschädigt für meine gegenwärtigen Qualen".

Das Buch wurde alsbald in verschiedene Sprachen übersetzt und rief eine ganze Literatur von Kommentaren, Ergänzungen und Widerlegungen hervor. Und soweit hatte St. Pierre mit seinen Zukunftsaussichten recht, als sich seine Ideen durch alle späteren Projekte schlängeln, und daß der Eindruck, den sein Werk auf seine Zeitgenossen gemacht hat, auch heute noch nachwirkt; wird er doch noch irrigerweise als der Vater der modernen Friedensbewegung bezeichnet.

Rousseau und Leibniz

Von den hervorragenden Zeitgenossen waren es besonders *Rousseau* (1712–1778) und *Leibniz* (1646–1716), die zu den Plänen des Abbés Stellung nahmen. Rousseau veranstaltete sogar 20 Jahre nach St. Pierres Tod neuerlich einen Auszug aus dessen denkwürdiger Schrift, die infolge der ausdrucksvollen Darstellung dadurch weiteren Kreisen zugänglich wurde. In zwei Essays lieferte er überdies eine Darlegung des Inhalts und eine Kritik der Schrift. Rousseau sagte darin über das Buch, es sei „ein solides und vernünftiges; es ist sehr wichtig, daß es erscheint". Gleichzeitig legt er seinen eigenen Friedensplan dar, der ebenfalls eine allgemeine Föderation mit Staatenkongreß, Gerichtshof und Zwangsgewalt im Auge hatte. Die Vorteile einer solchen Föderation liegen für ihn in der Beseitigung der unheilvollen wirtschaftlichen Schäden der Kriege und in der dadurch gesicherten Unabhängigkeit der Staaten, da man lediglich von einem Körper abhängen würde, dem man selbst als Glied angehört. *Leibniz,* der selbst in zahlreichen seiner Schriften für die Herstellung eines gesicherten Friedens innerhalb der christlichen Nationen eingetreten ist, hat die ihm übersandte Schrift St. Pierres mit Wohlwollen aufgenommen, aber als das Hindernis für ihre Verwirklichung den Mangel eines aufrichtigen Friedenswillens der Großen hervorgehoben. Er hielt es auch für unmöglich, bei den Fürsten seiner Zeit mit diesen Ideen zu Gehör zu kommen. „Nur ein Minister, der im Sterben liege, könne das wagen und auch dann nur, wenn er keine Familie hinterläßt und nicht gezwungen ist, über sein Grab hinaus Politik zu machen." So schrieb er an St. Pierre. Im übrigen fand er es gut, „dergleichen Gedanken ins Publikum zu bringen". Hat er doch selbst 1677 in einer aus Anlaß des Friedens von Nimwegen herausgegebenen Schrift: „De jure suprematus ac legationis principium Germaniae" an einen Plan einer europäischen Föderation mit Kaiser und Papst als Oberhaupt gedacht Auch für ein Schiedsgericht trat er ein, und um die Ausführung der von diesem getroffenen Entscheidungen zu sichern, kam er auf die originelle Idee, zu verlangen, daß die Könige bei dem Tribunal Kaution erlegen sollten. „Z. B. ein König von Frankreich 100 Millionen Taler, ein König von Großbritannien nach Verhältnis, daß, falls sie sich dem Spruch des Tribunals widersetzten, dieser mit ihrem eigenen Gelde exekutiv vollstreckt werden könnte …"

Montesquieu

Montesquieu (1689–1755) hat den St. Pierreschen Plan gebilligt, den Zustand, der eine solche Föderation herbeiführen würde, als ideal und notwendig bezeichnet Er selbst hat sich in einer 1724 erschienenen Schrift mit dem Gedanken der Universalmonarchie beschäftigt,[9] und darin auf die veränderte Bedeutung des Krieges gegenüber seinen Wirkungen im Altertum hingewiesen. Der Krieg zerstöre Han-

---

[9] „Reflexions sur la Monarchie universelle". Neuausgabe in „Deux opuscules de Montesquieu", Bordeaux 1891.

del und Verkehr, die Lebensader der Kulturentwicklung und böte den Neutralen Vorteile auf Kosten der Kriegführenden. In seinen beiden berühmten Schriften „Lettres persanes" und „Esprit des Lois" billigt Montesquieu den Verteidigungskrieg, will ihn jedoch strengen Rechtsregeln unterworfen sehen wie eine staatliche Exekution.

Voltaire

Der große *Voltaire* (1694–1778) wandte sich wiederholt, sogar in bissigen Versen, gegen den Plan des Abbés. Dennoch war Voltaire kein Kriegsanhänger. In zahlreichen seiner Schriften hat er den Krieg bekämpft, den er „eine mit der menschlichen Natur im Widerspruch stehende Geißel" nannte. Erschien ihm „der Friede, wie ihn der Franzose, der Abbé St Pierre, sich ausgedacht, als „ein Traum", so ergänzt er diesen Ausspruch in einer Anmerkung, die er hinzufügt.[10] Diese Anmerkung lautet: „Der Plan eines ewigen Friedens ist unsinnig *nicht in sich, aber in der Art, wie er vorgeschlagen wird.* Erst dann wird es keinen Krieg aus Ehrgeiz oder böser Laune mehr geben, wenn die Menschen einsehen werden, daß selbst in den glücklichsten Kriegen nur eine Handvoll Generale und Minister etwas zu gewinnen haben. Denn dann wird jeder, der aus Ehrgeiz oder schlechter Laune Krieg anfängt, als Feind aller Nationen betrachtet werden, und statt die Unruhen der Nachbarn zu unterstützen, wird jedes Volk sich nach Kräften bemühen, sie zu stillen; wenn alle Nationen davon überzeugt sind, daß, wenn eine Prinzenerbfolge bestritten wird, die Bewohner des Staates die Streitigkeit der Nebenbuhler zu entscheiden haben, wird es keine Erbfolgekriege mehr geben. Wenn dann die Kriege sehr selten und die Urheber der Kriege oft bestraft sein werden, wird man sagen dürfen, die Menschen genießen dauernden Frieden, wie man sagt, sie genießen in zivilisierten Staaten bürgerliche Sicherheit, obgleich auch dort Morde mitunter vorkommen." Das ist ein pazifistisches Glaubensbekenntnis, das neben zahlreichen andern pazifistischen Äußerungen des großen Kritikers seiner Zeit die Fabel widerlegt, als richte sich der Spott

---

[10] In seiner Schrift „De la paix perpetuelle", deutsch in „Aus der Gedankenwelt großer Geister", 3. Bd., Voltaire. Von Käthe Schirmacher. Stuttgart, R. Lutz, S. 288. Darin zahlreiche Äußerungen V.s gegen den Krieg.

Voltaires gegenüber St. Pierre gegen die pazifistische Idee, wo er
sich nur gegen diesen Vorschlag richtet.

Es hat im Gegenteil kein Autor des XVIII. Jahrhunderts den
Krieg drastischer bekämpft als Voltaire. Pest und Hungersnot nennt
er Schicksalsschläge, aber „der Krieg wird von Menschen gemacht,
von drei- bis vierhundert Personen, die die Welt beherrschen und
unter dem Namen Fürsten oder Minister bekannt sind". Überall be-
gießt er den Krieg und die ihm dienenden Einrichtungen mit beißender Ironie. Er übt eine Kritik daran, die ein moderner Autor nicht
wagen dürfte, ohne mit den Gesetzen in Konflikt zu kommen. Man
lese nur den Artikel „Krieg" in seinem *„Dictionnaire Philosophique"*
(1764) und seine zahlreichen pazifistischen Streitschriften und Dia-
loge.

Die Enzyklopädisten (Holbach, Diderot, Turgot)

Voltaire war einer der Hauptmitarbeiter der *Enzyklopädie* (1751–
1772), jenes großen Werkes, um das sich die Vertreter des politischen und religiösen Freidenkertums sammelten. Naturgemäß
mußten die Enzyklopädisten zu dem Friedensproblem, das damals
im Mittelpunkt der Erörterung stand, Stellung nehmen. Sie taten es
und kamen alle zu einer bedingungslosen Verurteilung des Krieges,
zu einer nachdrücklichen Betonung der Möglichkeit und Notwendigkeit eines gesicherten Friedenszustandes. *Holbach* (1727–1789),
einer der Hauptvertreter jenes Kreises, nennt die kriegführenden
Völker Kannibalen, legt die Verantwortung ihrer kriegerischen Ver-
irrungen den Monarchen zur Last und fordert die Verbrüderung der
Völker. An einer Stelle der Enzyklopädie heißt es: „Der Krieg ist die
schrecklichste der Geißeln, die das Menschengeschlecht zerstören.
Er verschont nicht einmal die Sieger. Auch der glücklichste Krieg ist
unheilvoll ... Gegenwärtig sind es nicht mehr die Völker, die den
Krieg erklären; es ist die Habsucht der Könige, die zur Ergreifung
der Waffen führt." *Diderot* (1713–1784), der weniger radikal auftritt,
glaubt, daß sich die Fürsten der Einsicht nicht verschließen werden,
daß der Friede das Glück der Menschheit bildet, und rechnet damit,
daß der Handel den Krieg verdrängen wird, da er schon mehr Menschen beschäftigte als dieser. Einen Krieg zwischen den Handeltrei-
benden Völkern vergleicht er mit einem Brande, der allen gleich-

zeitig schädlich ist. Ein anderer Enzyklopädist, der große Nationalökonom und Politiker *Turgot* (1727–1781), befaßte sich eingehend
mit dem Problem einer zwischenstaatlichen Union, für deren Herstellung er jedoch jeden Zwang ablehnte. Gerechtigkeit, Vernunft,
Moral soll die Gemeinschaft der Staaten beherrschen. Als Beispiel
für Europa konnte er auf die sich vollziehende Staatenunion in
Amerika hinweisen, deren endgültige Festigung er jedoch nicht
mehr erlebte.

Ange Gondart

Im Jahre 1757 veröffentlichte der Chevalier *Ange Gondart* (1720–
1791), ein fruchtbarer Nationalökonom, einen Essay, „La paix de
l'Europe" betitelt, in dem er ausführte, daß sich ein dauernder Friedenszustand Europas nur aus einem erst abzuschließenden und genügend garantierten Waffenstillstand entwickeln könne. Es mochte
ihm eine Art erweiterter „treuga dei" vorgeschwebt haben, wie anderthalb Jahrhunderte später auch seinem Landsmann *Jules Simon*
(siehe unten). Ein Waffenstillstand von 20 Jahren, meinte er, würde
den Völkern erst einen Begriff vom Frieden geben, und sie werden
sich daran gewöhnen, während sie sich des Krieges entwöhnen werden. In zehn Artikeln entwickelt Gondart die Hauptpunkte für ein
Abkommen, das einen solchen Waffenstillstand festlegt. Die Schrift
des französischen Gelehrten ist reich an scharfsinnigen Kritiken der
Argumente, die die Verteidiger des Krieges ins Feld führen. Er bestreitet, daß der Krieg ein notwendiges Übel oder gar ein Naturge-
setz sei. Die Kriege der Alten, so führt er aus, hätten noch einen Sinn
gehabt, aber nun wäre der Krieg zu einem Werkzeug des politischen
Ehrgeizes geworden.

La Harpe, Gaillard und Mayer

Bezeichnend für den Geist jener Zeit war es, daß die französische
Akademie durch einen anonym gebliebenen Anhänger der Friedensidee in den Stand gesetzt wurde, einen Preis auszusetzen für
die beste Schrift, „die den Nationen zeigt, wie sie sich zur Sicherung
des allgemeinen Friedens vereinigen könnten". Dem Schriftsteller
und Literarhistoriker *La Harpe* und dem Historiker *Gaillard* fiel er

1767 zu. Im Jahre 1777 betonte ein gewisser *Mayer*[11] in seinem „Tableau politique et littéraire de l'Europe" die Notwendigkeit einer Friedensunion mit einem ständigen europäischen Kongreß, wobei er nicht versäumte, die Fürsten auf die Vorschläge St. Pierres hinzuweisen.

Nicht so allgemein wie in Frankreich, immerhin in stattlicher Zahl, wandten sich die geistigen Größen Deutschlands im 18. Jahrhundert dem Friedensproblem zu. Bezeichnend ist es, daß die deutschen Denker, wenn sie auch zu einer oftmals recht entschiedenen Verurteilung des Krieges kamen, an die Möglichkeit seiner Vermeidung nicht glauben wollten. Ihnen war der Krieg noch immer eine natürliche Einrichtung, ein Bestandteil der Weltordnung. Sie beklagten ihn, hielten aber jede Maßnahme zu seiner Vermeidung für aussichtslos. Daher die Skepsis, der der Plan des Abbé St. Pierre in Deutschland begegnete, daher die geringe Zahl von Friedensplänen, die dort entwickelt wurden und das noch geringere Aufsehen, das sie machten.

Gottsched. Palthen. Totje. Lilienfeld. Vattel

Aus der ersten Hälfte des 18. Jahrhunderts ist nach Leibniz' Tode allerdings von *Gottsched* (1700–1766) zu berichten, der in verschiedenen Oden „die Völkerbarbarei" bekämpfte und den Ruf nach einem vernünftigen Zustand der Staatenbeziehungen laut werden ließ.[12] „Wann wird das menschliche Geschlecht doch endlich seiner Wut vergessen und sich nach Billigkeit und Recht, nicht nach der blinden Macht gestählter Fäuste messen?" So sang dieser deutsche Dichter 1733 dem König Friedrich August II. zu. In seinen Schriften sind viele pazifistische Gedanken zu finden.[13]

Erst in der zweiten Hälfte des Jahrhunderts mehren sich in

---

[11] Siehe: LAGORGETTE, Le Rôle de la Guerre. Paris 1906.

[12] Siehe den Artikel Carl Ludwig SIEMERINGS, „Johann Christoph Gottsched, ein Vorläufer des modernen Pazifismus" in „Es werde Licht", 40. Jahrgang, 1909, Heft 12.

[13] 1743 erschien in Frankfurt anonym eine Schrift: „Beweiß, daß die Universalmonarchie vor die Wohlfahrt von Europa und überhaupt des menschlichen Geschlechts die größte Glückseligkeit würcken würde", in der dem Grundgedanken St. Pierres zugestimmt wurde.

Deutschland trotz der friederizianischen und anderer Kriege die pazifistischen Äußerungen. Wir begegnen hier auch einigen Entwürfen zur Herstellung eines gesicherten Friedens auf dem Wege eines Staatenverbandes. Im Jahre 1758 veröffentlichte der Justizrat Johann *Franz v. Palthen* († 1804) ein „Versuche zu vergnügen" betiteltes Buch, dessen dritte Abhandlung „Projekt, einen immerwährenden Frieden zu erhalten" betitelt ist. *Lessing* (1729–1781) berichtet uns[14] darüber, daß es sich um die Errichtung eines „allgemeinen Parlaments oder Tribunals" handle. Palthen will den Plan St. Pierres nicht gelesen haben, als er den seinen entwickelte. Ein gewisser *Totze* in Göttingen griff in einer 1763 erschienenen Abhandlung auf den Entwurf König Heinrichs IV. zurück („Die allgemeine christliche Republik nach den Entwürfen Heinrichs IV."), und im Jahre 1767 wies ein gewisser *Lilienfeld* in seiner in Leipzig erschienenen Schrift „Neues Staatsgebäude" auf die Lösung von Staatsstreitigkeiten durch Schiedsgerichte hin und empfahl die Errichtung einer Föderation mit einem Höchsten Gerichtshof. Der Schweizer Völkerrechtsjurist *Emerich de Vattel* (1714–1767) veröffentlichte im Jahre 1758 sein Lehrbuch des Völkerrechts, in dem er die Lehren des Grotius' weiter entwickelte und auch einen etwas verschwommenen Plan für ein Schiedsgericht entwarf.

Lessing

Lessing ironisierte das Projekt Palthens[15] mit wenig stichhaltigen Einwänden, so mit dem heute noch beliebten, aber dadurch keineswegs richtigen Argument, daß die gewaltsame Durchführung eines Schiedsurteils doch nur wieder Krieg sei. Er ließ sich aber dazu herbei,[16] den Plan des Abbe St. Pierre „unendlich sinnreicher" als den Palthenschen zu bezeichnen, da er „auf eine proportionierliche Herabsetzung der Kriegsheere aller europäischen Staaten" hinausläuft. In seinen „Freimaurergesprächen" finden wir den Satz: „Es ist recht sehr zu wünschen, daß es in jedem Staat Männer geben möchte, die über die Vorurteile der Völkerschaft hinweg wären und genau wüßten, wo Patriotismus, Tugend zu sein, aufhört." Lessing erschienen

---

[14] In den „Briefen, die neueste Litteratur betreffend". Fünfter Brief.

[15] a. a. O.

[16] a. a. O.

die Freimaurer diese Menschen zu sein. Eigentlich hat der damit die Pazifisten gekennzeichnet, und man wird ihn deshalb mit Recht als einen solchen bezeichnen können. Schon deshalb auch, weil er den Patriotismus hoch hält mit der Bedingung, daß er die Liebe zur Menschheit nicht beeinflussen darf.

Friedrich der Große

Friedrich der Große (1712–1786), dessen Persönlichkeit das Zeitalter beherrschte, hat, obwohl er mit dem größten Verächter des Krieges in jener Zeit, mit Voltaire, eng befreundet war, wiederholt seiner Skepsis gegenüber den für die Beseitigung des Krieges vorgeschlagenen Mitteln Ausdruck verliehen. Der Plan St. Pierres hat ihn oft beschäftigt, hat doch der mutige Abbé während des ersten schlesischen Krieges (1742) dem König sein Buch übersandt und ihn aufgefordert, den Frieden Europas wieder herzustellen. Der König soll sich ironisch darüber geäußert haben. In seinen „Totengesprächen" (1773) läßt er den Prinzen Eugen über die Enzyklopädisten, jene „entschiedenen Vertreter des ewigen Friedens", und über den „Traum eines gewissen Abbé de St. Pierre, der von der ganzen Welt ausgelacht wurde", sich lustig machen. Dennoch geht aus verschiedenen Äußerungen des Preußenkönigs hervor, daß er, wenn er auch an ein Mittel zur Beseitigung der Kriege nicht zu glauben vermochte, den Krieg und seine Opfer vom Gesichtspunkt des aufgeklärten Menschen ansah. So äußerte er sich zu Voltaire, daß er befriedigter sein würde, wenn er, statt den Siebenjährigen Krieg geführt zu haben, die „Athalie" verfaßt hätte.[17] In einem Gedichte „La guerre" drückt er den Abscheu vor nutzlosem Blutvergießen aus. „Diese Menschen sind eure Kinder," ruft er den Fürsten zu, „habt ein Vaterherz!" Immerhin, ein Pazifist war Friedrich der Große nicht, und an dem Problem, das sein Zeitalter so sehr beschäftigte, ging er verständnislos vorüber. Angesichts der sich mehrenden Schriften über das Friedensproblem schrieb er am 27. November 1773 voll ironischer Skepsis an Voltaire: „Ich bedaure, daß mein hohes Alter mich des schönen Anblicks beraubt, dessen Beginn ich nicht einmal erleben werde."

---

[17] LAGORGETTE, a. a. O. S. 677.

Auch der Gelegenheit, einen praktischen Schritt zur Verminderung der Kriegslasten durchzuführen, widersetzte sich der König. Es war zum erstenmal in der Geschichte, daß eine europäische Regierung einer andern einen Vorschlag auf Verminderung der Rüstungen unterbreitete, als bald nach Beendigung des Siebenjährigen Krieges der österreichische Staatskanzler Fürst Kaunitz dem preußischen Gesandten in Wien einen solchen Antrag stellte. Kaunitz führte aus: Gleich wie die Klöster, so seien die großen stehenden Heere, die die Mächte unterhielten, für das Menschengeschlecht schädlich und bedrohen es im Laufe der Zeit mit „völligem Untergang". Dieser „traurigen Perspektive", diesem inneren Krieg", den die Fürsten in Friedenszeiten miteinander führten, solle nun ein Ende gemacht werden und zwar durch Abrüstung. Er habe sich oft die Schwierigkeiten überlegt, die der Ausführung eines so heilsamen Werkes im Wege ständen, und deren größte sei seiner Ansicht nach die Bemessung der Truppenzahl für die einzelnen Mächte. Er schlug daher vor, Preußen und Österreich sollten als Basis den jüngst geschlossenen Hubertusburger Frieden nehmen, dreiviertel der Soldaten, die sie damals unter den Fahnen hatten, entlassen und zur gegenseitigen Kontrolle den Truppenbesichtigungen der andern Macht Kommissare beiwohnen lassen.

Als der König diesen Bericht seines Gesandten erhielt, meinte er, daß Kaunitzens Vorschlag lediglich durch die derzeitige finanzielle Notlage der österreichischen Monarchie diktiert sei, da es ihr schwer fiele, alle ihre Truppen, die sie zurzeit auf den Beinen habe, zu unterhalten. Vertraulich fuhr er fort, er könne auf diesen Abrüstungsvorschlag nicht eingehen, da im Ernstfalle die Österreicher schneller als er ihre Armee versammeln könnten. Für den Fall, daß Kaunitz auf seinen Vorschlag zurückkäme, beauftragte Friedrich endlich seinen Gesandten, in angemessener Weise zu erklären, dieses Projekt scheine ihm fast nach dem des Abbé St. Pierre auszusehen, und schwerlich würden sich die Mächte über die Zahl der beizubehaltenden Truppen einigen können. Im Jahre 1769 kam Kaiser Josef II. bei der Begegnung, die er mit Friedrich in Neisse hatte, nochmals auf den Vorschlag von Kaunitz zurück und meinte, man solle die Truppenzahl der Armee zur Erleichterung der Völker vermindern, doch auch diesmal lehnte der König ab. – So scheiterte der erste Versuch eines Rüstungsübereinkommens.

Herder. Wieland. Schiller. Hippel

Unter den großen deutschen Dichtem der klassischen Periode war es vor allen Dingen *Herder* (1744–1807), der den Krieg und das Kriegertum verdammte. „Den ländererobernden Heldengeist" nannte er einen „Würgengel der Menschheit" und den Krieg, „wo er nicht erzwungene Selbstverteidigung ist, ein unmenschliches, ärger als tierisches Beginnen". Den Pazifismus, d. i. die werktätige Ausbreitung der Friedensidee, billigte Herder, wenn er schrieb: „Alle edlen Menschen sollten diese Gesinnung (über das Unmenschliche des Krieges) mit warmem Menschengefühl ausbreiten, Väter und Mütter ihre Erfahrungen darüber den Kindern einflößen, damit das fürchterliche Wort Krieg, das man so leicht ausspricht, den Menschen verhaßt werde." In seinen „Briefen zur Beförderung der Humanität" kommt er auf den Plan St. Pierres zu sprechen, der ihm nicht wie Friedrich dem Großen als Utopie erscheint, weil der Gedanke des Abbés „die Träume eines jeden honetten Menschen sind".

Wieland (1733–1813) dachte an eine Weltmonarchie, in der die Vernunft Herrscherin ist; *Schiller* (1759–1805), der den Krieg für „einen Beweger des Menschengeschlechts" hielt, hat doch auch Töne der Abscheu und der Verachtung für ihn gefunden. „Mord" nennt er ihn an bekannter Stelle; daß er „die Besten verschlingt", wirft er ihm vor. Aber wie so viele große Deutsche jener Periode betrachtete er den Krieg doch als ein „Geschick", dem man sich beugen müsse. Hingegen finden wir in *Th. Gottlieb Hippel* (1741-1796) einen scharfen Kritiker des Krieges, den er ein „übertünchtes Grab" nennt, und den er an verschiedenen Stellen seiner „Kreuz- und Querzüge des Ritters A–Z" (1793) und in den „Lebensläufen nach auf steigender Linie" (1778) radikal bekämpft. Im letztgenannten Buche äußert er auch die Hoffnung auf ein „verbessertes Völkerrecht", wo die Menschen zu „allgemeinen Weltgesetzen" kommen werden.[18]

---

[18] Siehe darüber den Artikel C. L. SIEMERINGS, „Th. G. von Hippel – ein Vorläufer des Pazifismus" in der „Friedens-Warte" 1909.

Im Jahre 1788 wagte es der deutsche Theologe *Gottfried Schinly*, die Ideen St. Pierres aufzunehmen und für eine Föderation mit einem allgemeinen europäischen Kongreß einzutreten. Seine Schrift „Was ist den großen Fürsten zu raten, um das Wohl und Glück der Länder zu befördern?" entwickelt in Vorschlägen an Joseph II., Katharina II. und Friedrich Wilhelm II. seine Ideen. Die Vertreibung der Türken aus Europa bildet auch für diesen Autor die Grundlage der späteren europäischen Einheit.

Swift. Hume. Price

In England war es in der ersten Hälfte des 18. Jahrhunderts vor allem *Jonathan Swift* (1617–1745), der große Satiriker, der in seinem berühmten Buche „Gullivers Reisen" (1726), den Krieg mit beißender Ironie behandelt und ihn als eine Art Massenwahnsinn darstellt, ohne zu greifbaren Vorschlägen für seine Beseitigung zu kommen. Bald darauf verglich *David Hume* (1701–1766) in seinem „Treatise upon human nature" (1738) die Kriegführenden mit „betrunkenen Tölpeln, die sich in einem Porzellanladen mit Knüppeln prügeln und nachher noch eine ungeheure Rechnung zu bezahlen hätten". Erst 1776 scheint der Nationalökonom *Richard Price* (1723–1791) den Fußstapfen Penns und St. Pierres zu folgen, als er in seiner Schrift „Observation on the nature of civil liberty usw." die Forderung nach einem Weltsenat aufstellte, der als Oberrichter die zwischenstaatlichen Konflikte zu entscheiden hätte.

Bentham

Ihm folgte als hervorragendster Friedenstechniker jener Periode *Jeremy Bentham* (1748–1832), der im IV. Teil seines 1786–1789 erschienenen Buches „Principles of international Law" einen Plan für einen allgemeinen und dauernden Frieden entwickelte, der jedoch erst 1843, anläßlich der Veranstaltung einer Gesamtausgabe seiner Schriften, an die Öffentlichkeit kam.

Bentham, einer der Hauptvertreter der sogenannten utilitaristischen Schule, suchte zuerst die Ursachen der Kriege zu ergründen und ein Schema darüber auszuarbeiten. Zu ihrer Vermeidung forderte er eine Umwandlung der Außenpolitik der Staaten durch Ausdehnung und Kodifikation des internationalen Rechts, Auflassung der Kolonien und Vermeidung der Rüstungen auf dem Wege wechselseitiger Verträge. Der Freihandel oder, wie wir heute sagen, die „offene Türe" bildete einen Grundstein in seinem Friedenssystem. Ein internationales Schiedstribunal soll die Streitigkeiten der Staaten schlichten, und ein Kongreß die gemeinsamen Angelegenheiten beraten. Den moralischen Einfluß dieser Einrichtungen schätzt er so hoch, daß eine gewaltsame Durchführung ihrer Anordnungen nicht notwendig sein würde. Doch verlangt er, daß dem Kongreß ein Heereskontingent zur Verfügung gestellt werde, um nötigenfalls den Gehorsam widerspenstiger Staaten zu erzwingen.

Die nordamerikanische Föderation. Alexander Hamilton

Während man in Europa über die theoretischen Erörterungen bezüglich der Herstellung einer Staatengesellschaft nicht hinauskam, wurde eine solche jenseits des Ozeans zur Wirklichkeit. Die 13 englischen Kolonien in Nord-Amerika hatten sich zusammengeschlossen und erklärten am 4. Juli 1776 ihre Unabhängigkeit. Von 1778 an arbeiteten sie unter Überwindung zahlreicher Schwierigkeiten an der Herstellung ihres Föderationsstatuts, bis am 17. September 1787 der Nationalkonvent zu Philadelphia jenes berühmte Verfassungswerk schuf, das 1789 in Kraft trat. Offensichtlich war dieses Werk von den pazifistischen Ideen, die Europa seit Ende des 17. Jahrhunderts bewegten, stark beeinflußt. Neben den zahlreichen Bestimmungen, die jenem Staatenzusammenschluß den Stempel der engeren Gemeinschaft eines Bundesstaates aufdrückte, war darin doch das als wichtigstes Ergebnis erreicht, was alle Theoretiker der Friedenssicherung als Grundlage einer dauernden zwischenstaatlichen Friedensgemeinschaft gefordert hatten: Der ständige Kongreß zur Regelung der gemeinsamen Angelegenheiten und der hohe Staatengerichtshof zur Schlichtung der zwischenstaatlichen Streitigkeiten. Damit wurde, wie es *Alexander Hamilton* (1757–1809), der Vater dieses großen Föderationswerkes, ausdrückte, zustandegebracht, „daß dieser aus kleinen Republiken zusammengesetzte Verband sich des inneren Glückes einer jeden einzelnen erfreuen konnte, während er dank des Zusammenschlusses nach außen hin alle Vorteile der großen Monarchien besaß." Freilich darf nicht übersehen werden, daß die geschichtlichen Voraussetzungen, die in Europa dem Entwicklungsgang der Friedensidee zur Praxis so mächtige Hemmnisse entgegensetzten, daß sie heute noch nicht ganz überwunden sind, in Amerika vollständig fehlten.

Die französische Nationalversammlung

Aber auch das alte Europa begann in seinen Fugen zu krachen. Im gleichen Jahre, in dem durch das Inkrafttreten der Föderationsverfassung der Vereinigten Staaten die nordamerikanische Umwälzung ihren Abschluß fand, nahm die große Umwälzung in Frankreich ihren Anfang. Das Werk der Aufklärung war zur Reife gelangt. Unter heftigen Erschütterungen und blutigen Krisen wandelte sich der alte Feudalstaat zum Volksstaat um. Die Vollstrecker der Ideen der Enzyklopädisten konnten keine Gegner der Friedensidee sein. Wenn die Führer der Revolution dennoch Krieg führen mußten, so waren dies eben Abwehrkriege gegen die Angriffe der koalierten Mächte. Der Verteidigungskrieg ist von den Pazifisten immer als berechtigt anerkannt worden. Das vergaßen auch jene Männer nicht hervorzuheben, die in der französischen Nationalversammlung für die Verbrüderung der Menschheit eintraten und der kriegerischen Notwendigkeit des Tages gerecht werden mußten. Sie unterließen auch nicht zu betonen, daß der Verzicht auf den Angriff, der Verzicht auf Eroberung die Grundlage einer pazifistischen Politik sei. Dieser Gedanke fand auch in der Konstitution vom 3. September 1791 Ausdruck, deren sechster Titel lautete: „Die französische Nation verzichtet darauf, irgendeinen Krieg zu unternehmen, in der Absicht, Eroberungen zu machen."

Beauharnais. Mirabeau. Pétion

In den Äußerungen der Revolutionsführer in der Nationalversammlung kamen diese Anschauungen wiederholt zum Ausdruck. *Beauharnais* (1760–1794) sagte in den Maisitzungen von 1790, als die mögliche Verwicklung Frankreichs in dem zwischen England und Spanien drohenden Kriege zur Erörterung stand, daß das System eines allgemeinen Friedens lange für eine Chimäre gegolten habe, die Nationalversammlung darf diese Idee begreifen und die Hoffnung darauf äußern, und am 20. Mai sagte bei dieser Gelegenheit der jüngere *Graf Gabriel de Mirabeau* (1749–1791): „Ich wollte, es würde erklärt, die französische Nation entsage jeder Art von Eroberung und werde niemals ihre eigenen Kräfte gegen die Freiheit irgendeines Volkes anwenden. Ich schlage euch vor, die Minister oder Agenten, welche einen Angriffskrieg unternommen, als schuldig zu verfolgen. Die Zeit wird ohne Zweifel kommen, wo Europa nur eine einzige Familie ausmachen wird." *Volney* (1757–1820), der in seinem berühmten Buche „Die Ruinen", das 1791 erschien, ähnliche Gedanken zum Ausdruck brachte, wollte das ganze Menschengeschlecht nur „als ein und dieselbe Gesellschaft" betrachtet wissen, „deren Gegenstand der Friede und das Glück aller ist". Jeder Krieg, der für etwas anderes unternommen wird als für die Verteidigung, erscheint ihm „als ein Akt der Unterdrückung, den zurückzudrängen der ganzen Gesellschaft obliegt". *Jerome Pétion de Villeneuve* (1746–1794) verurteilte in einer gewaltigen Rede die Kabinettskriege der Fürsten und verlangte, daß die Entscheidung über den Krieg den Repräsentationsversammlungen zufallen müßte, denn „die Könige berechnen nicht mit derselben Sorgfalt die schlimmen Wirkungen eines Krieges, der ihnen Lorbeeren zu pflücken und Feinde zu demütigen bietet". Den Verzicht auf die Eroberung, die „ein Bundeseintrachtszeichen unter den Nationen" werden könne und „nach und nach die Fackel des Krieges auslöschen" würde, verlangt auch er. Zum Schlusse seiner Ausführungen[19] erinnerte er an St. Pierre, indem er sagte: „Vielleicht wird ein Tag kommen, wo das System eines der glühendsten und tugendhaftesten Freunde der Menschheit, das man oft den Traum eines wohlgesinnten Mannes genannt hat, das öffentliche Recht der Nationen sein wird, und ihr werdet den Ruhm haben, den Tag vorbereitet zu haben."

---

[19] Man findet die Rede wie die übrigen Verhandlungen der Nationalversammlung, soweit sie sich auf Krieg und Frieden bezogen, in H. HETZELS an pazifistischem Material so reichem Buche: „Die Humanisierung des Krieges in ihrer kulturgeschichtlichen Entwicklung" Eine Studie. Frankfurt a. Oder (1889).

In den späteren Sitzungen der Nationalversammlung kam Graf Mirabeau noch oft auf die Beseitigung des Krieges durch den Fortschritt zu sprechen. Am 25. August sagte er: „Vielleicht ist der Augenblick nicht mehr fern von uns, wo die Freiheit das Menschengeschlecht von dem Verbrechen des Krieges freisprechen und den allgemeinen Frieden verkündigen wird. Dann wird das Glück der Völker das einzige Ziel des Gesetzgebers, der einzige Ruhm der Nationen sein." Ähnlich äußerten sich noch *Isnard* und *Robespierre* (1758–1794). *Anarcharsis Cloots* (1755–1794), der sich mit Vorliebe als „Redner des Menschengeschlechts" bezeichnete, verfolgte den Gedanken einer Menschheitsrepublik, den er auch in einem Antrag an die Nationalversammlung (1793) wie in einer Schrift „La République universelle ou Adresse aux Tyrannicides" näher ausführte. „Eine Nation, eine Vertretung, ein Fürst", so argumentierte der schwärmerisch veranlagte Politiker, „und das Glück der Menschheit wird grenzenlos sein". Praktischer faßte ein anderes Mitglied der Nationalversammlung, der Abbé *Gregoire* (1750–1831), das Problem an, indem er im April 1795 der Versammlung einen Völkerrechtskodex mit 21 Artikeln unterbreitete, der zum Zwecke der Regelung des zwischenstaatlichen Verkehrs von allen Völkern angenommen werden sollte. Im November 1794 erklärte der ältere *Eschasseriaux*, daß die Revolution die Zeit herbeiführen werde, wo man „den Traum eines wohlgesinnten Mannes" – offensichtlich meinte er den Plan St Pierres – sich verwirklichen sehen wird. *Condorcet* (1734–1794) sprach seinen Abscheu vor dem Kriege sowohl in der Nationalversammlung wie in verschiedenen seiner Schriften aus. Noch kurz vor seinem Tode äußerte er seine pazifistische Zuversicht in folgenden Worten: „Die Völker werden allmählich den Krieg als die traurigste Geißel, als das größte Verbrechen betrachten lernen. Man wird zuerst diejenigen Kriege verschwinden sehen, zu denen die Usurpatoren der Souveränität der Nationen sie fortreißen für angebliche Erbrechte. Die Völker werden erfahren, daß sie nicht Eroberer werden können, ohne ihre Freiheit zu verlieren. Allmählich wird ein falsches Handelsinteresse die Macht verlieren, die Erde mit Blut zu besudeln und Nationen zu ruinieren, unter dem Vorwande, sie zu bereichern. Die Ursachen, die die nationalen Gehässigkeiten erzeugen, verschlimmern, verewigen, werden verschwinden. Besser ausgedachte Einrichtungen als jene Entwürfe vom ewigen Frieden, die die Muße einiger Philosophen beschäftigt haben, werden die Fortschritte dieser Brüderlichkeit der Nationen beschleunigen, und die Kriege unter den Völkern werden wie die Morde zur Zahl dieser außergewöhnlichen Scheußlichkeiten gehören, die die Natur demütigen und empören."

3. Von Kant bis zum Wiener Kongreß

Immanuel Kant

Die französische Revolution konnte Europa naturgemäß nicht den Frieden geben. Das neue Frankreich sah sich nach allen Seiten in Kriege verwickelt. Im Jahre 1792 wurde der erste Koalitionskrieg veranstaltet, in dessen Verlauf die Franzosen gegen England, Holland, Spanien, Österreich und Preußen zu kämpfen hatten. 1795 wurde in Basel der Sonderfriede zwischen Preußen und Frankreich geschlossen. In jenem Jahre veröffentlichte der Königsberger Weltweise *Immanuel Kant* (1724–1804) seine berühmte Schrift *„Zum ewigen Frieden"*.

Schon vorher hatte sich Kant mit dem Friedensproblem befaßt. In seiner 1784 erschienenen Schrift „Idee zu einer allgemeinen Geschichte in weltbürgerlicher Absicht" vertritt er die Idee einer naturnotwendig vor sich gehenden Entwicklung zu einer Staatenorganisation, „wo jeder, auch der kleinste Staat, seine Sicherheit und Rechte allein von diesem großen Völkerbund, von einer vereinigten Macht erwarten könnte". Die Kriege seien es, die die Staaten zu jenem Zustand der Organisation treiben, den sie durch die Vernunft ohne so harte Entbehrungen hätten erreichen können. Die Ideen St. Pierres und Rousseaus erschienen ihm, so sehr man sie auch verlachte, doch den „unvermeidlichen Ausgang aus der Not" anzuzeigen. In der Schrift „Mutmaßlicher Anfang der Menschengeschichte", die zwei Jahre später erschien, weist der große Denker darauf hin, daß der Krieg selbst nicht das größte Übel sei, sondern jene am größten sind, die durch ihn erzeugt werden, „und zwar nicht so sehr von dem, der wirklich oder gewesen ist, als von der nie nachlassenden und sogar unaufhörlich vermehrten Zurüstung zum künftigen zugezogen werden". Die Vergeudung der Kräfte des Staates und der Früchte seiner Kultur durch die Unsicherheit in der zwischenstaatlichen Anarchie, deren Folge der Krieg erst ist, hat Kant also bereits erkannt In zwei anderen im Jahre 1793 erschienenen Schriften, die eine „Religion innerhalb der Vernunft", die andere „Über den Gemeinspruch: das mag in der Theorie richtig sein, taugt aber nicht in der Praxis", führt Kant diese Gedanken noch weiter aus. Namentlich in der letztgenannten Schrift begegnen wir wieder der richtigen Anschauung, daß in dem Zustand der Anarchie der Friede oft noch drückender wird als der Krieg, und die Erkenntnis, daß es dagegen kein anderes Mittel gebe als ein auf öffentlichen Gesetzen begründetes Völkerrecht, dem sich jeder Staat unterwerfen müßte. Auch den Gedanken, daß die Volkssouveränität die Grundlage der Völkerverständigung bilden müsse, finden wir schon hier ausgedrückt. „Es muß ein jeder Staat so organisiert werden, daß nicht das Staatsoberhaupt, dem der Krieg (weil er ihn auf eines anderen, nämlich des Volkes Kosten führt) eigentlich nichts kostet, sondern das Volk die entscheidende Stimme habe, ob Krieg sein solle oder nicht".

Tiefer als seine Vorgänger ist Kant in das Wesen des Kriegsproblems eingedrungen, und deshalb unterscheidet sich sein Plan zur Vermeidung des Krieges, den er in seiner Schrift *„Zum ewigen Frieden"* niederlegte, wesentlich von den zahlreichen Entwürfen, die hier erwähnt wurden. Die Schrift ist nach dem Baseler Frieden erschienen, in dem Preußen zwar das linke Rheinufer an Frankreich abtrat, sich aber in einem Geheimartikel das Recht einräumen ließ, andere Gebiete in Deutschland zu annektieren. Es lagen alle Anzeichen dafür vor, daß ein solcher Friede kein dauernder sein könne, sondern den Keim zu neuen Kriegen in sich trüge. Da Kant für seine Schrift die Form eines Friedensvertrages wählte, wie sie damals – mit Präliminar-, Definitiv- und Zusatzartikeln – üblich war, da er auch einen „Geheim"-Artikel darin aufnahm, scheint die Ansicht begründet, daß der Königsberger Philosoph den unehrlichen Baseler Frieden, der den Krieg im Keime in sich trug, ironisieren und zeigen wollte, wie ein Friedensvertrag beschaffen sein müsse, der nicht bloß einen, sondern alle Kriege beendigt.

Der *erste Abschnitt* dieser Schrift enthält die *sechs Präliminarar-*

tikel. 1. *Artikel:* „Es soll kein Friedensschluß für einen solchen gelten, der mit dem geheimen Vorbehalt des Stoffes zu einem künftigen Kriege gemacht worden." Hier merkt man schon die Kritik des Baseler Friedens, der kein ehrlicher Friede war, sondern nur ein bloßer Waffenstillstand, „nicht Friede, der das Ende aller Hostilitäten bedeutet". 2. *Artikel.* „Es soll kein für sich bestehender Staat (klein oder groß, das gilt hier gleichviel) von einem anderen Staate durch Erbung, Tausch, Krieg oder Schenkung erworben werden können." Dieser Artikel richtet sich gegen die Kabinettspolitik jener Zeit, die den Staat als Habe der Fürsten betrachtete und nicht als den Sitz einer Gesellschaft von Menschen, die über ihre staatliche Zugehörigkeit selbst zu verfügen haben. 3. *Artikel.* „Stehende Heere sollen mit der Zeit ganz aufhören." In der Erläuterung dieses Artikels erkennt Kant bereits die doppelte Wirkung der Rüstungen, die nicht nur schützen, sondern auch bedrohen; die nur schützen, indem sie bedrohen. Er sieht die unendliche Schraube des Wettrüstens voraus, indem er sagt, daß die stehenden Heere die Staaten anreizen, „sich einander in Menge der Gerüsteten, *die keine Grenzen kennt,* zu überbieten". Er sieht voraus, daß der Friede dadurch drückender werden muß als ein kurzer Krieg, und weist auf die Wahrscheinlichkeit von Präventivkriegen hin. Auch die sittliche Bedeutung der Milizeinrichtung, für die er eintritt, hebt er hervor. 4. *Artikel.* „Es sollen keine Staatsschulden in Beziehung auf äußere Staatshändel gemacht werden." 5. *Artikel.* „Kein Staat soll sich in die Verfassung und Regierung eines andern Staates gewalttätig einmischen." 6. *Artikel.* „Es soll sich kein Staat im Kriege mit einem andern solche Feindseligkeiten erlauben, welche das wechselseitige Zutrauen im künftigen Frieden unmöglich machen müßten, als da sind: Anstellung der Meuchelmörder, Giftmischer, Brechung der Kapitulation, Anstiftung des Verrats in dem bekriegten Staat."

Mit diesen Präliminarartikeln hat Kant angedeutet, daß eine Umwertung der Moralbegriffe der Staaten vorausgehen muß, ehe diese die wirklichen Grundlagen des Dauerfriedens errichten können. Diese Grundlagen hat er dann im *zweiten Abschnitt* seiner Schrift dargelegt. Er leitet diesen mit der Erwägung ein, daß der Krieg der Naturzustand des Menschen ist; auch wenn die Feindseligkeiten nicht gerade ausgebrochen sind, droht er immerfort. Es müsse der Friede daher erst *„gestiftet"* werden. Diese Friedensstiftung wird in den drei „Definitivartikeln" jenes Abschnitts dargelegt: 1. „Die bürgerliche Verfassung in jedem Staate soll republikanisch sein". 2. „Das Völkerrecht soll auf einer Föderation nur freier Staaten gegründet sein." 3. „Das Weltbürgerrecht soll auf Bedingungen der allgemeinen Hospitalität eingeschränkt sein."

Aus den Erläuterungen, die Kant dem ersten Definitivartikel gibt, geht hervor, daß er unter Republik nicht unbedingt die republikanische Staatsform versteht, sondern den demokratischen Verfassungsstaat, in dem die Bürger Staatsbürger und nicht Untertanen sind und dadurch in die Lage kommen, über die Ertragung eines Krieges und seiner Lasten im Frieden selbst zu bestimmen. Unter einem Föderalismus freier Staaten versteht Kant eine Anordnung freier Staaten zu dem ganz bestimmten Zwecke der Friedenssicherung im Gegensatz zu den in den früheren Entwürfen vorgeschlagenen Bildungen eines Einheitsstaates in Form einer Universalmonarchie oder Universalrepublik, die die Gefahren des Zerfalls in sich tragen. Ein solcher Friedensbund erscheint ihm notwendig mit dem Begriffe des Völkerrechts verbunden, während die Verbindung des Völkerrechtsbegriffes mit einem Recht zum Kriege ihm als Widerspruch erscheint Darin bezeichnet Kant auch die großen Völkerrechtsgelehrten, die das Kriegsrecht aufzustellen und zu regeln versuchten wie *Grotius, Puffendorf und Vattel* als „lauter leidige Tröster". Unter der Einschränkung des Weltbürgerrechts auf eine „allgemeine Hospitalität" versucht Kant der Kriegsgefahr, die im Imperialismus liegt, und deren Anwachsen er aus den in seiner Zeit sich geltendmachenden Erscheinungen voraussah, im Keime zu beseitigen. Die Menschen sollen „vermöge des Rechts des gemeinschaftlichen Besitzes der Oberfläche der Erde" ein „Besuchsrecht" besitzen, das ihnen freie Bewegung in allen Ländern zusichert, ohne ihnen ein Besitzreckt auf Länder zu geben, die nicht zu ihrem Staate gehören. Die Nichtduldung von Fremden auf der einen Seite und die Nichtachtung des Rechts der Eingeborenen auf der anderen erkennt er als die Ursachen blutiger Kriege.

Kant beabsichtigt, um das Wesentliche noch einmal zusammenzufassen, durch diese drei Definitivartikel die Sicherung der Organisation der Menschheit „nach allen drei Verhältnissen des öffentlichen Rechts, des Staats-, Völker- und Weltbürgerrechts". Der dauernde Friede erscheint ihm gesichert, wenn die wichtigsten Staaten der Welt eine wahre Repräsentativverfassung haben werden, in der diejenigen, die durch den Krieg am meisten geschädigt werden, in der Lage sind, über Krieg und Frieden zu entscheiden. Auf einem Föderalismus solcher wirklich freier Staaten soll das Völkerrecht gegründet sein. Die Verbindung von zwei oder drei der mächtigsten solcher Staaten, die sagen würden, „es soll zwischen uns kein Krieg sein", könnte nach Kants Meinung den Anfang eines solchen „Föderalismus" machen.

Auch später ist Kant noch wiederholt auf das Friedensproblem zurückgekommen. In der 1797 erschienenen „Metaphysik der Sitten" vertritt er die Notwendigkeit des Völkerbundes, und in der 1798 erschienenen Schrift „Der Streit der Fakultäten", in der er den Krieg „die Quelle aller Übel und Verderbnis der Sitten" nennt, bezeichnet er diejenige Verfassung als die beste, die so beschaffen ist, daß sie den Angriffskrieg vermeidbar macht. Als eine „Umkehrung der Schöpfung" sieht er es an, wenn die Herrscher die Menschen „teils tierisch als bloßes Werkzeug ihrer Absichten betrachten, teils in ihren Streitigkeiten gegeneinander aufstellen und schlachten lassen". In den im selben Jahre erschienenen „metaphysischen Anfangsgründen der Rechtslehre" faßt Kant seine Friedenslehre in ein System zusammen. Er führt darin den Gedanken des allgemeinen Staatenvereins aus und erklärt sich für einen frei vereinbarten Staatenkongreß nach dem Muster der Generalstaaten in Haag, wie sie in der ersten Hälfte des 18. Jahrhunderts beschaffen waren. Sonst hat Kant keine Einzelheiten für eine Staatengemeinschaft geliefert, er hat sich nicht darauf eingelassen, vorzuschlagen, wie eine solche Gemeinschaft im einzelnen zu leben habe, wer ihre Streitfälle schlichten könnte. Von einem Schiedsgericht ist in seiner Abhandlung nirgends die Rede. Er empfiehlt nicht, das Übel des Krieges zu heilen, deutet vielmehr nur an, wie ihm vorgebeugt werden kann, indem er die Grundsätze aufstellte, die für ein gesittetes Zusammenleben der Staaten notwendig sind. In früheren Schriften hat der große deutsche Philosoph auch gute Seiten des Krieges hervorzuheben gesucht; nicht um ihn zu beschönigen, sondern um ihn zu erklären. Auch dort, wo er des Krieges nützliche Wirkungen betont, tat er es nicht, ohne auf die schrecklichsten Drangsale hinzuweisen, „womit er das menschliche Geschlecht belegte", was die Apostel des Krieges nicht hindert, jene Stellen zu ihrer Rechtfertigung zu zitieren. Auch

in seinem Entwurf „Zum ewigen Frieden" spricht er in den „Zusatzartikeln" vom Kriege als einem Mittel, durch das die Natur ihre Vorteile zu erreichen suchte. Das ist aber kein Widerspruch; denn daß
der Kriegszustand der Naturzustand der Menschen ist, gibt Kant offen zu, ihm ist es nur darum zu tun, den Kulturzustand, der sich ja
überall über die Natur setzt, weiter zu vervollkommnen, und dazu
verlangt er die „Stiftung" des Friedens auf Grund von Vernunft-
schlüssen. Kant ist der erste Denker des Friedens. Er versucht nicht,
einen Friedenszustand zu konstruieren, wie seine Vorläufer dies getan haben, sondern die Bedingungen zu zeigen, aus denen der Dau-
erfriede sich naturgemäß entwickeln muß. Aus diesem Grunde ist
seine Schrift „Zum ewigen Frieden" die erste nicht utopische Behandlung des Problems, so sehr der Titel gerade das Gegenteil ver-
muten läßt. Daß es sich in diesen Darlegungen nur um den gesicherten und um einen andauernden, nicht um einen „ewigen Frieden"
handelt,[20] ist vielleicht nur deshalb im Titel nicht ausgedrückt, weil
das Schlagwort jener Zeit prägnanter den Inhalt und Zweck der
Schrift auszudrücken vermochte. Die weitgehende Volkstümlich-
keit, die gerade der Titel der Kantschen Schrift (vom Inhalt kann
man das leider nicht sagen) errungen hat, trug viel dazu bei, die Anschauungen über das eigentliche Wesen des Pazifismus zu entstel-
len. Dafür kann Kant nichts. Er bleibt in seinen Schriften der Vorläufer des modernen, von jeder Utopie entfernten Pazifismus.

Kants Gegner

Eine ununterbrochene Reihe von Kriegen erschütterte von 1792–
1815 Europa. Aus den Stürmen der französischen Revolution entstanden die Koalitionskriege der monarchischen Staaten gegen die
Republik, und diesen folgten die Kriegszüge des korsischen Eroberers. Das Kriegs- und Friedensproblem drängte sich gebieterisch allen Zeitgenossen auf. Dennoch hatte Kants Schrift nicht die richtige
Würdigung gefunden. Der große Philosoph mußte es sich gefallen
lassen, als Utopist und träumerischer Weltverbesserer verschrieen
zu werden und mußte Anfeindungen trivialster Art über sich ergehen lassen. Eine Anzahl Gegenschriften erschienen. So 1796 eine

---

[20] Vgl. im ersten Teil dieses Buches: BAND I, S. 11 u. f.

Schrift *Alexander Lamottes*[21], im darauffolgenden Jahre eine *Valentin Embsers*.[22] Im Jahre 1803 suchte der nachmalige preußische Staatsminister *Frederic Ancillon* (1767–1837) den Krieg zu verteidigen und die Durchführung der Kantschen Definitivartikel als unmöglich zu erklären. Später wandten sich *Rühle von Lilienstein* (1780–1847) in seiner 1813 erschienenen Schrift „Apologie des Krieges besonders gegen Kant", 1814 der berühmte Kriminalist *Anselm von Feuerbach* (1770–1833) in der Schrift „Die Weltherrschaft das Grab der Freiheit" und andere gegen die Ausführungen des Weltweisen von Königsberg. Der Historiker *Heinrich Luden* (1780–1847) und der bekannte Philosoph *Hegel* (1770–1831) wie der Leipziger Theologe *Tzschierner* (1778–1828) entwickelten Theorien, die das Gegenteil der Ausführungen Kants vertraten. Aber es hat auch nicht an Zustimmungen gefehlt und an erleuchteten Geistern, die die Ideen Kants fortzuführen bemüht waren.

v. Jakob. Krug

Schon bald nach Erscheinen des Entwurfes „Zum ewigen Frieden" erstand Kant in dem Hallenser Professor *Ludwig Heinrich von Jakob* (1759–1827) ein beredter Fürsprecher, der in seinen „Annalen der Philosophie" 1796 die „ungemein aufgeblähte Art" jener heute längst vergessenen Kritiker gebührend geißelte. *Wilhelm Traugott Krug* (1770–1842), der Leipziger Philosoph und Politiker, warnte schon 1800 in seinen „Aphorismen zur Philosophie des Rechts" davor, „den Philosophen, der die Bedingungen des ewigen Friedens aufsucht … zu verlachen". Und später, nachdem er die Befreiungskriege mitgemacht hatte, schrieb Krug nach einer vernichtenden Verurteilung des Krieges:[23] „Die Aufgabe zu zeigen, wie und wodurch ein ewiger Friede unter den Völkern bewirkt werden könne, für unauflöslich oder gar für ungereimt erklären, weil die Idee des ewigen Friedens eine Schimäre sei, würde nichts anderes bedeuten, als alle Ideen der Vernunft in das Land der Träume verweisen."

---

[21] „Oratio, utrum pax perpetua posset necne."
[22] „Widerlegung des ewigen Friedensprojektes."
[23] „Kreuz- und Querzüge eines Deutschen auf den Steppen der Staatskunst und Wissenschaft."

Um die Wende des Jahrhunderts mehrten sich unter dem Druck der Ereignisse die Pläne zur Herstellung eines gesicherten Friedens und die Kritiken des Krieges. *Schelling* (1775–1854) näherte sich 1800 in seinem „System des transzendentalen Idealismus" Kant, indem er die Garantie der Staatsverfassungen durch eine Föderation forderte, die den allgemeinen Völkerareopag bilden könnte. Der Wittenberger Professor *Karl Salomo Zachariae* (1769–1843) behandelte das Friedensproblem in seinem 1802 erschienenen Buche „Janus" im Kantschen Sinne und entwirft den Plan eines „Völkerstaats", dessen Endzweck „Die Handhabung des Rechtsgesetzes in Beziehung auf das gegenseitige Verhältnis der Völker durch eine konstituierte Gewalt" sein sollte. Ein Verein demokratischer Staaten würde einen Kodex des Völker- und Weltbürgerrechts entwerfen und aufrechterhalten wie die Verfassung der Einzelstaaten gegenseitig garantieren. *Chateaubriand* (1769–1848), der große französische Schriftsteller, erwog in seinem Buch „Der Genius des Christentums" (1802) die Möglichkeit eines Tribunals, das den Kriegen und Revolutionen vorbeugen sollte. Es folgten ihm 1803 der Russe *de Malinowsky* mit einer Schrift *„Raisonnement sur la guerre et la paix"*, der in der Beseitigung der Diplomatie eine Sicherung gegen die Kriege erblickt, der Jenenser Philosoph *Jakob Fries* (1773–1843), der in seiner „Philosophischen Rechtslehre und Kritik aller positiven Gesetzgebung" das Recht zum Kriege bestreitet und die Bestrebungen zur endgültigen Beseitigung des Krieges als nichts schimärenhafteres betrachtet, „als die, eine gute Polizeiordnung im Lande einzuführen", und 1804 der Franzose *Agricola Batain* mit einem Entwurf über eine Weltföderation.

Jean Paul

Unter den deutschen Schriftstellern jenes Zeitabschnittes war es *Jean Paul* (1763–1825), der es inmitten einer begeistert zum Befreiungskriege aufrufenden Literatur unternahm, mit kalter Schärfe das Unwesen des Krieges zu geißeln. In seiner 1807 erschienenen „Levana" ermahnt er die Fürsten, die Tragweite eines Krieges zu bedenken, ehe sie sich dazu entscheiden, und verlangt als sichersten Schutz, daß das Volk über den Krieg entscheiden müsse, womit er sich den ersten Definitivartikel des Kantschen Entwurfes zu eigen macht. Sehr gewandt bekämpft er in seiner „Friedenspredigt an Deutschland" (1808) die landläufigen Behauptungen angeblicher Vorteile des Krieges. Nicht der Krieg erzeuge die Helden, er zeigt sie nur besser. In Frieden müsse die Fähigkeit zum Heldentum erzeugt worden sein. Der Friede entkräfte nicht, er stähle noch mehr als der Krieg. Dieser ist ein „bloßes Losziehen der Gewalt und des Faustunrechts". In den „Dämmerungen" ist eine „Kriegserklärung gegen den Krieg" enthalten, worin Jean Paul noch kraftvoller gegen den Krieg Front macht. Er tritt darin für eine Universalrepublik ein und nähert sich wieder Kantschen Ideen in dem Satze: „Das Unglück der Erde war bisher, daß zwei den Krieg beschlossen und Millionen ihn ausführten, indes es besser gewesen wäre, daß Millionen ihn beschlossen hätten und zwei gestritten." Gegen die angebliche Verweichlichung der Völker durch den Frieden wendet er sich mit der bissigen Bemerkung, daß „das Stählen des Kriegers durch Krieg" etwas so Hinfälliges sei, „als das Stärken der Wäsche".

Hugo. Heeren. Goudon d'Asson. Krause. Erzherzog Karl

Der Jurist *Gustav Hugo* (1764–1844) ging in seinem „Lehrbuch des Naturrechts" (1808) so weit, die Auflösung der bestehenden Staaten und die Bildung einer politischen Einheit des Menschengeschlechtes zu verlangen, während im selben Jahre der Franzose *Goudon d'Asson* in seiner Abhandlung über öffentliches Recht und Völkerrecht eine Art konstitutioneller Universalmonarchie vorschlug. Sein Plan umfaßt die Errichtung von vier öffentlichen Gewalten, deren eine als Kongreß die Oberaufsicht zu führen hätte, während die andern als gesetzgebende Körperschaft bzw. Tribunal wirken würden, und die vierte Gewalt als Schutzbehörde einer einzelnen Person anvertraut wäre, der eine einheitliche Armee zur Seite stände. Auch der deutsche Philosoph und Historiker *Arnold Herm. Ludw. Heeren* (1760–1842) entwickelte 1809 in seinem „Handbuch der Geschichte des europäischen Staatensystems" Weltstaatpläne. Später hat *Karl Ch. Friedrich Krause* (1781–1832), bekannter Philosoph und freimauerrischer Schriftsteller, in seinem „Entwurf eines europäischen Staatenbundes als Basis des allgemeinen Friedens" (1840) einen ins einzelne

gehenden Plan für einen europäischen Staatenbund entworfen, in
dem die Kriegführung nur dem ganzen Bunde vorbehalten bleibt,
während die Einzelglieder endgültig darauf verzichten. Ein Plan,
der teilweile im deutschen Bund und später im Deutschen Reich Erfüllung fand. Daß auch Soldaten unter dem Druck der kriegerischen
Zeit über den Krieg zu denken anfingen und zu einer Verurteilung
kamen, bewiesen die Aussprüche darüber, die *Erzherzog Karl von Österreich* (1771–1847), der Sieger von Aspern, in seinen 1816 erschienenen „Aphorismen" veröffentlichte.

Fichte

Eine eigentümliche Stellung unter den Denkern jenes Zeitabschnittes nahm *Johann Gottlieb Fichte* (1762–1814) ein. In der ersten Zeit seines Wirkens stimmte er bezüglich Bildung eines Völkerbundes mit
Kant überein. In seiner 1796 erschienenen „Grundlage des Naturrechts" erkennt er das Recht zum Kriege zwar an, doch mit der Einschränkung, daß der Krieg nur zur Sicherung des im Völkerbunde
vertretenen Rechts geführt werden dürfe. Das Bundesgericht soll
seine Urteile durch die ihm zur Verfügung gestellte bewaffnete
Macht vollstrecken können. Im übrigen stellt er ein System zur Ver-
menschlichung der Kriege auf. In seinen späteren Schriften vertritt
er mehr den Machtstandpunkt der einzelnen Staaten. In seinen „Reden an die deutsche Nation" (1808) tritt er für jene Gleichgewichts-
theorie ein, die zum Wettrüsten führte, und 1813 predigte er, dem
Empfinden der Zeit entsprechend, den Volkskrieg, den er den Kabi-
nettskriegen gegenüber mit Recht als Fortschritt preist, aber un-
rechterweise auch als Garantie für seine Rechtmäßigkeit und den
endlichen Sieg. Allerdings erblickt er (1813) im Volkskrieg auch den
Weg, „der zum allgemeinen christlichen Völkerstaat führt".

Fourier. St. Simon. Thierry

Eine andere Gruppe von Friedenspolitikern am Anfange des 19.
Jahrhunderts bilden die Sozialphilosophen *Fourier, St. Simon und
Thierry. Charles Fourier* (1772–1837), einer der Vorläufer der sozialis-
tischen Bewegung, der sich noch ganz in den Geleisen der sozialen
Utopie bewegte, kündigte in seinem 1808 erschienenen Buche über

die „Theorie der vier Bewegungen" ein Reich der Harmonie an,
wenn erst die ersten 5000 Jahre der Kindheit des Menschengeschlechts vorübergegangen sein werden. Sein ungleich bedeutende-
rer Gesinnungsgenosse, der Graf *St. Simon* (1760–1825), entwickelte
schon in seiner 1803 erschienenen Schrift „Briefe eines Einwohners
von Genf an seine Zeitgenossen" den allerdings nicht weniger uto-
pistischen Plan eines Staatenbundes, dem er die englische Verfassung zugrunde legte. Darnach sollte ein Weltparlament erwählt
werden, über das eine Pairskammer gestellt ist, in der 27 Erwählte
der Menschheit einen Platz finden sollten. Das Ganze hätte ein Oberhaupt zu krönen, ein Präzeptor des Friedens, wobei der sozialistische Graf an Napoleon gedacht haben mag, in dessen Unternehmungen er den Weg für einen dauernden Weltfrieden zu sehen
glaubte. Mit seinem Schüler *Aug. Thierry* (1795–1856) hat St. Simon
diese Ideen (1814) näher ausgeführt in einem „Reorganisationsplan
Europas, in dem die Notwendigkeit und die Mittel gezeigt werden,
die Völker Europas zu einer einheitlich politischen Körperschaft zu
vereinigen, wobei einem jeden Volk seine nationale Unabhängigkeit
bewahrt bliebe", während *Thierry* diese Ideen in seinem Buche „Des
nations et de leurs rapports mutuels" (1816) allein entwickelte.

de Constant. Paoli-Chagny

Schließlich sei hier noch zweier Franzosen Erwähnung getan, deren
einer *Benjamin de Constant de Rebecque* (1767–1830) in seiner Schrift
„Über den Geist der Eroberung und Usurpation" Napoleon bekämpfte und in befreiender Art eine Philosophie des Friedens entwickelte, während sein Landsmann, der bekannte Diplomat Graf
Paoli-Chagny einen Entwurf zu einer politischen Organisation Europas (1818) verfaßte, der die Schaffung eines allgemeinen und dauer-
haften Friedens für die Fürsten wie die Völker zum Gegenstande
hatte.

Der Wiener Kongreß

Mittlerweile hatte die Herrschaft Napoleons ihr Ende gefunden. Europa atmete auf und sehnte sich danach, zur Ruhe zu kommen.
Seine Fürsten und Diplomaten versammelten sich zum *Wiener*

Kongreß (29. Sept. 1814 bis 9. Juni 1815), um eine neue Ordnung der Dinge herbeizuführen, die man ohne gründliche Veränderung der politischen Grenzen nicht glaubte herstellen zu können. Das Bedürfnis, nach diesen Jahren ununterbrochener Kriegsstürme endlich wieder Festigkeit in die zwischenstaatlichen Beziehungen zu bringen, erleichterte das schwierige Werk des Kongresses und verhinderte den manchmal drohenden Zerfall. Die Ideen der großen Denker der Aufklärung und der Revolution schienen nicht ohne Einfluß auf diese große politische Versammlung gewesen zu sein und mochten es bewirkt haben, daß trotz aller Ränke und Schliche der Diplomatie manches Gute daraus hervorging. So nicht als geringstes Ergebnis die Erkenntnis, daß bei gutem Willen auch verwickelte politische Fragen durch gegenseitige Verständigung zu lösen seien. Ferner trug der Wiener Kongreß viel zur Entwicklung des Völkerrechts bei durch Feststellung der Grundsätze der Schiffahrtspolitik auf zwischenstaatlichen Strömen, durch die grundsätzliche Abschaffung des Sklavenhandels, durch die Regelung der diplomatischen Rangordnung, durch die Einführung von neutralisierten Staaten und verschiedener anderer, Handel und Verkehr betreffender Fragen. Auch mit dem Plan einer vertragsmäßigen Beschränkung der Rüstungen in Friedenszeiten, um damit die Abrüstung Europas einzuleiten, hatte man sich damals befaßt,[24] ohne allerdings zu einem Ergebnis zu kommen. Vielleicht wäre damals der geeignetste Augenblick gewesen, diese Lösung durchzuführen und Europa vor den schweren Schädigungen der späteren Entwicklung des Wettrüstens zu bewahren. Aber die Diplomaten jener Zeit standen nicht auf der Höhe ihrer Aufgabe. Sie hätten manches bessern, manches verhindern können, und der Vorwurf, der ihnen später gemacht wurde, daß die großen Kriege des 19. Jahrhunderts, die von 1864, 1866 und 1870/71 nicht hätten stattfinden müssen, wenn der Wiener Kongreß erleuchteter gewesen wäre, scheint nicht unberechtigt zu sein. Um zu solchen Ergebnissen zu gelangen, standen die Fürsten und Diplomaten zu sehr im Banne der Revolutionsfurcht, betrieben sie die Politik mehr im Sinne der Dynastien als im Interesse der

---

[24] Siehe die Rede BEERNAERTS bei Eröffnung der 2. Sitzung der 1. Kom. auf der 1. Haager Konferenz vom 26. Mai 1899 bei MEURER, „Die Haager Friedenskonferenz". II. Bd., S. 442.

Völker. Immerhin kristallisierte sich das zerstückte Europa auf dem Wiener Kongreß zu größeren Staatengebilden, die notwendig waren, um eine größere Stabilität vorzubereiten.

Der Deutsche Bund

Kam es doch am Tage vor dem Schluß des Kongresses – am 8. Juni 1815 – zum Abschluß der *„Deutschen Bundesakte"*, durch die sich 39 deutsche Staaten zu einem Staatenverein zusammenschlossen, dessen gemeinsame Angelegenheiten durch einen ständigen Gesandtenkongreß in Frankfurt a. M. geregelt wurden. Auch das Bundesgericht war vorgesehen, seine Errichtung scheiterte jedoch an dem Widerstand einzelner Staaten. Hingegen wurde in der sogenannten *„Austrägal-Instanz"* das Mittel zur schiedsrichterlichen Entscheidung gegeben. Der Krieg zwischen den Mitgliedern sollte nach Artikel XI der Bundesverfassung ausgeschlossen sein. Alle Streitigkeiten müßten vor die Bundesversammlung gebracht und die Vermittlung versucht werden. Hingegen verpflichteten sich die Bundesstaaten, an einem auswärtigen Kriege des Bundes wie der Einzelstaaten sich gemeinsam zu beteiligen.

Der Schweizer Bund

Am 7. August 1815 bildete sich auch aus den 22 freien Kantonen der Schweizer Eidgenossenschaft der *„Schweizer Bund"*. Auch hier wurde der Krieg zwischen den einzelnen Gliedstaaten ausgeschaltet und festgesetzt, daß alle Streitigkeiten vor ein Bundesschiedsgericht gebracht werden. Eine jährlich stattfindende *„Tagsatzung"* war bestimmt, die gemeinsamen Angelegenheiten zu regeln; sie erhielt das Recht, über Krieg und Frieden zu entscheiden.

Die „Heilige Allianz"

Diesen Staatengesellschaften, die für ein kleineres Gebiet die Sicherung des Friedens anstrebten, folgte noch der Versuch, für ganz Europa die Grundlage einer Vereinigung herzustellen. Am 26. September 1815 schlossen die Monarchen von Rußland, Preußen und Österreich jenes Abkommen, das als die *„Heilige Allianz"* in der Geschichte bekannt ist und dazu bestimmt sein sollte, einen christlich-europäischen Friedensbund zu gründen. Dieser Bund, der auf religiöser Grundlage aufgebaut war, brachte die Absicht der drei Monarchen zum Ausdruck, von nun an „nur nach den Vorschriften der Gerechtigkeit, der christlichen Liebe und des Friedens" zu regieren, „sich in jedem Falle Hilfe und Beistand zu gewähren" und „sich in Hinsicht ihrer Untertanen und Armeen als Familienväter anzusehen". Mit Ausnahme des Papstes und des Sultans traten allmählich alle europäischen Staatsoberhäupter diesem Bunde bei, der sich die Aufgabe gestellt hatte, den Frieden Europas zu bewahren und schließlich seinen Beruf darin fand, die Interessen der Monarchien gegenüber dem aufkeimenden Freiheitsgedanken zu vertreten, und durch Intervention das Legitimitätsprinzip gegenüber der Volkssouveränität zur Geltung zu bringen.

Wie der „Deutsche Bund" war auch die „Heilige Allianz" ein dilettantenhafter Versuch, die Ideen der Staatenvergesellschaftung, wie sie von Heinrich IV. ab bis Kant zum Vorschlag gebracht wurden, in die Wirklichkeit zu übersetzen. Es war kein „Föderalismus *freier* Staaten", der hier gebildet wurde, ja überhaupt kein Staatenverein, sondern ein Fürstenbund, und von einer Repräsentativverfassung war in den Ländern jener Fürsten überhaupt nicht die Rede. Es war daher kein Wunder, wenn jene Fürstenkongresse von *Aachen, Troppau, Laibach* und *Verona* die Unmöglichkeit des frommen Unternehmens erwiesen und dies unter dem Gespött bedeutender Zeitgenossen (schon 1816 nannte sie Gentz „eine politische Nullität", „eine Theaterdekoration") bald seine Wirkung einbüßte. Aber doch kann man der „Heiligen Allianz" infolge der ihr zugrundegelegten Absicht friedensgeschichtliche Bedeutung nicht versagen. Sie war ein stümperhafter Versuch, aber immerhin ein Versuch, die alten Methoden zwischenstaatlicher Anarchie zu verlassen. Was damals nicht gelang, kann unter Vermeidung der erkannten Fehler später um so besser gelingen. *Schlief*[25] ist sogar der Ansicht, daß bislang kein Bündnis der Begründung eines Staatensystems so nahe gekommen ist wie die „Heilige Allianz", die, wie er meint, trotz ihres baldigen Verfalls, worauf sie nur noch in den drei Gründerstaaten aufrecht blieb, Europa vier Jahrzehnte des Friedens geschenkt habe.

---

[25] Dr. Eugen SCHLIEF, Der Friede in Europa. 1892. S. 128.

Vielleicht hätte Napoleon den Plan einer europäischen Staatengesellschaft besser zur Ausführung gebracht, wenn er nicht vorzeitig
seinem Schicksal erlegen wäre. Soll sich doch der große Menschen-
lebenvergeuder mit dem Gedanken getragen haben, Europa zu einigen. Er bezeichnete die „Heilige Allianz" sogar als ein Plagiat seiner
Ideen. *Las Gases,* der in seinem „Memorial of St. Helena"[26] über diese
Absicht berichtet, läßt den Kaiser sagen: „Der Friede von Moskau
hätte meine Kriegsexpeditionen beendigt. Er hätte den Beginn der
Sicherheit bedeutet. Ein neuer Horizont, neue Arbeiten, erfüllt vom
Wohl und dem Gedeihen aller, hätten sich entwickelt. Das europäische System wäre begründet gewesen, es handelte sich nur mehr darum, es zu organisieren. Auch ich hätte meinen Kongreß und meine
‚Heilige Allianz' gehabt. *Das sind Ideen, die man mir gestohlen hat ...*
Die Aufgabe des Jahrhunderts wäre erfüllt, die Revolution vollendet
worden; es handelte sich nur darum, es zu verbessern mit dem, was
sie nicht zerstört hatte. Mir oblag diese Aufgabe. Ich hatte sie langer
Hand vorbereitet. Vielleicht auf Kosten meiner Popularität; das ist
aber gleichgültig. Ich wäre der Brückenbogen der alten und der
neuen Allianz geworden, der natürliche Vermittler zwischen der alten und der neuen Ordnung der Dinge." Und bis in die Einzelheiten
soll der gefangene Kaiser nach Las Gases' Bericht seinen Plan entwickelt haben.

Vielleicht hätte er es besser vermocht. Dann wäre sein Schicksal
zu bedauern. Aber auch so hat er dazu beigetragen, den Friedensgedanken zu festigen. Sein Blutregiment hat den Abscheu vor dem
Krieg entfesselt und die Welt neuen Ideen erschlossen. Sein Sturz
bot hoffnungsvolle Aussichten. Europa fühlte sich, wenn auch ver-
schwommen und zaghaft, zum erstenmal in der Geschichte als eine
Kultureinheit Und in Amerika führte die Reaktion gegen die napoleonische Blutherrschaft zum organisierten Kampf für die Friedensidee. Das Jahr, in dem in Wien die napoleonische Ära liquidiert
wurde, das Jahr des Wiener Kongresses, wurde dort das *Geburtsjahr
der Friedensbewegung.*

---

[26] Vol. 5, p. 398.

B.
Vom Wiener Kongreß bis zur ersten Haager Konferenz (1815–1899)

Anregungen aus den Vereinigten Staaten. – Der 16. Juni 1893. – Der Kampf um den angloamerikanischen Schiedsvertrag. – Deutschland. – Österreich. – Italien. – Frankreich. – Belgien. – Norwegen. – 4. *Der Haager Konferenz zu: Verschiedene Kundgebungen.* – Der Papst. – Caprivi, Goluchowski, Salisbury und Goßler. – 5. *Die Friedenskongresse von* 1893–1897: Die Interparlamentarischen Konferenzen. – Die Weltfriedenskongresse. – Verschiedene Kongresse. – Nobels Testament. – Der spanisch-amerikanische Krieg. – Blochs Werk. – Das Zarenmanifest. – Aktion der Pazifisten zugunsten des Zarenmanifestes. – Das Zarenmanifest in den Parlamenten. – Prof. Stengel. – Die erste Haager Konferenz.

I. Von der Gründung der ersten Friedensgesellschaften
bis zur Gründung der Interparlamentarischen Union
(1815–1888)

1. Die Anfänge der Friedensbewegung

Die ersten Friedensgesellschaften

Die ersten Friedensgesellschaften treten in Erscheinung. Der Neuyorker Kaufmann *David L. Dodge* (1774–1852), ein Mann von hoher Bildung und stark religiöser Gesinnung – ein Mitglied der Presbyterianer Kirche –, war der Urheber der im August 1815 in Neuyork begründeten „New York Peace Society"; Schon im Jahre 1809 hatte er eine Broschüre gegen den Krieg verfaßt, die starke Verbreitung fand und alsbald eine Anzahl Gleichgesinnter um ihn scharte, die bereits 1812 entschlossen waren, eine Friedensgesellschaft zu gründen. Infolge des Krieges gegen England vertagte man diese Absicht bis zum Friedensschluß. Ganz unabhängig[27] von Dodge wurden am 2. Dezember 1815 in Warren Country die „Ohio Peace Society" und am 28. Dezember von Dr. *Noah Worcester* (1758–

---

[27] Siehe Ch. L. LANGE, Les origines du Mouvement pacifiste Organist in „Correspondance bi-mensuelle" 1909, S. 13.

1837) im Verein mit Dr. *Ellery Channing* (1780–1842) in Boston die „Massachusetts Peace Society" begründet. Es folgten in den darauffolgenden Jahren noch mehrere Friedensgesellschaften in Philadelphia wie in den Staaten Rhode Island und Maine, bis durch die vom 8. Mai 1828 durch *William Ladd* (1778–1841) in Neuyork begründete „American Peace Society" alle bestehenden Gesellschaften ihre Vereinigung fanden. Die „American Peace Society" besteht heute noch. Ihr Sitz wurde 1834 nach Hartford, 1837 nach Boston verlegt, wo sie bis zu ihrer im Jahre 1911 erfolgten Übersiedelung nach Washington verblieb. Ebenfalls unabhängig von den einzelnen amerikanischen Gründungen wurde am 11. Juni 1816 von dem Quäker *Wm. Allen* (1770–1843) und seinem Freunde *Joseph Tragellace Price* (1783 –1854) als erste Friedensgesellschaft in Europa die noch heute bestehende *„Peace Society"* in London begründet. Sie umfaßte bald nach ihrer Gründung 2000 Mitglieder in elf Ortsgruppen. Seit 1819 gibt sie den „Herald of Peace" heraus. Angeregt durch die Londoner Gesellschaft rief am 1. Dezember 1830 der Schweizer *de Sellon* (1782–1839), der als Schriftsteller wiederholt gegen den Krieg aufgetreten ist und in den zwanziger Jahren des vorigen Jahrhunderts eine lebhafte Propaganda entfaltete, in Genf die erste Friedensgesellschaft des Kontinents ins Leben, die durch ein Schreiben Friedrich Wilhelms IV. an den Begründer beifällig begrüßt wurde. Die Londoner Gesellschaft ließ durch *Price* und *Stephen Rigaud* mehrfach den Kontinent bereisen und brachte dort die Bewegung in Fluß. In Frankreich widmeten sich damals *Saint Simon* und *Fourier* (siehe oben S. 57-58) der Friedenssache. Saint Simon hatte schon an den Wiener Kongreß eine Denkschrift „Über die Notwendigkeit der Schaffung eines europäischen Parlaments" überreicht, die von den Diplomaten natürlich belächelt wurde. Die im Jahre 1821 in Paris von englischen Quäkern begründete „Sociéte de la morale chrétienne", die für die Friedensidee eintrat, schuf in ihrem Schoße 1841 einen besonderen Friedensausschuß. In jenem Jahre dichtete *Lamartine* seine „Marseillaise de la Paix", und in Deutschland konnte sich noch ein *Moltke* „offen zur vielverspotteten Idee eines ewigen Friedens bekennen" und den Gedanken „naheliegend" finden, „die Milliarde, welche Europa jährlich seine Militärbudgets kosten, die Millionen Männer im rüstigen Mannesalter, welche es ihren Geschäften entreißen muß, um sie für einen eventuellen Kriegsfall zu erziehen, alle diese unermeßlichen

Kräfte mehr und mehr produktiv zu nützen".[28] Bekanntlich hat der
Feldmarschall diese Anschauungen später geändert.

Die ersten Friedenskongresse

Die englischen und amerikanischen Friedensorganisationen traten
bald in enge Fühlung. Als im Jahre 1841 zwischen den Regierungen
Großbritanniens und der Vereinigten Staaten Schwierigkeiten sich
erhoben, die ernste Formen annahmen, begab sich der Quäker *Josef
Sturge* (1793–1859) nach den Vereinigten Staaten, um mit den Gesinnungsgenossen Maßnahmen zur Erschwerung von Kriegen zu be-
sprechen. *William Jay* (1789–1868), der damals Präsident des Obersten Gerichtshofes der Vereinigten Staaten und später zehn Jahre
lang der Präsident der „American Peace Society" war, schlug vor,
daß die beiden Regierungen sich auf eine Formel einigen sollten,
wonach sie in jeden Vertrag eine Klausel einfügen, durch die sie sich
verpflichten, bei eintretenden Streitigkeiten die Vermittlung be-
freundeter Mächte anzurufen. Auf einer Versammlung der „American Peace Society" regte Sturge an, einen Kongreß der Friedensfreunde aller Länder einzuberufen.

London 1843

Am 22. Juni des Jahres 1843 versammelte sich dieser *erste Friedenskongreß* zu Exeter Hall in London unter dem Vorsitz des Parlaments-
mitgliedes *Charles Hindley* († 1858). Doch war es noch kein internationaler, sondern mehr ein anglo-amerikanischer Kongreß, da neben
294 englischen und 37 amerikanischen Delegierten vom europäischen Kontinent nur sechs Teilnehmer erschienen waren. Der Vorschlag Jays wurde angenommen und bildete eine der wichtigsten
Resolutionen, die nachher an 54 Regierungen übermittelt wurde.
Noch am 5. Juli wurde diese Resolution dem in London anwesenden
König der Belgier, *Leopold* I., überreicht, der eine anglo-amerikanische Delegation des Kongresses in Audienz empfing.[29] Auch *Louis
Philipp*, König von Frankreich, empfing sie aus den Händen einer

---

[28] „Zur orientalischen Frage". MOLTKES gesammelte Schriften. 2. Bd. S. 286 u. f.
[29] Louis FRANK, Les Beiges et la Paix. Brüssel 1905. S. 103. HETZEL, a. a. O. S. 41.

Deputation,[30] der gegenüber er sich für die Notwendigkeit des Friedens aussprach, dabei der Überzeugung Ausdruck gebend, „daß der Tag kommen werde, wo man in der gebildeten Welt keinen Krieg mehr führen wird". Ähnlich sympathisch nahm im Januar 1844 der Präsident der Vereinigten Staaten, *John Tyler*, die Resolution entgegen, die ihm von der „American Peace Society" überreicht wurde.[31]

Elihu Burritt

In den Vereinigten Staaten hatte zu Beginn der vierziger Jahre *Elihu Burritt* (1810–1879), ein ehemaliger Grobschmied, der sich eine umfassende Bildung angeeignet hatte („Der gelehrte Grobschmied"), und dem eine besondere Agitationskraft und Beredsamkeit nachgerühmt wurde, seine großzügige Propaganda begonnen. Die Schaffung eines Staatenkongresses und eines Staatengerichtshofes zum Zwecke der Rechtsbildung und friedlichen Beilegung aller Streitfälle bildeten den Kern seiner Lehre. Im Jahre 1847 begab er sich nach Europa, um hier durch Wort und Schrift für die Friedensidee zu wirken. Er bereiste jahrelang den größten Teil des alten Erdteils, hielt überall Reden und verbreitete in großen Massen von ihm verfaßte Flugschriften, die er „Amboßfunken" oder „Ölblätter" betitelte. Seiner Agitation hat die Entwicklung der Friedensidee in Europa viel zu danken. Auch in den Gang der Politik griff er ein, als er sich 1850 in Gemeinschaft mit Sturge zum König Friedrich VII. von Dänemark nach Kopenhagen begab, um diesen zu veranlassen, den wegen Schleswig-Holstein mit Deutschland entbrannten Streit der Schiedsgerichtsbarkeit zu übergeben. An der Organisierung der um die Mitte des vorigen Jahrhunderts veranstalteten internationalen Friedenskongresse war er mit *Henry Richard* (1812–1888), seit 1848 der Sekretär der Londoner „Peace Society", in hervorragender Weise beteiligt.

---

[30] HETZEL, a. a. O. S. 41.

[31] Edmond POTONIÉ-PIERRE, *Historique du mouvement pacifique*. Bern 1899. S. 8.

Es war in dem denkwürdigen Jahre 1848, daß sich zum ersten Male ein internationaler Friedenskongreß versammelte. Am 20., 21. und 22. September tagte er in *Brüssel* im Saale der „Grande-Harmonie". *August Couvreur* (1827 bis 1894) und *August Visscher* (1804–1874) hatten in Belgien schon seit mehreren Jahren vorgearbeitet, und es gelang ihnen, die Regierung zur Unterstützung des Kongresses zu veranlassen.[32] Der Kongreß war stark besucht. 160 englische Delegierte fuhren auf einem Separatdampfer unter weißer Flagge direkt von London nach Ostende. Franzosen, Amerikaner, Holländer und natürlich Belgier waren anwesend. Deutsche fanden sich noch nicht ein. *August Visscher* führte den Vorsitz und eröffnete durch eine zündende Ansprache die hochinteressante Debatte. *Burritt* vertrat auch hier seine Ideen über die Schaffung eines Staatenkongresses und eines Staatengerichtshofes. Sein überwiegender Einfluß ist aus dem Inhalt jener vier Resolutionen zu erkennen, in denen der Kongreß seine Arbeit zusammenfaßte.

Die Resolutionen lauten:

1. Da die Inanspruchnahme von Waffen zwecks Entscheidung internationaler Streitigkeiten ein Gebrauch ist, den zugleich die Religion, die Vernunft, die Gerechtigkeit, die Humanität und das Interesse der Völker verdammen, so ist es für die zivilisierte Welt eine Pflicht und ein Heilmittel, jene Maßregeln aufzusuchen und anzunehmen, die geeignet sind, die völlige Abschaffung des Krieges herbeizuführen.
2. Es ist von höchster Wichtigkeit, bei den Regierungen darauf zu dringen, daß man mittelst eines Schiedsgerichts, dessen Grundsätze in den Verträgen aufzustellen wären, auf freundlichem Wege nach den Regeln der Gerechtigkeit, die Streitigkeiten schlichte, die sich zwischen den Nationen erheben könnten. Besondere Schiedsrichter oder ein höchster internationaler Gerichtshof würden in letzter Instanz das Urteil sprechen.
3. Es ist zu wünschen, daß in naher Zeit ein Völkerkongreß, zusammengesetzt aus Repräsentanten eines jeden Volkes, sich

---

[32] FRANK, a. a. O. S. 103.

vereinige, um ein die internationalen Beziehungen regelndes Gesetzbuch zu verfassen. Die Einrichtung dieses Kongresses und die Annahme eines durch die Beistimmung aller Völker sanktionierten Gesetzbuches würden sichere Mittel sein, um zu einem allgemeinen Frieden zu gelangen.

4. Es ist statthaft, die Aufmerksamkeit der Regierungen ehrfurchtsvoll auf die Notwendigkeit zu richten, durch eine allgemeine und gleichzeitige Maßregel in ein Entwaffnungssystem einzutreten, das, indem es die Staatslasten verringert, zugleich eine dauernde Ursache zur Aufreizung oder Unruhe verschwinden ließe. Das wechselseitige Vertrauen und der Austausch der guten Dienste sind jedem Lande ebenso günstig wie der Aufrechterhaltung des Friedens und der Entwicklung des Völkerglücks.

Eine Deputation des Kongreßbureaus überreichte am 30. Oktober 1848 dem englischen Premierminister Lord *John Russel* eine die Kongreßresolutionen enthaltende Adresse, die der Minister mit der Versicherung beantwortete, daß die Regierung Großbritanniens stets bereit sei, in Streitfällen die Schiedsgerichtsbarkeit in Erwägung zu ziehen. Die belgische Deputation nahm hierauf noch an verschiedenen öffentlichen Versammlungen teil, die ihr zu Ehren und zur Vertretung des Friedensgedankens in London, Birmingham und Manchester einberufen wurden. Ehe der Kongreß in Brüssel auseinandergegangen war, hatten sich die Mitglieder für das darauffolgende Jahr ein Stelldichein in Paris gegeben und eine Kommission zur Ausführung dieses Beschlusses ernannt.

Paris 1849

Vom 22.–24. August 1849 wurde der *II. internationale Friedenskongreß* unter dem Vorsitz *Victor Hugos* zu *Paris* abgehalten. Das Ehrenpräsidium hatte der Erzbischof von Paris übernommen. Der Kongreß fand im Saale Saint Cecile statt und war noch zahlreicher besucht als jener von Brüssel. Nach dem offiziellen Bericht nahmen teil 23 Delegierte aus den Vereinigten Staaten, unter denen 2 befreite Sklaven, 300 englische Delegierte, 230 französische, 23 belgische und eine kleine Anzahl deutscher, schwedischer und spanischer Delegierter.

Es waren viele hervorragende Persönlichkeiten erschienen. Deutschland war durch *Dr. Carové* (Heidelberg) und *Friedrich Boden-stedt* (Berlin) vertreten, der in einer Rede die Absicht kundgab, in Deutschland eine Friedensgesellschaft zu organisieren.[33] Die Professoren *Mittermayer* in Leipzig, *Rosenkranz* in Königsberg, *G. R. Schmidt* in Jena, *Michelet* in Berlin, *v. Walther* in Bonn und *v. Leonhardi* in Prag hatten schriftlich ihre Zustimmung erklärt. Von hervorragenden Franzosen waren *Bastiat, Girardin, Beranger, Thierry* u. a. anwesend; von England war *Richard Cobden* (1804–1865) gekommen. Zahlreiche Gelehrte und Schriftsteller sandten schriftlich ihre Zustimmung. *Victor Hugo* hielt eine denkwürdige Eröffnungsrede, in der er u. a. folgende prophetische Worte sprach:

„Es wird einst ein Tag kommen, an dem die Waffen auch euch aus der Hand fallen werden, an dem der Krieg gerade so absurd scheinen und ebenso unmöglich sein wird zwischen Paris und London, zwischen Petersburg und Berlin, als er jetzt unmöglich ist zwischen Basel und Zürich, zwischen Glarus und Schwyz. Ein Tag wird kommen, an dem du Frankreich, du Rußland, du England, du Deutschland, an dem ihr alle, ihr Länder des Festlandes, euch eng zu einer höhern Einheit zusammenschließen werdet, wie die Kantone der schweizerischen Eidgenossenschaft, die sich vereinigten zu unserer Schweiz, ohne ihre verschiedenen Eigenschaften und ihre rühmlichen Eigentümlichkeiten zu verlieren. Ein Tag wird kommen, an dem es keine andern Schlachtfelder geben wird als die Märkte, die sich dem Handel, und die Geister, die sich den Ideen öffnen. Ein Tag wird kommen, an dem die Kugeln und Bomben ersetzt werden durch die Stimme, durch das allgemeine Wahlrecht der Völker, durch das Schiedsgericht eines großen, souveränen Senates, der für Europa das sein wird, was das Parlament für England ist, der Reichstag für Deutschland, die Bundesversammlung für die Schweiz. *Ein Tag wird kommen, an dem man eine Kanone im Museum zeigen wird, wie man dort heute ein Folterinstrument schaut, und wo man erstaunt, daß das hat sein können!*"

Der Kongreß faßte seine Arbeiten in acht Punkte zusammen, von denen die drei ersten das Schiedsgericht, die Abrüstung und die

---

[33] Siehe: E. T. Moneta, Le Guerre, le Insurrezioni e la Pace nel Secolo decimo-nono. Vol. II, S. 142.

Einsetzung eines Staatenkongresses verlangten, der mit der Kodifizierung des Völkerrechtes und der Einsetzung eines Staatenkongresses betraut werden sollte. Die fünf folgenden Punkte verwarfen die Anleihen für Kriegszwecke, die politischen Abneigungen der Völker, forderten die Geistlichkeit und die Presse zur Unterstützung auf und verlangten einen Ausbau der internationalen Verständigungsmittel.[34] Zum Schluß wurde eine Adresse an alle Völker und Regierungen gerichtet, in der alle acht Punkte mit einbezogen waren, und die in einer feierlichen Audienz von einer Deputation, der *Hugo, Girardin, Visschers* und *Hindley* angehörten, dem Präsidenten der Republik, nachmaligen Kaiser Napoleon III., überreicht wurde. Ehe der Kongreß auseinander ging, beschloß man, im nächsten Jahre in Frankfurt a. M. zu tagen.

Frankfurt a. M. 1850

Vom 22.-24. August 1850 trat nun dieser *III. internationale Friedenskongreß*, der erste auf deutschem Boden, in der einige Monate vorher so berühmt gewordenen Paulskirche in Frankfurt a. M. zusammen. Der ehemalige hessische Staatsminister Geheimrat *Jaup*, ein bekannter freisinniger Politiker, präsidierte. Es waren viele bedeutende Männer erschienen: *Josef Garnier, Edmond Potonié* (1829–1902), *Emil de Girardin, Louis Marie de Cormenin, A. Coquerel* aus Frankreich; *Henry Richard, Cobden, Hindley, Lawrence Heywood, Georg Dawson und Josef Sturge* aus England; *Elihu Burritt* und Professor *Clevland* aus den Vereinigten Staaten; *Visschers* aus Brüssel; *I. Madonno* aus Italien und viele andere. Auch ein Indianer, der Rev. *Georg Copway*, befand sich unter ihnen. Seine Friedensrede machte nicht geringes Aufsehen.

Die Zahl der Deutschen war merkwürdigerweise sehr gering. Sie betrug nur 40. Das Komiteemitglied *Dr. Spieß* begründete diese mangelhafte Beteiligung mit den eigenartigen politischen Verhältnissen, die damals in Deutschland herrschten.[35] Unter den anwesenden deutschen Mitgliedern befanden sich außer den bereits genannten Pfarrer *Bonnet*, der zum Vizepräsidenten, *Dr. Georg Varrentrapp*

---

[34] HETZEL, a. a. O. S. 43.

[35] Siehe: Dr. Alexander DIETZ, Franz Wirth und der Frankfurter Friedensverein. Frankfurt a. M. 1911. Auch POTONIÉ erwähnt a. a. O. S. 78 die Niedergeschlagenheit, die infolge der kurz vorher überstandenen Krise in Frankfurt herrschte.

und *Dr. Theodor Creizenach*, die zu Schriftführern ernannt wurden. Außerdem *Carové* aus Heidelberg, Geheimrat *Beck* aus Darmstadt, *Bodenstedt* aus Berlin, *Dr. Rob. Motherby* aus Königsberg u. a. Zahlreiche schriftliche Zustimmungen waren eingelaufen; darunter ein interessantes Schreiben von *Alexander v. Humboldt*,[36] der sich ausdrücklich mit den Zielen des Kongresses einverstanden erklärte. „Die ganze Vergangenheit lehrt," so schrieb er, „wie unter dem Schutz eines höheren Waltens in dem Leben der Völker eine lang genährte Sehnsucht nach einem edlen Zweck gerichtet, doch endlich ihre Befriedigung findet." Außerdem waren Zustimmungschreiben eingelangt vom *Erzbischof von Paris*, von Victor Hugo, Horace Say, den Professoren *Carriere* in Gießen, *Rau* in Heidelberg, *Hinrichs* in Halle, *Rosenkranz* in Königsberg sowie von *Varnhagen v. Ense* und *Arnold Ruge*. Bei der Eröffnung des Kongresses waren 550 Teilnehmer erschienen, unter ihnen 250 Engländer, aber nur 7 Franzosen.[37] Das Interesse des Publikums schien doch nicht gering gewesen zu sein, da über 2000 Eintrittskarten zur Ausgabe gelangten. Die Beratungen waren durchwegs interessant und zeichneten sich durch bedeutende Reden der größten Pazifisten jener Zeit aus. Sie drehten sich um die bereits auf den früheren Kongressen behandelten Probleme der Schiedsgerichtsbarkeit, eines Staatenkongresses zwecks Ausarbeitung eines völkerrechtlichen Statuts, um die schon damals dringlich erschienene Frage der Rüstungen und um den Ausbau des internationalen Verkehrs, des Erziehungswesens usw. Das Gesamtergebnis der Beratungen wurde in nachstehende sieben Punkte zusammengezogen:

1. Der Kongreß der Friedensfreunde erkennt an, daß die Lösung völkerrechtlicher Fragen durch Waffengewalt den Lehren der Religion, der Philosophie, der Sittlichkeit und den Staatszwecken zuwiderlaufe, und daß es vielmehr eine heilige Pflicht aller ist, auf Abschaffung der Völkerkriege hinzuwirken. Der Kongreß empfiehlt deshalb allen seinen Mitgliedern, in ihren verschiedenen Ländern und Kreisen durch sorgfältige Erziehung der Jugend, durch Belehrung von der Kanzel wie von der

---

[36] Abgedruckt in der Zeitschrift ‚Die Waffen nieder!' Jahrgang 1892. Heft 3. S. 14.
[37] POTONIÉ a. a. 0. S. 76.

Rednerbühne, durch die öffentliche Presse und durch jedes sonstige geeignete Mittel dahin zu arbeiten, daß jener erbliche Völkerhaß und alle die politischen und kommerziellen Vorurteile ausgerottet werden, die so häufig zu den traurigsten Kriegen hingeführt haben.

2. Der Kongreß ist der Ansicht, daß durch nichts die Erhaltung des allgemeinen Friedens besser gesichert werden könnte, als wenn die Regierungen solche Streitigkeiten, die zwischen ihnen auftauchen, und die nicht durch friedliche Unterhandlungen unter ihnen selbst ausgeglichen werden können, einer schiedsrichterlichen Entscheidung unterwerfen wollten.

3. Der Kongreß fühlt, daß die Unterhaltung der stehenden Heere, mit denen die Regierungen Europas sich gegenseitig bedrohen, den Völkern fast unerträgliche Lasten auferlegt und unzählige sonstige Übel im Gefolge hat. Der Kongreß kann deshalb nicht ernstlich genug die Regierungen auf die Notwendigkeit eines allgemeinen und gleichzeitigen Entwaffnungssystems aufmerksam machen, soweit solches mit Rücksicht auf die innere Ruhe und Sicherheit jedes Staates sich durchführen läßt.

4. Der Kongreß spricht wiederholt die Verwerflichkeit aller öffentlichen Anleihen aus, die außer Landes gemacht werden, um fremden Völkern die Mittel zu gegenseitiger Bekriegung zu geben.

5. Der Kongreß erklärt sich entschieden für den Grundsatz der Nichteinmischung und erkennt es als das ausschließliche Recht eines jeden Staates an, seine eigenen Angelegenheiten zu ordnen.

6. Der Kongreß empfiehlt allen Freunden des Friedens, in ihren verschiedenen Ländern die öffentliche Meinung auf die Zweckmäßigkeit eines Kongresses von Abgeordneten der verschiedenen Staaten hinzulenken, die die Aufgabe hätten, ein völkerrechtliches Statut für die internationalen Beziehungen zu entwerfen.

7. Der Kongreß verwirft den Zweikampf; er erklärt, daß jeder, welcher Mitglied der Gesellschaft der Freunde des Friedens wird, hierdurch sich verpflichtet, keinen Zweikampf einzugehen, und wenn er dieses dennoch tut, aus der Gesellschaft auszuscheiden hat.

Im Jahre 1851 fand anläßlich der Weltausstellung ein Friedenskongreß in London statt. Dieser wurde wieder in Exeter Hall abgehalten, und Sir *David Brewster* präsidierte. Unter den Delegierten befanden sich *Richard Cobden, Horace Greeley* und *John Angell James.* Aus fast allen europäischen Ländern waren Vertreter erschienen, darunter 15 Arbeiter aus Frankreich.[38] Weitere Friedenskongresse wurden 1852 in *Manchester* und 1853 in *Edinburg* abgehalten. Es ist nicht sicher, ob diese letzteren internationalen Charakter hatten; anscheinend handelte es sich dabei nur um Zusammenkünfte der Vertreter der englischen und amerikanischen Friedensgesellschaften, wie dies im Jahre 1843 in London der Fall war. Damit setzte die Veranstaltung der Friedenskongresse für eine Reihe von Jahren aus.

So wenig unmittelbare Erfolge diese ersten Kongresse auch gezeitigt haben mögen, blieben sie doch nicht ganz ohne Einfluß auf die öffentliche Meinung, was durch die Pariser Konferenz von 1856 bewiesen wird. Auch bildeten sie einen unverkennbaren Fortschritt der Bewegung. Während nämlich die ersten Friedensgesellschaften unter dem Einflusse ihrer Gründer nur auf religiös-sittlichen Anschauungen beruhten, gaben jene Kongresse um die Mitte des 19. Jahrhunderts der Bewegung schon eine mehr wirtschaftlich-politische Richtung. Sie trugen dazu bei, die ersten konkreten Forderungen für die Völkerverständigung zu formulieren. Das Verlangen nach Schiedsgerichtsbarkeit, Staatengerichtsbarkeit, Staatenkongressen, Kodifikation des Völkerrechtes, das hier zum erstenmal zutage trat, mag damals noch recht utopisch geklungen haben, was nicht verhinderte, daß es später teilweise erfüllt wurde, und, soweit dies nicht der Fall war, heute von der Wissenschaft anerkannt und gefördert wird. Durch diese Umwandlung der Idee zog diese in die Parlamente ein, was unbestritten als ein Erfolg dieser ersten Kongresse zu verzeichnen ist.

---

[38] Siehe: Howard EVANS, Sir Randal Cremer. London 1909. S.63.

2. Einzug der Friedensidee in die Parlamente

Amerika

Die Ehre, die Friedensidee in die Parlamente eingeführt zu haben, gebührt ebenfalls den Amerikanern. Bereits im Jahre 1832 gelangte auf Veranlassung der amerikanischen Friedensgesellschaft ein durch *Ladd* und *Thomson* vertretener Antrag, betreffend Einführung internationaler Schiedsgerichte, an die gesetzgebende Körperschaft von *Massachusetts*. Der Senat von Massachusetts nahm den Vorschlag zwar an, er gelangte aber wegen vorzeitigen Sessionsschlusses nicht an das Repräsentantenhaus. 1837 unterbreitete *Thomson* beiden Kammern des Parlaments von Massachusetts einen ähnlichen Antrag, der auch angenommen und noch im selben Jahre auf Betreiben der Friedensgesellschaften von Neuyork und Vermont vor den Kongreß gebracht wurde. Der Antrag forderte ein ständiges internationales Völkergericht. Vom Ausschuß für die auswärtigen Angelegenheiten beraten, hielt man die Forderung für *zurzeit unausführbar*, der Hoffnung Raum gebend, daß die Zeit, „die beste Reformerin in solchen Dingen", die Ausführung später ermöglichen werde. Eine im Jahre 1839 von *Ladd* vor den Kongreß gebrachte neue Resolution wurde nicht einmal der Prüfung unterzogen. Im Jahre 1842 machte dann *William Jay* zum erstenmal den Vorschlag, einen ständigen Schiedsvertrag zwischen England und den Vereinigten Staaten abzuschließen.

Die amerikanischen Friedensgesellschaften, durch mannigfache Mißerfolge nicht abgeschreckt, traten in der Folge wiederholt mit ihren Anliegen vor den Kongreß. Im Februar 1851 endlich faßte der Ausschuß des Kongresses für die auswärtigen Angelegenheiten *einstimmig eine Resolution zugunsten der Schiedsgerichtsbarkeit*, und 1853 unterbreitete der Senat dem Präsidenten der Vereinigten Staaten eine ähnliche Resolution, worin die Aufnahme der Kompromißklausel und die Anwendung von Schiedsgerichten einstimmig gefordert wurde.

Europa

In *Europa* gebührt den Engländern das Verdienst, im Parlament den ersten Vorstoß zugunsten der Schiedsgerichtsbarkeit unternommen zu haben, und vor allen Dingen der Londoner „Peace Society", die sich mit Petitionen zugunsten des Abschlusses von Schiedsverträgen an die gesetzgebende Körperschaft wandte. Auf Grund einer solchen Petition forderte *Richard Cobden* am 12. Juni 1849 im Unterhause, daß der Staatssekretär des Auswärtigen beauftragt werde, mit den andern Mächten zum Zwecke der Abschließung von Schiedsverträgen in Verbindung zu treten. Es war eine denkwürdige Sitzung, in der durch Cobden zum erstenmal im englischen Parlament das Postulat der Schiedsgerichtsbarkeit aufgestellt wurde. Eine lebhafte Debatte knüpfte sich an die lange Begründung des Antragstellers. Sir *Cochrane* hielt den Vorschlag für *bizarr* und *lächerlich*, und *Urquarth* erklärte, daß dieser Antrag die Unabhängigkeit der Staaten, ihre Nationalität und das internationale Recht selbst zu beseitigen drohe. Aber auch Anhänger Cobdens meldeten sich zum Wort und verteidigten seinen Antrag in ausführlichen Begründungen. Lord *Palmerstone,* damals Staatssekretär der auswärtigen Angelegenheiten, erklärte, daß der Vorschlag seines „ehrenwerten Freundes" auf *irrigen Grundsätzen* beruhe. Das System Cobdens wäre für England *schädlich*, für die andern Länder einfach *unannehmbar*. Der Neid um Englands politische und kommerzielle Erfolge ließen es keine unparteiischen Richter finden, und so sei der Vorschlag Cobdens aus nationalen wie aus internationalen Gründen einfach zu verwerfen. *Cobden* ergriff neuerdings das Wort und wies auf den traurigen Zustand Europas hin: „Der bewaffnete Waffenstillstand anstatt eines wirklichen Friedens; zwei Millionen Mann unter Waffen, zweihundert Millionen Pfund Sterling alljährlich verausgabt für diesen Wahn, müssen Europa in Tod und Verderben bringen." Sein Vorschlag wurde schließlich mit 176 gegen 97 Stimmen *abgelehnt*.

Daraufhin wirkte die „Peace Society" durch Veranstaltung großer Versammlungen auf die öffentliche Meinung ein. *Palmerstone* änderte seine Ansicht und *erklärte sich 1851 mit den Grundsätzen des Cobdenschen Antrages einverstanden.*

Der Krimkrieg und der Pariser Kongreß

In Frankreich gelangte *Louis Napoleon* durch den Staatsstreich vom 2. Dezember 1852 auf den Thron. Trotz des geflügelt gewordenen Wortes: „Das Kaiserreich ist der Friede" begann für Europa wieder eine Reihe blutiger kriegerischer Verwicklungen. Im Jahre 1854 wurde der Krimkrieg veranstaltet, an dem sich Frankreich, England, Österreich und Italien gegen Rußland beteiligten. *John Bright* (1811–1889), *Richard Cobden* u. a. unternahmen es im englischen Parlament, der allgemeinen Kriegsstimmung zum Trotz, gegen diesen Krieg zu protestieren. Im Jahre 1856 versammelten sich die kriegführenden und auch einige am Kriege nicht direkt beteiligt gewesene europäische Mächte zur *Pariser Konferenz*, wobei es der englischen Friedensgesellschaft gelang, den zuerst von *William Jay* im Jahre 1841 (siehe oben) gemachten, von den vorhergegangenen Friedenskongressen bestätigten Vorschlag auf Anrufung der „*Guten Dienste*" und der „*Vermittlung*" vor Eintritt in eine Kriegsaktion in den Vertragsprotokollen (23. Protokoll vom 24. April 1856) zur Anerkennung zu bringen. Der englische Vertreter Lord *Clarendon* machte sich zum Wortführer jenes Vorschlages, nach dessen einstimmiger Annahme *Gladstone* erklärte, daß nunmehr der Krieg seitens der zivilisierten Mächte *zum erstenmal offiziell verurteilt* worden sei.

3. Erster Ansturm gegen die Rüstungen

Robert Peel

Der Gedanke an einen friedlichen Zusammenschluß der Staaten und an die Möglichkeit einer Abrüstung wollte nicht mehr zur Ruhe kommen. Nicht nur die Friedensgesellschaften traten für ihn ein, sondern auch Männer der hohen Politik und auch solche, die mit dem Schwerte in der Hand Geschichte gemacht hatten. Schon im Jahre 1841, als das englische Heeres- und Marinebudget erst 220 Millionen Mark betrug, fragte *Robert Peel* im Unterhause: „Ist die Zeit noch nicht gekommen, wo die mächtigen Länder Europas ihre Rüstungen, die sie so emsig vermehren, einschränken sollten? Ist die Zeit noch nicht gekommen, wo sie bereit sein sollten zu erklären, daß solche übermäßige Einrichtungen zwecklos sind? Wo liegt der Vorteil einer Macht, die in so hohem Maße ihr Heer und ihre Flotte vermehrt? Sieht sie nicht, daß andere Mächte ihrem Beispiel folgen? Die Folge davon wird sein, daß keiner Macht ein relativer Stärkezuwachs zuteil wird, aber wohl eine Aufzehrung der Hilfsquellen eines jeden Landes für militärische Rüstungen stattfinden muß. Sie berauben damit nur den Frieden um die Hälfte seiner Vorteile und nehmen die Wirkungen eines eventuellen Krieges vorweg. Das wahre Interesse Europas liegt darin, zu einem gemeinsamen Akkord zu kommen, der jedes Land in den Stand setzt, die Rüstungen, die mehr einem Kriegszustand als einem Friedensstand angepaßt sind, zu vermindern." Am 12. März 1850 sagte derselbe englische Staatsmann im Unterhause: „Keine größere Wohltat könnte dem Menschengeschlechte zuteil werden, als wenn die großen Kontinentalmächte ihre relativen Positionen beibehalten würden, wobei jede Macht ihre Armee auf eine Stärke herabsetzen könnte, die ihre Kraft nicht aufzehren und die Grundlage ihres Gedeihens nicht untergraben würde."

Das Manifest Garibaldis

Mitten im italienischen Freiheitskampf, bald nach seinem heldenhaften Zug mit den Tausend nach Sizilien, erließ im Oktober 1860 General *Garibaldi*, angeregt durch seinen Freund und Mitkämpfer General *Stefan Türr* (1825–1908),[39] ein flammendes Manifest an die Regierungen Europas, denen er ein allgemeines Bündnis zur Vermeidung der ihm damals schon ungeheuerlich erscheinenden Rüstungen vorschlug. Bemerkenswerterweise wollte er in einem Bündnis Frankreichs und Englands die Grundlage einer europäischen Konföderation erblicken.

Cobden

Als anfangs der sechziger Jahre der Wettbewerb Englands mit der französischen Flotte von neuem anhub, empfahl *Disraeli* im Unterhause eine Vereinbarung der englischen und französischen Regierung, um den Flottenwettbewerb einigermaßen zu beschränken. „Worin liegt der Zweck der Diplomatie, der Regierungen, der kordialen Verständigungen," rief er aus, „wenn solche Dinge möglich sind!" *Cobden* schrieb damals in seinem Buche „Die drei Paniken" (1863), worin er gegen die Kriegs- und Überfallsangst seiner Lands-

---

[39] Siehe darüber Bertha VON SUTTNER, Memoiren. Stuttgart 1909. S. 350 u. f.

leute ankämpfte: „Es ist eine Nische frei im Tempel des Ruhmes für
den Herrscher oder den Minister, der als erster dem ungeheuren
Übel unserer Zeit an den Leib rücken wollte," und in einem Briefe
an *Jeremy Bentham* schrieb er zur selben Zeit: „Diejenige Nation, die
der anderen durch Vorbringung eines Vorschlags auf Verminderung und Feststellung der Rüstungsausgaben vorangehen würde,
könnte sich mit Ruhm bedecken." Im Jahre 1861 überreichte *Cobden*
der Regierung sein berühmt gewordenes Memorandum, worin er
den schon in dem erwähnten Buche „Die drei Paniken" ausgedrückten Gedanken einer Verständigung mit Frankreich wegen Beschränkung der Rüstungsausgaben weiter ausführte und erklärte, „daß der
gegenwärtige eigentümliche und außerordentliche Stand der englischen und französischen Flotten, das Ergebnis des wissenschaftlichen Fortschrittes im Seekriegswesen, eine Gelegenheit zur gegenseitigen Vereinbarung zwischen den beiden Regierungen bieten
würde, das für beide Länder von Interesse wäre".

Napoleon III.

Von denselben Ideen geleitet war *Napoleon III.*, als er in seiner Thronrede vom 5. November 1863 seine Absicht bekannt gab, einen europäischen Friedenskongreß einzuberufen. Vielleicht war dabei ein
Versprechen nicht ohne Einfluß, das er diesbezüglich der Deputation des Pariser Friedenskongresses im Jahre 1849 gegeben hatte.
Eine allgemeine Abrüstung und ein Schiedsgericht schwebten ihm
vor. Er äußerte die Absicht, den Staatsmännern Europas zu sagen:
„Haben die Vorurteile und Ränke, die uns trennen, nicht schon
lange genug gedauert? Wird die Eifersucht, ja Rivalität der Großmächte dauernden Kulturfortschritt hemmen? Werden wir immer
gegenseitiges Mißtrauen durch übertriebene Rüstungen aufrecht erhalten? Sollen die kostbarsten Hilfsquellen bis ins Unendliche sich
in einer vergeblichen Brüstung mit unseren Kräften erschöpfen?
Werden wir ewig einen Zustand erhalten, der weder der sichere
Friede noch der aussichtsreiche Krieg ist? … Haben wir doch den
Mut, an Stelle des krankhaften Zustandes eine stabile und geregelte
Situation zu setzen, selbst wenn es Opfer kosten würde. Vereinigen
wir uns doch ohne vorgefaßtes System, ohne Ehrgeiz, von dem einzigen Gedanken beseelt, eine von nun ab auf dem wohlverstande-

nen Interesse der Fürsten und Völker begründete Ordnung der Dinge zu errichten." Die infolge dieser Rede angeknüpften Verhandlungen blieben ohne Ergebnis. Der König von Portugal allein begrüßte die Absicht Napoleons, „einen Kongreß vor dem Kriege" einzuberufen, „ihm zuvorzukommen," als „einen edlen Fortschrittsgedanken".

Henri Dunant und die Genfer Konvention

Während Napoleon gelegentlich der Pariser Weltausstellung 1867 noch einmal auf seinen Plan zurückkam und mit *Kaiser Alexander II.* und *König Wilhelm I.* über die Möglichkeit eines Abkommens zwecks Verminderung der Rüstungen sprach, ohne zu seinem Ziel zu kommen, gewann der Gedanke des Schweizers *Henri Dunant* (1828–1910), die Regierungen zum Zwecke einer humaneren Kriegführung zu einigen, Gestalt. Auf den Schlachtfeldern des lombardischen Krieges hatte der humane Schweizer die schrecklichen Leiden der Verwundeten kennen gelernt. Er schilderte diese in seinem Buche „Souvenir de Solferino", das die allgemeine Aufmerksamkeit auf die Greuel des Krieges lenkte. Ein vom 8.–22. August 1864 in Genf tagender, von 16 Regierungen beschickter Kongreß einigte sich auf jene „Konvention zur Verbesserung des Schicksals der verwundeten Soldaten im Felde", die unter dem Namen der *„Genfer Konvention"* bekannt ist. Nach und nach traten ihr fast alle zivilisierten Völker der Erde bei. Diese Konvention, deren Grundsätze man auf der Petersburger Konferenz von 1868 und durch die Brüssler Deklaration von 1874 zu erweitern suchte, war nichts weiter als ein schwaches Zugeständnis der Regierungen an die neue, den Krieg in seinem Wesen bekämpfende Idee.

Der Luxemburger Streit und die „Ligue de la Paix"

Trotz der zeitweilig friedlichen Neigungen des dritten Napoleon wäre es bereits 1867 durch den Luxemburger Handel zwischen Frankreich und Preußen zu einem Kriege gekommen.

Die drohende Kriegsgefahr veranlaßte unabhängig voneinander drei beherzte Franzosen, *Fred. Passy* (1822–1912), *Gustav von Eichthal* und den *Pfarrer Martin Paschoud*, in an den Chefredakteur *Neftzer* vom „Temps" gerichteten Briefen zugunsten einer friedlichen Beilegung des Streites einzutreten. Diese Briefe rüttelten die öffentliche Meinung in ganz Europa[40] derart auf, daß es unter ihrem Drucke gelang, den Streit tatsächlich zur friedlichen Beilegung zu bringen und ihn auf der Londoner Konferenz desselben Jahres zu schlichten. Unter dem Eindruck dieses Erfolges begründete *Passy* die *„Ligue internationale et permanente de la Paix"*, der sich Mitglieder aus allen Teilen Europas und Amerikas sofort anschlossen. Zustimmungserklärungen von sehr hohen Persönlichkeiten gingen ein, darunter sogar eine sehr herzliche Beglückwünschung namens der *Königin Augusta von Preußen.* Unter den Mitgliedern des Komitees jener Liga finden wir u. a. *Arles Dufour, Michel Chevalier, Josef Garnier, Jean Dolfus,* den Amerikaner *Sumner,* die Deutschen *Altgeld, Liebig* und *Varrentrapp,* die Belgier *Couvreur* und *Visschers, Cantu* aus Italien u. a. Aus dieser Gesellschaft entwickelte sich nachher die bis Anfang 1904 von Passy präsidierte *„Societé pour l'Arbitrage entre nations".* Schon im Jahre 1868 hatte *Edmond Potonié* in Paris die „Ligue pour la Paix et du bien public" ins Leben gerufen, unter deren Mitgliedern auch *Rudolf Virchow, Schultze-Delitzsch* und *Julius Rupp* genannt wurden.

Die Friedens- und Freiheitsliga in Genf

Ebenfalls im Jahre 1867 gründete *Charles Lemonnier* (1806–1891) im Verein mit *Victor Hugo* und *Garibaldi* die *Friedens- und Freiheitsliga* („Ligue international de la Paix et de la Liberté"), die die Idee der Vereinigten Staaten von Europa verfocht und auf rein demokratischer Grundlage errichtet war. Sie mußte deshalb in Genf ihren Sitz aufschlagen, da die drückende Atmosphäre des zweiten Kaiserreiches ihre Organisation auf französischem Boden nicht zur Entwicklung hätte kommen lassen. Die Präsidenten der Liga waren der Reihe nach *Gustav Vogt, Jules Barni* und *Charles Lemonnier.* Nach des letzteren Tode übernahm *Emile Arnaud* (geb. 1864) den Vorsitz, den er auch heute noch ausübt Die Friedens- und Freiheitsliga veran-

---

[40] Sowohl in Berlin wie in Paris fanden große Arbeiterdemonstrationen für den Frieden statt. Französische und deutsche Studenten erließen gegenseitig Friedensmanifeste und in Straßburg trat ein franco-deutsches Friedens-Komitee zusammen. Siehe darüber bei HETZEL, a. a. O. S. 55.

staltete in den Jahren 1867–1879 13 Kongresse, die durchwegs in der Schweiz abgehalten wurden. Dem ersten Kongreß 1867 in Genf präsidierte *Garibaldi;* es wurde dabei hauptsächlich der Gedanke ausgedrückt, daß die Selbstbestimmung der Völker allein imstande sei, den Krieg abzuschaffen.[41] Auf dem Kongreß von 1877 wurde die Verweisung des russisch-türkischen Konfliktes vor ein Schiedsgericht gefordert.

4. Von 1867 bis 1870

Petersburger Konvention und andere Einrichtungen

Vor Ausbruch des deutsch-französischen Krieges machte die Tendenz zur Humanisierung der Kriege weitere Fortschritte, die namentlich in der oben bereits erwähnten *Petersburger Konvention* des Jahres 1868 zum Ausdruck gelangte, worin weitere Abmachungen über die Vermeidung von Grausamkeiten im Kriege beschlossen wurden. Am 16. September jenes Jahres faßte der Prager *Philosophenkongreß* eine Resolution, worin er alle sittlichen und rechtlichen Mittel willkommen hieß, die zur endlichen Abstellung des Krieges geeignet seien. Die *spanischen Republikaner* forderten zur selben Zeit in einer Proklamation an das Volk die Auflösung der stehenden Heere und Volksbewaffnung, und in seiner anonym erscheinenden Schrift „Der Krieg usw." trat *Moritz Adler* (1831–1907) für ein europäisches Völkertribunal ein. Eigentümlicherweise mehrten sich gerade vor dem großen europäischen Kriege die Versuche, die Regierungen zu einem Abkommen zwecks Verminderung der Rüstungen zu veranlassen. Napoleon III. stand mit seinen Ideen nicht allein da. Am 29. Juni 1867 erklärte sich *Garnier-Pagès* in der französischen Deputiertenkammer sogar für den Fall, daß die anderen Mächte nicht folgen wollten, für eine Verminderung der Rüstungen Frankreichs,[42] und in Paris trat eine „Internationale Entwaffnungsliga" mit einem flammenden Aufruf in die Öffentlichkeit.

---

[41] Die Kongresse fanden dann statt: 1868 in Bern, 1869 in Lausanne, 1870 am 24. Juli kurz nach Ausbruch des deutsch-französischen Krieges in Basel, 1871 in Lausanne, 1873 in Luzern, von 1873—1879 alljährlich in Genf.
[42] HETZEL, a. a. O. S. 56.

Auch in Deutschland regten sich ähnliche Bestrebungen. Im norddeutschen Reichstag hatte am 7. Oktober 1867 der Abgeordnete *Götz* einen Antrag auf Rüstungsverminderung gestellt, und am 21. Oktober 1869 stellte *Rudolf Virchow* namens der Fortschrittspartei des preußischen Abgeordnetenhauses seinen vielfach falsch ausgelegten Antrag, der auch oft in gehässiger Weise als ein Vorschlag zur alleinigen Abrüstung Preußens bezeichnet wird. Dieser Antrag lautete vielmehr: „In Erwägung, daß die Höhe der Ausgaben des Norddeutschen Bundes wesentlich durch den Militäretat bestimmt wird, und daß die dauernde Erhaltung der Kriegsbereitschaft *in fast allen Staaten Europas* nicht durch die gegenseitige Eifersucht der Völker, sondern nur durch das Verhalten der Kabinette bedingt wird, ist die königliche Regierung aufzufordern, *dahin zu wirken, daß durch diplomatische Verhandlungen eine allgemeine Abrüstung herbeigeführt werde.“* Das besagt doch etwas anderes! Dieser Antrag wurde bei der Beratung am 5. November mit 215 gegen 99 Stimmen abgelehnt. Ebenso wurde ein vom Abg. *Lasker* und 53 Nationalliberalen eingebrachter Antrag, der die „Notwendigkeit jeder irgendwie möglichen Verminderung der Militärlasten“ als „keinem Zweifel unterliegend“ bezeichnete, und ein Antrag des Abgeordneten *Windthorst,* daß die Ausgaben der Militärverwaltung des Norddeutschen Bundes entsprechend beschränkt werden“, gegen starke Minderheiten abgelehnt[43]. Auch in der bayrischen Kammer wurde im Jahre 1878 über die Rüstungen debattiert und der damalige bayrische Ministerpräsident Fürst Hohenlohe, der nachmalige Reichskanzler, erklärte, daß „die epidemische Zunahme aller Rüstungen in Europa für die Dauer nicht durchzuführen“ sei. Er gab der Hoffnung Ausdruck, „daß in nicht zu ferner Zeit die bessere Einsicht den Sieg davon tragen werde, daß es gelingt, die Mittel zu finden, uns von diesem trostlosen Zustande zu befreien“[44].

---

[43] Siehe einen Artikel von Karl SCHUMACHER „Der Abrüstungsvorschlag von 1869“ in der „Breslauer Zeitung“ vom 30. Juni 1907.
[44] Siehe „Friedens-Warte“ 1899, S. 5.

Zum drittenmal versuchte es *Napoleon III.* zu einem Abrüstungsabkommen zu gelangen. Graf *Daru*, der am 2. Januar 1870 das Portefeuille des Auswärtigen übernommen hatte, versuchte durch Vermittlung der englischen Regierung mit Preußen über ein solches Abkommen in Verhandlung zu treten. Fürst *Bismarck* lehnte die Vorschläge, die der englische Gesandte Lord *Loftus* ihm im Februar 1870 unterbreitete, entschieden ab. Graf Daru glaubte aber, sich dabei nicht beruhigen zu [dürfen] und stellte in Aussicht, daß Frankreich das nächste Kontingent, das der Kammer vorgeschlagen werden soll, um 10.000 Mann vermindern werde. Graf *Clarendon*, der großbritannische Ministerpräsident, nahm am 16. Februar die Verhandlungen auf dieser Grundlage wieder auf. Wie sie sich gestalteten, ist nicht bekannt, wohl aber, daß sie zu keinem Ergebnis führten. Tatsächlich hat aber die französische Regierung in dem der Kammer am 21. März unterbreiteten Gesetzentwurf das Kontingent von 100.000 Mann auf 90.000 herabgesetzt. Am 1. Juli, zwei Wochen vor Ausbruch des Krieges, wurde dieses Gesetz *angenommen*.[45]

5. Während des deutsch-französischen Krieges und unmittelbar nachher

Friedrich Albert Lange

Das Jahr 1870 sah den blutigen Krieg zwischen zwei zu gemeinsamer Arbeit bestimmten Kulturvölkern entbrennen. Es würde zu weit führen, die gegen den Krieg erhobenen Stimmen wiederzugeben, die sich trotz all der patriotischen Verblendung auf beiden Seiten vor und während der Feindseligkeiten geltend machten; einer sei aber gedacht, nämlich jenes fast vergessenen Aufrufes „An die Menschenfreunde aller Nationen", den einer der größten Denker

---

[45] Siehe bei Gaston MOCH, L'Alsace-Lorraine devant l'Europe. Paris 1894, S. 104 u.f. die von Buffet in der Academie des Sciences morales et politiques verlesene Rede über seinen Vorgänger Grafen Daru. Daselbst S. 106 wird auch einer „sehr lebhaften Beratung" der sächsischen (?) Kammer über eine allgemeine Abrüstung Erwähnung getan.

Deutschlands, *Friedrich Albert Lange,* von Zürich aus versandte. Im Vertrauen auf den endlichen Sieg der Grundsätze des Christentums und der Humanität, fordert Lange darin die Gleichgesinnten auf, sich zusammenzuscharen, einen Bund freier Männer zu bilden, der unter dem Motto der Gerechtigkeit eine Vermittlung anstrebe und dem Verderben Halt gebiete. „Zwei Wege liegen heute vor Europa offen; der eine führt zu endlosen Appellationen an die Schärfe des Schwertes und zu Verewigung jener Greuel des Krieges, die wir heute mit Entsetzen vor uns sehen; der andere zum Siege der Humanität und zur *Begründung höherer Garantien* für die Freiheit und Wohlfahrt der Völker, als eine egoistische Staatskunst, gestützt auf Waffengewalt, sie je zu bieten vermöchte." Der Aufruf schließt mit der Hoffnung auf jenen Tag, „wo alle zivilisierten Nationen sich in ihren legitimen Organen in anderem Geiste als bisher die Hand reichen und, *die Gerechtigkeit als oberste Richtschnur der Politik anerkennend, gemeinsam für das Wohl der Völker wirken werden."*

Neue Friedensgesellschaften

Auch die kriegerischen Ereignisse von 1870/1871 vermochten den Friedensgedanken nicht mehr aufzuhalten. Schon während der beiden Kriegsjahre sind verschiedene Friedensereignisse zu verzeichnen: so wurde 1870 im *Haag,* infolge eines drei Jahre vorher stattgehabten Besuches *Henry Richards,* von *van Eck* der *holländische Friedensverein* gegründet, der 1873 den Namen „*Die Friedensliga der Niederlande"* annahm, im Jahre 1871 der *belgische Verein der Friedensfreunde,* der sich 1889 unter dem Vorsitz *Laveleyes* (1822–1892) zur „*Fédération internationale de l'Arbitrage et de la Paix"* umwandelte. Am 25. Juli 1870 wurde durch *Randal Cremer der Friedensverein der englischen Arbeiter,* die gegenwärtige „*International Arbitration League"* ins Leben gerufen.

Unmittelbar nach dem Kriege machte sich sogar ein gewisser Hochgang der pazifistischen Idee geltend. Zunächst ist da die schiedsgerichtliche Entscheidung der *Alabama-Angelegenheit* zu verzeichnen, die durch das Genfer Schiedsurteil vom September 1872 ihre Erledigung fand, und durch die zum ersten Male in der Geschichte ein großer, die nationalen Instinkte zweier mächtiger Nationen berührender Streit zur friedlichen Lösung gelangte. (Siehe Teil I, S. 192 f.)

Ein anderes wichtiges Ereignis bildete die auf Anregung des belgischen Juristen *Gustave Rolin-Jacquemins* (1835–1902) am 11. September 1873 zu *Gent* erfolgte Gründung des *„Institut de droit international"*, das sich die Ausbildung des internationalen Privatrechtes und des Völkerrechtes zur Aufgabe stellte und dieser Arbeit seither mit großem Erfolge oblag. Der ersten Versammlung zu Gent wohnten die hervorragendsten Rechtsgelehrten der Zeit bei, so *Asser, Laveleye, Moynier, Dudley-Field, Pierantoni, Besobrasoff, Bluntschli, Hefter, Calvo, Mancini, Lorimer, Holtzendorff*, etc. In dieser ersten Sitzung wurde eine Kommission zum Studium der Schiedsgerichtsfrage erwählt, der *Laveleye, Pierantoni, Goldschmidt, Kamarowsky* angehörten. Bereits in seiner Versammlung des Jahres 1875 nahm das Institut mehrere Entwürfe für Schiedsverträge an, die es den Regierungen empfahl; es hörte seitdem nicht auf, zugunsten der internationalen Schiedsgerichtsbarkeit zu wirken.

Wenige Tage nach der Gründung des *Institut de droit international* – am 11. Oktober 1873 – wurde infolge einer amerikanischen Anregung zu Brüssel die „Gesellschaft für Reform und Kodifikation des Völkerrechtes" begründet, die sich seit 1895 *„International Law Association"* nennt.

Völkerrechtsliteratur zu Anfang der siebziger Jahre

Die große friedensfreundliche Bewegung, die, als Rückwirkung der großen europäischen Kriege, zu Anfang der siebziger Jahre ihren Ausgang nahm, wirkte auch befruchtend auf die Völkerrechtswissenschaft, auf die näher einzugehen außerhalb des Rahmens dieser Arbeit liegt. Nur einzelner Schriften sei hier Erwähnung getan. Da ist zunächst die Arbeit *Lorimers*, „Proposition d'un congrès international basé sur le principe de facto", worin ein internationales Parlament, die Schaffung einer internationalen Legislative und Exekutive, vorgeschlagen wird, ferner *E. de Laveleyes* denkwürdige Schrift „Des causes actuelles de guerre en Europe" (Brüssel 1873), die zur Entscheidung aller internationalen Streitigkeiten einen „Völkergerichtshof" empfiehlt; die Arbeiten *Bluntschlis* (1808–1881), der die Grundzüge für einen „europäischen Staatenverein" entwarf, mit einem „Repräsentantenhause", in dem die größeren Angelegenheiten, und einem „internationalen Tribunal", vor dem die kleineren Angelegenheiten entschieden werden sollen. Erwähnt sei noch das Werk des belgischen Juristen *Louis Bara* (1821–1857) „La Science de la Paix" (Brüssel 1873), dessen Grundgedanke darin gipfelt, eine Internationalität und Solidarität des gesamten Rechtslebens der Menschheit herzustellen, so zwar, daß z. B. für Verträge zwischen Staaten eine Gesamtgarantie aller zivilisierten Regierungen eintritt, die einen Vertragsbruch schwierig, wenn nicht gar unmöglich machen würde. Dieses Werk ging aus dem vom I. internationalen Friedenskongreß zu Brüssel 1848 erlassenen Preisausschreiben unter 21 eingelangten Entwürfen als preisgekrönt hervor. Erst im Jahre 1872 wurde es auf Veranlassung der Brüsseler Loge „Les amis philantropes" in den Druck gelegt.[46]

6. Neuer Vorstoß in den Parlamenten

Das mächtige Erwachen des Rechtsgedankens fand auch in den Parlamenten sein Echo.

Im Senat der Vereinigten Staaten

Im Senat der Vereinigten Staaten brachte am 31. Mai 1872 Senator *Sumner* eine Resolution ein, in der er die Errichtung eines Tribunals vorschlug, das mit solcher Autorität zu bekleiden wäre, um es zu einem „vollkommenen Ersatz für den Krieg" zu gestalten, und „daß der Krieg aufhören könnte als eine geeignete Streitform zwischen den Völkern zu gelten". Am 17. Juni 1874 wurde eine ähnliche Resolution von beiden Häusern des Kongresses angenommen und *damit gleichzeitig an den Präsidenten der Vereinigten Staaten das Ersuchen gestellt, zur Herstellung einer internationalen Ordnung mit fremden Staaten Verhandlungen einzuleiten.*

---

[46] L Bara erhielt den Preis am 6. August 1849 zuerkannt und empfing ihn am Pariser Friedenskongreß von 1849 aus den Händen Victor Hugos. Über das Preisausschreiben, über die Persönlichkeit wie über das Werk Louis Baras siehe ausführlich bei Louis FRANK, Les Belges et la Paix S. 115–131.

Im Jahre 1873 nahm *Henry Richard* im englischen Parlament den im
Jahre 1849 zuerst von *Richard Cobden*, von ihm selbst schon 1856 gestellten Antrag auf Abschluß von Schiedsverträgen wieder auf. Am
8. Juli jenes Jahres schlug er im Unterhause die Einleitung von Verhandlungen mit den fremden Mächten zum Zwecke der Aufstellung „eines dauernden und allgemeinen Systems von Schiedsgerichten" vor. *Gladstone*, der sich dem Anträge gegenüber wohlwollend verhielt, riet dennoch dessen Rücknahme an, da der Antrag,
ganz so wie 1849 Palmerstone Cobden erwiderte, *noch zu verfrüht*
wäre. *Richard* bestand aber auf seinem Antrag, der schließlich mit 98
gegen 88 Stimmen zur Annahme gelangte. Die Königin antwortete
sehr wohlwollend auf die Adresse des Parlamentes, in der ihr der
Richardsche Antrag unterbreitet wurde, doch kam es nicht zu tat-
sächlichen Maßnahmen. Hingegen erweckte der Vorgang des englischen Unterhauses in zahlreichen anderen Parlamenten Nachah-
mung. Zunächst machte der italienische Staatsmann *Manzini* die
Anschauungen Richards zu den seinen. Es gelang ihm auch, einen
Antrag, der dahin ging, der Schiedsgerichtsbarkeit für die ihr zu-
gänglichen Materien eine weitere Ausdehnung zu geben, in die
Staatsverträge die Kompromißklausel aufzunehmen und Schiedsverträge mit anderen Staaten abzuschließen, einstimmig zur Annahme zu bringen. *Manzini,* der selbst bald in die Regierung trat,
fand da Gelegenheit, seine Absichten praktisch zu betätigen. In den
niederländischen Generalstaaten kam es infolge einer Interpellation der
Friedensfreunde *van Eck* und *Bredius* am 19. November 1871 zu einer
Friedensdebatte, die zwar zunächst keine Ergebnisse zeitigte; aber
1874 und 1878, als *van Eck* seine Vorschläge immer wieder aufnahm,
führten diese doch zu beifälligen Äußerungen der Regierung und
zur Annahme jener Vorschläge seitens des Parlamentes. In *Schweden*
richtete 1874 die Kammer auf Antrag des Deputierten *Jonasson* eine
Adresse an den König, worin dieser gebeten wurde, die zur Errichtung eines ständigen Schiedstribunals unternommenen Schritte zu
unterstützen. In *Dänemark* wurde 1875 ein ähnlicher Versuch gemacht, der jedoch zunächst ohne Erfolg blieb. In *Belgien* beschäftigte
sich die Kammer am 30. Juni 1875 mit einem von *Couvreur* und

Thonissen unterbreiteten Antrag, der der Regierung die allgemeine Anwendung der Schiedsgerichtsbarkeit und das Studium des schiedsgerichtlichen Verfahrens empfahl. Die Kammer stimmte fast einstimmig dem Antrag zu; ebenso schloß sich der Senat einstimmig dem Votum der Kammer an.

Im Jahre 1876 machte der nachmalige spanische Senator *Marcoartu* († 1904) eine Reise durch Europa, um Stimmung für die Einberufung einer internationalen Parlamentskonferenz zu machen. In Wien trat er mit *Adolf Fischhof,* dem hervorragenden fortschrittlichen Politiker, in Verbindung, der bereits 1875 eine Reihe von Artikeln „Zur Reduktion der kontinentalen Heere" veröffentlicht hatte,[47] die solches Aufsehen machten, daß sie einen Petitionssturm auf das Abgeordnetenhaus entfesselten. In einer durch die Anwesenheit *Marcoartus* in Wien angeregten Konferenz, die am 27. April 1876 im österreichischen Herrenhaus stattfand, wurde die Beschickung eines von *Marcoartu* beabsichtigten Kongresses von Abgeordneten aller Parlamente beschlossen. Auf diesem Kongreß sollte „die Herabminderung der Auslagen für Kriegszwecke usw." erörtert werden. Einige Wochen vorher war auf Anregung von *Fischhof* dem österreichischen Abgeordnetenhaus ein Antrag der Abgeordneten *Fux, Dr. Heilsberg* und Genossen zugegangen, in dem eine „Einschränkung des Militäraufwandes", internationale Reduktion der Heere und die „Abhaltung einer europäischen Abgeordnetenkonferenz" gefordert wurde.[48] Ein Ergebnis hatte der Antrag aber nicht.

Im deutschen Reichstag traten 1878 erst die Abgeordneten Freiherr *v. Dücker* und *Zimmermann* zugunsten der Schiedsgerichtsbarkeit auf, doch hier führten deren Anträge nicht einmal zu einer Debatte. Hingegen erklärte sich die italienische Kammer am 24. November 1877 einstimmig für die Einführung eines ständigen internationalen Schiedsgerichts und beschloß am 3. April 1878 auf Antrag *Manzinis* in alle Handelsverträge die Schiedsklausel einzufügen. Im Kongreß der Vereinigten Staaten wurde am 20. Dezember 1880 der Präsident ermächtigt, mit allen anderen zivilisierten Mächten in Unterhandlung zu treten „zur Aufrichtung eines internationa-

---

[47] Siehe: *Richard* CHARMATZ, Adolf Fischhof, Das Lebensbild eines österreichischen Politikers. Stuttgart 1910. S. 405.
[48] Siehe: CHARMATZ, a. a. O. S. 415 u. f.

len Systems, durch das die zwischen den Staaten sich ergebenden Streitfälle auf dem Wege der Schiedsgerichtsbarkeit und ohne Krieg entschieden werden können".

Abrüstungsanträge (Bühler, Crispi, Richard)

Die Versuche, zu einer Verminderung der Rüstungen zu gelangen, mehrten sich am Ausgang der 1870er Jahre wieder in auffallender Weise. Der württembergische Abgeordnete *v. Bühler* hatte mit seinem dem deutschen Reichstag im Jahre 1879 unterbreiteten Antrag auf Einberufung eines Staatenkongresses seitens der Reichsregierung zum Zwecke der Herbeiführung einer wirksamen und allgemeinen Abrüstung mehr Glück als Virchow zehn Jahre zuvor. Der Antrag kam am 12. März jenes Jahres wenigstens zur Debatte, nachdem ein Antrag auf Übergang zur Tagesordnung abgelehnt worden war. Er wurde natürlich abgelehnt,[49] aber Bühler übersandte ihn am 29. Februar 1880[50] mit einem Begleitschreiben an den Reichskanzler Fürsten Bismarck. Die Antwort des Kanzlers ist nicht uninteressant. Sie erfolgte am 2. März und lautete: „Erst nachdem es Ew. gelungen sein wird, *unsere Nachbarn für Ihre Pläne zu gewinnen*, könnte ich *oder ein anderer deutscher Kanzler* für unser stets defensives Vaterland die Verantwortung für analoge Anregungen übernehmen. Aber *auch dann fürchte ich*, daß die gegenseitige Kontrolle der Völker über den Rüstungszustand der Nachbarn schwierig und unsicher bleiben, und daß ein Forum, welches sie wirksam handhaben könnte, schwer zu beschaffen sein wird." Diese Bedenken hat *Fürst Bismarck* zwei Jahre vorher auch dem italienischen Staatsmann *Crispi* gegenüber geltend gemacht, der ihn in Gastein besucht und ihm eine Abrüstung vorgeschlagen hatte. Er gab der Meinung Ausdruck, „daß sich der Gedanke der Abrüstung nicht in die Praxis umsetzen läßt. Im Wörterbuch finden sich noch keine Vokabeln, welche die Grenzen

---

[49] Der Antrag hatte folgenden Wortlaut: „Der Reichstag wolle beschließen: Den Fürsten Reichskanzler zu ersuchen, einen europäischen Staatenkongreß zum Zweck der Herbeiführung einer wirksamen allgemeinen Abrüstung etwa auf die durchschnittliche Hälfte der gegenwärtigen Friedensstärke der europäischen Heere für die Dauer von vorläufig 10 bis 15 Jahren zu veranlassen."

[50] Im April 1880 soll Bühler seinen Antrag neuerdings im Reichstag eingebracht haben. HETZEL, a. a. O. S. 87.

zwischen Abrüstung und Rüstung festsetzen".[51] Der unermüdliche *Henry Richard* verlangte im Juni 1880 im englischen Parlament, daß die Regierung Schritte tun solle zugunsten einer gleichzeitigen Entwaffnung der Mächte in Europa. *Gladstone* sah sich zwar veranlaßt, zuzugeben, daß „rationellere und minder kostspielige Mittel als der Krieg zur Schlichtung internationaler Differenzen" wünschenswert wären, wollte deren Findung jedoch der „Diskretion der Regierungen" überlassen wissen.

Friedensgesellschaften und Friedenskongresse

Inzwischen nahm die Gründung von *Friedensgesellschaften* ihren Fortgang. In *Amerika* wurden im Jahre 1866 noch die *Universal Peace Union* von *Alfred H. Love* und 1867 die *Peace Association of Friends* gegründet. In *Deutschland* wurde bereits 1850, eine Folge des Frankfurter Friedenskongresses von Dr. *Motherby in Königsberg* eine Friedensgesellschaft ins Leben gerufen, die über 140 Mitglieder zählte. Es ist ein sonderbares Zusammentreffen, daß es gerade Königsberg, der Kantstadt, vorbehalten war, in der Geschichte der deutschen Friedensbewegung diese Rolle zu spielen.[52] Im Jahre 1874 begründete Dr. *Eduard Löwenthal* in Berlin einen Friedensverein, der jedoch bald seine Tätigkeit wieder einstellte. Im selben Jahre wurde in London die „*Womens Auxiliary of the Peace Association*" ins Leben gerufen. Inzwischen wurde der russisch-türkische Krieg veranstaltet, der Europa mit seinen Greueln erfüllte. Der *Berliner Kongreß* im Jahre 1878 entwickelte sich zu einer Art Schiedsgericht, bei dem schließlich in friedlicher Weise durch Übereinkommen und Konzessionen die Grenzen des östlichen Europa revidiert wurden. Unmittelbar darauf, am 7. Oktober 1879, schloß *Bismarck* das Abkommen mit *Österreich-Ungarn*, durch das der Grund zum *Dreibund* gelegt wurde, der

---

[51] Siehe: Die Memoiren Francesco CRISPIS, Berlin 1912. S. 36.

[52] Eine Zeitlang erschien dort im Jahre 1851 ein von Dr. Jul. RUPP herausgegebenes Friedensorgan, „Der Völkerfriede" betitelt. Der Friedensverein wurde nach mehrmonatigem Bestande von der Polizei aufgelöst Näheres über diese erste deutsche Friedensgesellschaft in den Artikeln Carl Ludwig SIEMERINGS in „Die Friedens- Warte" 1906. S. 64/65 und 1909 S. 47 und 69 wie in seiner Schrift „Von der ersten deutschen Friedensgesellschaft in Königsberg i. Pr. 1850–1851" (Schriften des Frankfurter Friedensvereins. Heft 4.) Frankfurt a. M. 1909.

Europa, wenn auch nicht den gesicherten Frieden, so doch jene
Konstellation gab, die spätere Geschichtsschreiber vielleicht veranlassen wird, darin den Anfang einer europäischen Staatenassozia-
tion zu erblicken. Angeregt durch diese Ereignisse regte sich auch
in Rußland der Friedensgedanke. *Prinz Peter von Oldenburg* (1812–
1881), ein naher Verwandter des russischen Kaiserhauses, der in der
Mitte der sechziger Jahre des vorigen Jahrhunderts zur Durchführung seiner Ideen über die Abschaffung des Krieges die europäischen Höfe bereiste und im April 1873 ein ausführliches Schreiben
an Bismarck richtete,[53] worin er ihm die Mittel zur Abschaffung des
Krieges vorschlug, ließ 1878 in hohen Kreisen eine Denkschrift zir-
kulieren, in der er den Krieg als unchristlich und kulturwidrig verwarf und den bewaffneten Frieden als eine Geißel der Völker bezeichnete. Die im Jahre 1880 erfolgte Gründung einer „Russischen
Gesellschaft für internationales Rechts" war das praktische Ergebnis
dieses Aufrufs.[54]

Im Jahre 1880 gründete *Hodgson Pratt* in London die *„International Arbitration and Peace Society"*, die die Abhaltung einer *internationalen Friedenskonferenz zu Brüssel* (17.–20. Oktober 1882) veranlaßte.
Im Jahre 1882 rief *Fredrik Bajer* in Kopenhagen den *dänischen Friedensverein* ins Leben. 1883 wurde auf Veranlassung *Hodgson Pratts*
ein *schwedischer Friedensverein* begründet, und 1886, ebenfalls auf
Pratts Veranlassung, durch *Franz Wirth* die erste lebensfähige deutsche Friedensgesellschaft *in Frankfurt*, wie andere, früh erloschene
Vereine in Stuttgart und Darmstadt. *In Rom* gründete Pratt einen
Verein für Schiedsgericht und Frieden zwischen den Völkern, der
unter dem Vorsitz *Ruggero Bonghis* stand und in Mailand die heute
unter *Monetas* Leitung stehende *Unione Lombarda*. 1883 wurde ein
norwegischer Friedensverein geschaffen und 1884 gründete *Godin* die
„Société de la Paix et d'Arbitrage international de Familistère de Guise"
im Departement Aisne. Im Jahre 1887 wurde in Nimes in Frankreich
von jungen Gymnasialschülern die Gesellschaft *„La Paix par le Droit"*
ins Leben gerufen, die sich nachher zu einer der bedeutendsten
Zentralen des modernen Pazifismus entwickelte (siehe unten).

Das Jahr 1878 sah aus Anlaß der Pariser Weltausstellung aber-

---

[53] Siehe dieses: „Die Waffen nieder!" 1894. S. 43 u. f.
[54] Nach HETZEL, a. a. O. S. 86.

mals einen *internationalen Friedenskongreß* an der Seine. Die Anregung dazu wurde von der Londoner Peace Society gegeben. Er fand unter dem Präsidium *Adolph Francks* (1809–1893) statt. Aus den verschiedensten Ländern waren Teilnehmer erschienen. Dem Kongreß wohnte, obwohl er nicht zu den glänzendsten Vereinigungen dieser Art gehörte, eine gewisse Bedeutung inne. Es war der erste Kongreß, der insofern einen offiziellen Charakter hatte, als seine Verhandlungsberichte auf Kosten der französischen Regierung veröffentlicht wurden. Auch wurden bereits jene Fragen einer *engeren Verbindung* der Friedensgesellschaften und seitens *Edmond Thiaudières* die Vereinigung der Friedensparlamentarier aller Länder, wie die *Gründung eines internationalen Friedensbureaus* von *Lemmonnier* berührt. Die internationale Schiedsgerichtsbarkeit wurde dabei als das wirksamste Mittel zur Vermeidung der Kriege bezeichnet.

7. Neue Anregung in den Parlamenten

Vereinigte Staaten

In den Vereinigten Staaten hat der Friedensgedanke um die Wende des siebenten Jahrzehnts solche Fortschritte gemacht, daß der Staatssekretär *James G. Blaine* – ermutigt durch verschiedene Aufforderungen im Kongreß – am 29. November 1881 an alle amerikanischen Regierungen die Einladung ergehen lassen konnte, sich im darauffolgenden Jahre in Washington zu versammeln, um „die Methoden zu erwägen und zu erörtern, die zur Verhütung des Krieges zwischen den Völkern Amerikas geeignet seien …" Durch verschiedene Umstände verzögert, trat jene von Blaine angeregte Konferenz erst 1889 zusammen und begründete als erste pan-amerikanische Konferenz das große Werk der pan-amerikanischen Union (siehe im Ersten Teil S. 173). Im Anschluß an die ihm am 20. Dezember 1880 erteilte Ermächtigung (siehe oben S. 89 f) erklärte Präsident *Arthur* in seiner Botschaft vom Dezember 1882, daß ihm die Ära des Friedens nahe erscheine, daß die Schiedsgerichtsbarkeit allein sie herzustellen vermag, und daß er sich mit jenen Völkern zu verständigen bereit sei, die den Grundsatz der Schiedsgerichtsbarkeit anerkennen wollten. Dies veranlaßte die Schweizer Regierung, am 1. April 1883 bei den Vereinigten Staaten wegen Abschluß eines allgemeinen und vorbehaltlosen Schiedsvertrages anzufragen und infolge der ihr zuteil gewordenen günstigen Antwort den Entwurf eines solchen, den der Schweizer Bundesrat am 24. Juli 1883 annahm, zu überreichen. Zu einem Abschluß kam es damals jedoch noch nicht.

England

Mit dem Jahre 1887 begann, ähnlich wie im Jahre 1873, eine neue Aktion zugunsten der Schiedsgerichtsbarkeit in den verschiedenen Parlamenten. In der englischen Kammer nahm der *Marquis von Bristol* die Arbeit *Cobdens* und *Richards* wieder auf und unterbreitete am 25. Juli 1887 dem Hause der Lords folgende Resolution: „In Anbetracht der unaufhörlich anwachsenden Rüstungen der europäischen Nationen ist das Haus der Lords der Ansicht, daß die Errichtung eines internationalen Tribunals, dem die Streitigkeiten der Völker in erster Instanz zu unterbreiten wären, äußerst wünschenswert wäre. Die schwachen und ausweichenden Erwiderungen des Lord *Salisbury*, damaligen Ministers des Auswärtigen, und die gegnerische Haltung des Hauses veranlaßten den *Marquis von Bristol*, seinen Antrag zurückzuziehen.

Cremer. Allison

Was im Hause der Lords nicht gelang, glückte im Hause der Gemeinen. Hier vermochte es der rührige *Randal W. Cremer*, die Unterschriften von 232 Mitgliedern, denen sich nachher noch 36 Mitglieder des Oberhauses anschlossen, zu sammeln, und sie zu veranlassen, eine Deputation von zehn Abgeordneten mit Cremer an der Spitze nach Washington zu entsenden, die dort mit dem Präsidenten *Cleveland* und dem Kongreß Unterhandlungen zwecks Herbeiführung eines allgemeinen ständigen Schiedsvertrages zwischen beiden Ländern anknüpfen sollte. Die Ankunft dieser Delegation hat in Amerika eine große politische Bewegung zugunsten der Schiedsgerichtsbarkeit hervorgerufen. Noch im Mai 1883 verlangte der Senator *Allison* einen Kredit von 80.000 Dollar als Kostendeckung zur Anknüpfung ähnlicher Unterhandlungen der Vereinigten Staaten mit England und Frankreich. Am 13. Juni 1888 wurde auf Antrag des Senators *Sherman* im Senat und auf Antrag des Deputierten *Hill* im Repräsentantenhaus eine Resolution zugunsten der Abschließung allgemeiner Schiedsverträge mit allen Staaten, die mit den Vereinigten Staaten in diplomatischer Beziehung stehen, angenommen und gleichzeitig der Präsident abermals autorisiert, bei jeder sich bietenden Gelegenheit mit den fremden Mächten Verhandlungen anzuknüpfen.

Die in England und den Vereinigten Staaten wachgerufene Bewegung äußerte sich auch in den Parlamenten der anderen Länder.

Passy in der französischen Kammer

Im Januar 1887 hatte *Fréd. Passy* dem Bureau der französischen Deputiertenkammer eine wohlbegründete Resolution übergeben, wonach die Kammer die Regierung aufforderte, mit den anderen Regierungen zum Zwecke der freundschaftlichen Regelung entstehender Konflikte auf dem Wege der Vermittlung und Schiedsgerichtsbarkeit in Unterhandlungen zu treten. Die Kommission, die sich mit diesem Antrag zu beschäftigen hatte, beschloß unter den üblichen nichtigen Einwänden darüber zur Tagesordnung überzugehen. Dies hinderte *Fréd. Passy* nicht, im Jahre 1888 mit einem neuen Antrag hervorzutreten. Am 21. April jenes Jahres unterbreitete er einen solchen, der mit 44 Unterschriften bedeckt war, und neben der Einladung an die Regierung, im allgemeinen die Schiedsgerichtsbarkeit zu begünstigen, auch den Wunsch direkter Verhandlungen mit den Vereinigten Staaten zum Zwecke eines ständigen Schiedsvertrages zwischen beiden Ländern zum Ausdruck brachte. Diesmal wurde der Antrag von der Kammer *angenommen*.

Am 27. März 1888 gelang es auch, im dänischen *Folkething* eine mit 5378 Unterschriften bedeckte Petition zugunsten der Schiedsgerichtsbarkeit mit einer erheblichen Mehrheit zur Kenntnisnahme seitens der Regierung zu bringen.

8. Gründung der interparlamentarischen Union

Das pazifistische Leben nahm in allen Ländern einen solchen Aufschwung, daß das Bedürfnis nach internationaler Aktion mächtiger denn je hervortrat. Nachdem *Fréd. Passy* den damaligen französischen Minister des Äußern *Goblet* über die anglo-amerikanische Aktion eingehend unterrichtet[55] und ihm selbst eine von 112 französischen Deputierten unterzeichnete Petition zwecks Abschlusses eines Schiedsvertrages mit Amerika und England unterbreitet hatte, traten *Randal Cremer* und *Passy* mit dem Vorschlag vor, eine Anzahl englischer und französischer Deputierter zwecks näherer Aussprache über die Angelegenheit zu vereinigen. Minister *Goblet* hat diesen Plan unterstützt. So traten denn am 31. Oktober 1888 in der Salle du Zodiaque des Pariser Grand Hotel neun englische Deputierte unter der Führung Cremers und vierundzwanzig französische Abgeordnete unter Passys Führung zusammen. Nach kaum einstündiger Beratung wurden mehrere Resolutionen angenommen, als deren wichtigste jene erscheint, durch die beschlossen wurde, für das kommende Jahr, gelegentlich der Pariser Weltausstellung, eine neue Zusammenkunft zu veranstalten, *„zu der nicht nur die Mitglieder der drei oben erwähnten Parlamente (Großbritannien, Frankreich und Vereinigte Staaten) zugelassen werden sollen, sondern auch die Mitglieder anderer Parlamente, die sich durch ihre Hingebung für diese Ideen bekannt gemacht haben“*. Eine Kommission mit Cremer und Passy an der Spitze wurde eingesetzt, um diese Konferenz vorzubereiten. So wurde in jener denkwürdigen Versammlung der Grund gelegt zur interparlamentarischen Union. *Herbert Gladstone*, der Sohn des *great old man*, hatte recht behalten, als er, nachdem er von diesem Beschluß gehört hatte, den 31. Oktober 1888 als „einen vielleicht historischen Tag“ bezeichnete.

Durch die Begründung dieser Institutionen wurde etwas verwirklicht, was seit langem schon der Wunsch jener Männer war, die ihre Zeit verstanden. Schon am 27. August 1870 hatte der österreichische Parlamentarier Freiherr *von Walterskirchen* unter dem Kanonendonner der elsässischen Schlachtfelder in einer in Mürzzuschlag vor seinen Wählern gehaltenen Rede[56] die Notwendigkeit eines internationalen Deputiertenvereins betont. *Adolf Fischhof*, der hervorragende Politiker Österreichs, der Spanier *Don Arthur de Marcoartu*,

---

[55] Siehe darüber Passys interessante Mitteilungen in seinem Buche „Pour la Paix“ S. 89 u. f.

[56] Siehe diese in „Die Friedens-Warte“ 1910. S. 49 u. f.

der Deutsche *Dr. Eduard Loewenthal* und die Franzosen *Edmond Thi-
audière* und *Laya* hatten mehr oder weniger deutlich die Notwendigkeit einer solchen Vereinigung hervorgehoben. Am 31. Oktober 1888
war sie zur Tat geworden. Einige Tage später (am 11. November)
versammelten sich auch die Vertreter von fünf französischen und
drei ausländischen Friedensgesellschaften in der Wohnung von
Charles Lemmonnier in Paris, um die Einberufung eines Weltfriedenskongresses der Friedensgesellschaften für 1889 zu beschließen.

Durch diese beiden Pariser Beschlüsse des Jahres 1888 begann
die Friedensbewegung sich zu organisieren. Sie trat damit in eine
neue Phase.

II. Vom ersten Weltfriedenskongreß
bis zur ersten Haager Konferenz (1889–1899)

1. Die ersten interparlamentarischen Konferenzen
und Weltfriedenskongresse (1889-1892)

Die große Jahrhundertfeier der französischen Revolution, die 1889
durch eine Weltausstellung in Paris würdig begangen wurde, bezeichnet auch einen entscheidenden Entwicklungsabschnitt der modernen Friedensbewegung. Mit dem Jahre 1889 beginnt eine Periode
umfassender und rastloser Tätigkeit der Pazifisten in allen Ländern.

Die zerstreute Betätigung macht einer mehr organisierten Platz.
Zentralstellen werden geschaffen, die Periodizität der Kongresse
wird eingeführt und strenge beobachtet Die öffentliche Meinung
wird in höherem Maße als bisher von dem Problem erfaßt und
nimmt dazu Stellung. In der Presse entflammt der Kampf für und
wider die pazifistische Anschauung. Die Zahl der Anhänger mehrt
sich, neue Friedensgesellschaften entstehen, die Literatur wächst
und die Idee fängt an, in die politischen Kreise einzudringen und
die Wissenschaft zu befruchten. Unter dem Einflusse dieses allgemeinen Aufschwunges erreicht die Bewegung in einem Zeitraum
von knapp zehn Jahren jene wichtige Etappe, die durch die erste
Haager Konferenz gekennzeichnet ist.

Am meisten haben zu diesem Aufschwunge jene internationalen Versammlungen beigetragen, die als „Interparlamentarische Konferenzen" und „Weltfriedenskongresse" mit dem Jahre 1889 ihren Ausgang nahmen. In den ersten vier Jahren haben diese internationalen Veranstaltungen den Grund zur organisierten Weiterarbeit gelegt und eine wirklich internationale Friedenspartei geschaffen.

Paris

Vom 23.-27. Juni 1889 tagte im Trocadero-Palast zu Paris unter dem Vorsitz *Frédéric Passys* und unter dem Ehrenvorsitz von *Charles Lemonnier* und *Adolf Franck* der *erste Weltfriedenskongreß.* Ungefähr 100 Gesellschaften waren vertreten. Zahlreiche Resolutionen wurden gefaßt und ebenso zahlreiche „Wünsche" geäußert. Sie bezogen sich der Hauptsache nach auf Folgendes: Einfügung der Schiedsklausel in die Staatsverträge, Einfügung des Schiedsprinzipes in die Verfassungen, Errichtung eines ständigen Tribunals, Abschluß von ständigen Schiedsverträgen usw. In vier Resolutionen wurde der Abschluß eines Föderationsvertrages gefordert und in seinen Einzelbestimmungen klargelegt. Es wurde die Bildung eines aus Mitgliedern der Friedensgesellschaften zusammengesetzten internationalen Rates vorgeschlagen, der die Ursachen der Konflikte studieren und bei deren Zuspitzung Mittel zur Verhinderung von Kriegsausbrüchen in Vorschlag bringen sollte. Einige Vorschläge befaßten sich mit der Verbreitung des Schiedsgedankens in wissenschaftlichen Vereinen, den Schulen und in der Presse. Auch die Ausarbeitung eines internationalen Gesetzbuches wurde verlangt.

Zwei Tage nach Schluß des ersten Weltfriedenskongresses trat die erste *interparlamentarische Konferenz* in Paris zusammen; gemäß dem von den vereinigten englischen und französischen Deputierten im Vorjahre gefaßten Beschluß. Die Tagung fand am 29. und 30. Juni im Festsaal des Pariser Hotel Continental statt, nachdem sich der zuerst in Aussicht genommene Saal der Mairie am Place St Sulpice zu klein erwiesen hatte. Frankreich war durch 55, England durch 30, Italien durch 5, Spanien, Belgien, Dänemark, Ungarn, Griechenland, die Vereinigten Staaten und Liberia durch je einen Deputierten vertreten. Im ganzen 97 Teilnehmer. Deutsche und österreichische Abgeordnete waren nicht erschienen. *Jules Simon* (1814–1896) hielt die

Eröffnungsansprache, und *Fréd. Passy* führte den Vorsitz. In acht Resolutionen wurden die Regierungen zum Abschluß von Schiedsverträgen dringend aufgefordert, die Einfügung der Schiedsklausel in Handels-, Literar- und ähnlichen Verträgen empfohlen, und den Wählern in allen Ländern nahe gelegt, in diesem Sinne ihren Einfluß auf die Regierungen geltend zu machen. Als wichtigster Beschluß erscheint, daß für nächstes Jahr die Abhaltung einer Konferenz in London festgesetzt wurde, wodurch die Fortdauer der Konferenzen gesichert erschien.

London

Der erste Weltfriedenskongreß hatte in Paris beschlossen, den nächsten Kongreß im darauffolgenden Jahre in einer großen Stadt abzuhalten. Die englischen Friedensgesellschaften, von verschiedenen Seiten dazu aufgefordert, übernahmen die Vorbereitung. Der Präsident des Organisationskomitees war *Hodgson Pratt* (1824 – 1907); er übergab das Präsidium des Kongresses, der dann vom 14–19. Juli 1891 in London tagte, dem Amerikaner *David Dudley Field*, dem hervorragenden Mitglied des Repräsentantenhauses der Vereinigten Staaten und alten Vorkämpfer der Schiedsidee. Dr. *Evans Darby* und Mr. *Green* funktionierten als Sekretäre. Die auf jenem Kongresse gefaßten Beschlüsse sind in mannigfacher Hinsicht als Erläuterungen und Ergänzungen der am I. Weltfriedenskongreß gefaßten Resolutionen zu betrachten; namentlich in den nachstehenden Punkten:

Die Brüderlichkeit zwischen den Menschen bedingt die Brüderlichkeit zwischen den Völkern. – Die Friedensgesellschaften erstreben die Herstellung einer Rechtsordnung zwischen den Völkern, und die Neutralisierung bildet einen der zur Verwirklichung dieses Rechtszustandes führenden Wege. – Die eingeborenen und unentwickelten Rassen müssen gegen jeden Mißbrauch der Gewalt und gegen die Laster der sogenannten fortgeschrittenen Nationen geschützt werden. – Als ein erster Schritt zum Freihandel sollen gerechte Handelsbeziehungen zwischen den Staaten errichtet werden. – Die Vereinheitlichung der Maße und Gewichte, der Münzen, Tarife, des Post- und Telegraphenreglements, der Transportwege usw., ist erwünscht – Es ist Pflicht der Friedensgesellschaften, die

Mittel zu suchen, die zur Schaffung von unabhängigen Gerichten führen können, denen die Aufgabe obliegt, alle Streitigkeiten, die zu einem Kriege auszuarten drohen, zu schlichten. – Kein Vertrag soll die Billigung der Volksvertretungen erhalten, wenn er nicht eine Schiedsklausel in sich schließt. – Die Kulturwelt erwartet ungeduldig ein Aufhören der Rüstungen, die eine Gefahr und die Ursache der allgemeinen wirtschaftlichen Bedrücktheit bilden. – Ein Kongreß der Vertreter aller Staaten Europas sollte sich vereinigen, um die Wege zu einer allgemeinen und allmählichen Abrüstung zu beraten. – Die Friedensgesellschaften sollen eine aktive Propaganda entfalten, dahin gehend, daß die Wähler bei den allgemeinen Parlamentswahlen ihre Stimme nur den Freunden des Friedens, der Abrüstung und des Schiedsgerichts geben. – Es ist wünschenswert, daß die Gesellschaften Europas und Amerikas praktische Mittel zu gemeinsamer Aktion ergreifen.– Es soll in der Presse gegen die militaristischen Vorurteile und die Irrtümer angekämpft werden, die, da sie im Publikum sehr verbreitet sind, häufig die indirekte Ursache der Kriege bilden. – Der Kongreß verpflichtet die Frauen, sich den Gesellschaften zur Propagierung des allgemeinen Friedens anzuschließen; er erinnert auch jene Personen, denen der religiöse Unterricht obliegt, an die Notwendigkeit, die Prinzipien des Friedens und des Wohlwollens unter den Menschen zu verbreiten. – Die Geschichtslehrer sollten die Aufmerksamkeit der Jugend auf die durch den Krieg der Menschheit zu allen Zeiten zugefügten Übel verweisen, und sie sollten ihre Schüler lehren, die Friedensaktion zu achten. – Die militärischen Übungen sollten durch physische und friedliche Übungen in den Schulen ersetzt werden. – Die übrigen Resolutionen bezogen sich auf Propaganda- und Organisationsfragen.

Die *II. Interparlamentarische Konferenz* fand, dem Pariser Beschluß entsprechend, ebenfalls in London statt. Sie trat am 22. und 23. Juli 1890 im Hotel Metropole unter dem Vorsitz von *Lord Herschel*, Mitglied des Oberhauses und späteren Lordkanzler, und *Philipp Stanhope*, nachmaligen Lord *Weardale*, zusammen. Elf Parlamente waren durch 111 Deputierte vertreten, darunter auch zum ersten Mal Deutsche. Es waren dies die Reichstagsabgeordneten Dr. *Barth*, Dr. *Dorn* und *Broemel*. Über 1000 Parlamentarier hatten schriftlich ihre Zustimmung gegeben, unter diesen Männer wie *Gladstone, John Sherman, Clemenceau, Crispi, Andràssy, Virchow, Prinz Schönaich-Carolath*, und der Vizepräsident des deutschen Reichstags, *Baumbach*. 94 italienische Senatoren und 31 Mitglieder der spanischen Cortez drückten geschlossen ihre Sympathie aus. Lord *Herschel* hielt die Eröffnungsrede.

Die Konferenz äußerte neuerdings den Wunsch, daß die Regierungen Schiedsverträge eingehen sollten; sie verpflichtete ihre Mitglieder, auf die Verwirklichung des Schiedsprinzipes in ihren Parlamenten Einfluß zu nehmen, beglückwünschte die Regierung der Vereinigten Staaten und die panamerikanische Konferenz, billigte die Bemühungen zugunsten eines Schiedsvertrages zwischen Frankreich und den Vereinigten Staaten und lud Italien und Spanien ein, diesem Beispiele zu folgen. Sie empfahl neuerdings die Aufnahme der Schiedsklausel in die verschiedenen Verkehrsverträge, regte an, in jedem Lande eine interparlamentarische Gruppe zu bilden, beschloß, die Errichtung eines aus 36 Mitgliedern bestehenden interparlamentarischen Bureaus, die alljährliche Tagung in einer europäischen Hauptstadt und bestimmte Rom als Ort der nächsten Sitzung.

Rom

So wurde denn Rom im Jahre 1891 der Treffplatz der Friedensorganisationen, und die Novembertage jenes Jahres zeitigten in der ewigen Stadt wichtige Fortschritte für die Friedensbewegung. Die Besucherzahl beider Veranstaltungen war bedeutend gestiegen, und auch die Ehrungen, die den Friedensversammlungen entgegengebracht wurden, bewiesen das hohe Ansehen, das sich diese Organe der Friedensbewegung und die Bewegung selbst in so wenigen Jahren errungen hatte. Zum ersten Male wurde eine Art offizieller Anerkennung zum Ausdruck gebracht. Es war nicht mehr nötig, sich im Hotel zu versammeln. Die *III. interparlamentarische Konferenz*, die vorn 3.-7. November 1891 tagte, beriet im Saale des Kapitols und wurde vom Präsidenten der Deputiertenkammer, *Biancheri*, präsidiert. Es waren 17 Länder durch 136 Abgeordnete vertreten. Die Zahl der anwesenden Deutschen war, von 3 in London, auf 18 gestiegen, die der Österreicher auf 12. Aus Ungarn kamen 4, aus Rumänien 21 Abgeordnete. Portugal und Serbien waren zum erstenmal vertreten. Unter den deutschen Vertretern befanden sich der

Vizepräsident des Reichstags, Dr. *Baumbach*, die Abgeordneten Dr. *Max Hirsch* und Dr. *Theodor Barth*. In der Hauptsache befaßte sich diese Konferenz mit der Schaffung und der künftigen Organisation der interparlamentarischen Union. Es wurde die Notwendigkeit eines Generalsekreteriats hervorgehoben und die Bedingungen seines Wirkungskreises festgestellt. Außerdem drückte man den Wunsch aus, daß alle parlamentarisch regierten Staaten auf künftigen internationalen; Kongressen der europäischen Mächte vertreten sein sollen.

Auch die Hauptarbeit der römischen Tagung des *Weltfriedenskongresses*, der einige Tage später (11. bis 16. November) ebenfalls am Kapitol zusammentrat, bei dem der ehemalige Minister *Ruggero Bonghi* (1827–1895) den Vorsitz führte, bestand in dem Beschlusse der Schaffung *einer internationalen Friedenszentrale in Bern*. Dieser III. Weltfriedenskongreß, einer der entscheidendsten der neuen Kongreßreihe, war überaus zahlreich besucht. Zum erstenmal fanden sich auch hier deutsche Vertreter ein, die man in Paris und London noch vermißt hatte. Baronin *Suttner* erschien in Rom zum erstenmal auf einem Friedenskongreß, als Vertreterin der neu begründeten österreichischen Friedensgesellschaft. Die veranstalteten Festlichkeiten waren überaus glanzvoll und fanden unter Anwesenheit der Staats- und Stadtbehörden statt. Die gefaßten Beschlüsse lassen sich in drei Kategorien einteilen:

1. Die grundsätzlichen Erklärungen, die sich auf die Rechtsbeziehungen der Völker, auf die Solidarität der Nationen, auf das Recht eines jeden Volkes, frei über sich selbst zu verfügen, auf die Verneinung des angeblichen Eroberungsrechtes, auf die Achtung des ethnographischen Charakters und der Entwicklung der Völker beziehen.
2. Die „Wünsche", die sich auf eine gerechtere Verteilung der Arbeitsprodukte, auf den Freihandel, auf den Abschluß von ständigen Schiedsverträgen zwischen den Völkern und auf eine schiedliche Lösung der gegenwärtigen Streitfälle zwischen den Staaten, auf die Errichtung eines internationalen Tribunals für jene Fragen, die auf freundschaftlichem Wege nicht zu lösen sind, schließlich auf eine proportionelle und gleichzeitige Abrüstung beziehen.

3. Die den Universitäten und Schulen, den Arbeitern und anderen
    Gesellschaften wie der Presse empfohlene Propaganda des Frie-
    denswerkes und die oben bereits erwähnte *Schaffung des inter-
    nationalen Friedensbureaus* in Bern.

Der Beschluß zur Schaffung einer ständigen Zentrale führte die
Konferenz und den Kongreß im Jahre 1892 nach der Schweiz. In der
alten Bundeshauptstadt Bern versammelten sich Ende August die
Vertreter der organisierten Friedensbewegung zu ihrer vierten Tagung. Die beriet vom 29.–31. August unter dem Vorsitz des Nationalrates Dr. *Gobat.* Zum erstenmal fand die Tagung in den Räumen
eines Parlamentes statt. Der Sitzungssaal des Bundespalais war den
Interparlamentariern zur Verfügung gestellt worden. Es waren 13
Parlamente durch 107 Mitglieder vertreten. Die Konferenz lud die
Mitglieder aller Parlamente ein, in den gesetzgebenden Körper-
schaften Anträge auf Annahme der von dem Präsidenten der Verei-
nigten Staaten ergangenen Einladung (siehe darüber unten) zum
Abschluß ständiger Schiedsgerichte einzubringen, alles daran zu
setzen, um die Schiedsklausel in die Handelsverträge und andere
Verträge zur Aufnahme gelangen zu lassen und auch dahin zu wir-
ken, daß die Regierungen den Grundsatz der Unverletzlichkeit des
Privateigentums zur See in Kriegszeiten anerkennen. Auf dieser
Konferenz wurde *die Errichtung eines interparlamentarischen Amtes in
Bern als Zentralstelle der interparlamentarischen Union* endgültig be-
schlossen und die Leitung dieses Amtes dem Schweizer Nationalrat
Dr. *Albert Gobat* übertragen.

Bei dem Schlußbankett in Interlaken, bei dem der deutsche
Reichstagspräsident *Baumbach* mit dem Franzosen *Frédéric Passy* auf
die Versöhnung der Nationen anstieß, hielt Bundespräsident *Schenk*
eine Rede, in der er folgende prophetische Worte sprach: „Wir sind
stolz und glücklich, die Mitglieder der europäischen Parlamente bei
uns zu sehen; aber *weit glücklicher und stolzer werden wir an dem Tage
sein, wo die Minister aller Nationen, mit offiziellen Vollmachten versehen,
sich zusammenfinden werden, um einen allgemeinen Vertrag des ständigen
Schiedsgerichtes zu unterfertigen. Und dieser Tag wird kommen!"* Am 18.
Mai 1899, kaum sieben Jahre später, erschien dieser Tag.

Der *Weltfriedenskongreß* war in jenem Jahre der interparlamentarischen Tagung vorausgegangen. Er tagte vom 22.-27. August unter dem Vorsitz des Schweizer Bundesratsmitgliedes *Louis Ruchonnet* (1834–1893) im Sitzungssaal des Schweizer Nationalrates im Bundespalast. Das Hauptergebnis lag in der Annahme der endgültigen Statuten und der damit bewirkten Errichtung des internationalen Friedensbureaus in Bern und in der Wahl *Elie Ducommuns* (1833 bis 1906) zum ständigen Sekretär der neuen Friedenszentrale. Auch verschiedene andere Beschlüsse zur Festigung der internationalen Friedensorganisationen wurden angenommen. Außerdem faßte der Kongreß noch einige wichtige Beschlüsse bezüglich der Schiedsgerichtsbarkeit und einer europäischen Föderation sowie einige grundsätzliche Erklärungen:

1. über die Neutralisierung der Landengen, Meerengen und unterseeischen Kabeln; 2. über die Abrüstungspolitik; 3. über die Befragung der gesetzgebenden Körperschaften vor jeder Kriegserklärung; 4. über Kriegsanleihen; 5. über den Schutz der Ausländer.

2. DIE NEUE ENTWICKLUNG DER FRIEDENSGESELLSCHAFTEN

Die Organisierung

Die Zentralisierung der Friedensbewegung in dem 1892 errichteten „*Internationalen Friedensbureau*" in Bern, das unter *Elie Ducommuns* tatkräftiger Leitung zu einer wahren Herzkammer des Pazifismus wurde, nicht minder die Gründung der „Interparlamentarischen Union", die man vielfach als Vorläuferin der künftigen Generalstaaten Europas bezeichnete, sowie die im Jahre 1892 erfolgte Gründung des „Interparlamentarischen Amtes" in Bern, ferner die regelmäßige Abhaltung der Weltfriedenskongresse, der interparlamentarischen Konferenzen und der Generalversammlungen des Friedensbureaus wie des interparlamentarischen Bureaus wirkten befruchtend auf das pazifistische Leben dieser Periode.

Im Jahre 1891, kurz vor Eröffnung des römischen Friedenskongresses, war die österreichische Friedensgesellschaft von der *Baronin von Suttner* ins Leben gerufen worden. Der großen Frau und eifrigen Verfechterin des Friedensgedankens gelang es als erster, die Begeisterung für das Friedensproblem in Deutschland und Österreich wachzurufen und namentlich in den breiten Massen des Publikums den Sinn dafür zu erwecken. Ihr meisterhaft geschriebener Roman *„Die Waffen nieder"*, der 1890 erschien, übte eine Wirkung aus, wie sie vorher nur der die Sklavenbefreiung propagierende Roman „Onkel Toms Hütte" der Amerikanerin Beecher Stowe zur Folge hatte. „Das ist nicht ein Buch, das ist ein Ereignis," schrieb ein Kritiker in einem Berliner Blatte, und P. K. Rosegger tat den Ausspruch: „Es gibt Gesellschaften zur Verbreitung der Bibel, möge sich auch eine Gesellschaft bilden zur Verbreitung dieses merkwürdigen Buches, welches ich geneigt bin ein epochemachendes zu nennen." Es *war* ein epochemachendes Buch, das wie eine Explosion wirkte. Es war, als ob sich den Lesern eine neue Welt auftat, und in Hunderttausenden von Gemütern „mochte es zum erstenmal die beschönigende Vorstellung des Krieges, welche die Schule zu verbreiten sich Mühe gibt, zerstört und den Gedanken an die Notwendigkeit und an die Möglichkeit einer Beseitigung dieses Übels hervorgerufen haben. Auflage um Auflage wurden abgesetzt, und in nicht weniger als 16 Sprachen wurden Übersetzungen hergestellt.

Die Persönlichkeit der Baronin *von Suttner*, ihre hohe gesellschaftliche Stellung, ihr vornehmes Wesen und der Adel ihrer Gesinnung trugen nicht wenig dazu bei, der von ihr vertretenen Idee auch in den höheren Gesellschaftsklassen und in der politischen Welt Kredit zu verschaffen. So brachte sie es zuwege, daß im Jahre 1891 auch im Schoße des österreichischen Parlaments eine interparlamentarische Gruppe ins Leben gerufen wurde. Der oben gekennzeichnete rasche Aufschwung der Bewegung zu Beginn der neunziger Jahre ist nicht zum kleinsten Teil dem Auftreten jener Frau zuzuschreiben, die es in ihrem Buche verstanden hat, die Empfindungen des Volkes zum beredten Ausdruck zu bringen.

Der österreichischen Friedensgesellschaft folgte nach einigen Monaten die Gründung der *Deutschen Friedensgesellschaft*. Anfang 1892 hatte der Verfasser dieser Schrift die erste deutsche *Friedensrevue „Die Waffen nieder!"* ins Leben gerufen und als deren Herausgeberin die Baronin Suttner gewonnen, die eben aus Rom zurückgekehrt war. Das Blatt vermochte die zerstreuten pazifistischen Elemente in Deutschland zu sammeln und zu gemeinsamer Wirkung zu bringen. Im Oktober 1892 ging *Fried,* von der Baronin Suttner dazu angeregt, daran, in Deutschland eine Friedensgesellschaft ins Leben zu rufen. Es gelang ihm, ein Komitee hervorragender Personen der Politik, der Kunst, der Literatur zusammenzubringen und am 9. November jenes Jahres die Gründung einer deutschen Friedensgesellschaft mit dem Zentralsitz in Berlin zu bewerkstelligen. Die neue Gesellschaft, die sich in der Weise konstituierte, daß die in ganz Deutschland zu gründenden Ortsgruppen in der Berliner Zentrale ihre Vereinigung besitzen und einen über das ganze Reich auszudehnenden Verband darstellen sollten, trat noch im November 1892 mit ihrem Aufruf, dem ersten in Deutschland formulierten Friedensprogramm, an die Öffentlichkeit.

Die neue Friedensrevue und die junge Friedensgesellschaft, nicht minder aber auch die um das Jahr 1892 vor den Reichstag gebrachte Militärvorlage, die zu einer Auflösung des Reichtags und zur Vornahme von Neuwahlen führte und so eine kriegs- und rüstungsfeindliche Stimmung in die Massen trug, leiteten in Deutschland die pazifistische Propaganda in die Wege, so daß sich sofort warnende Stimmen erhoben, die die „kriegerische Lust" und den „kriegerischen Sinn" des deutschen Volkes durch die Entfaltung der aufstrebenden Idee bedroht fanden. Noch 1892 wandte sich der Generalleutnant z. D. *von Boguslawsky* in seiner Schrift „Der Krieg in seiner wahren Bedeutung für Staat und Volk" gegen die Bewegung, und *Max Jaehns* proklamierte 1893 in seinem Buche „Krieg, Frieden und Kultur" den Krieg als den alleinigen Kulturfaktor und alle auf eine Festigung des Friedens hinwirkenden Bestrebungen als kulturfeindlich.

Diese und ähnliche Versuche vermochten aber keineswegs die Propaganda zu lähmen. In zahlreichen deutschen Städten wurden

Ortsgruppen der deutschen Friedensgesellschaft begründet, stark
besuchte Versammlungen abgehalten, Flugschriften verbreitet und
so die öffentliche Meinung immer mehr und mehr gezwungen, die
Ziele der Friedensbewegung kennen zu lernen und sich mit ihr zu
beschäftigen.

Deutsche Pazifisten der ersten Stunde

Zeitlich vor der Gründung der deutschen Friedensgesellschaft verfaßt, erschien im Jahre 1892 das programmatische Werk des Leipziger Juristen Dr. *Eugen Schlief* (1851 bis 1912) „Der Friede in Europa",
das in Deutschland sicher, vielleicht aber überhaupt zum erstenmal,
ein modern und staatsmännisch durchdachtes System für die politische Durchführung des Friedensgedankens entwarf. *Schlief,* der sich
in seinem Buch sogar als Gegner der Friedensbewegung gab, wenigstens jener Art der Bewegung, wie sie bis dahin vertreten wurde
– hat er später doch selbst eine Zeitlang mit Hand angelegt an der
Gründung der deutschen Friedensgesellschaft, von der er sich allerdings sehr bald zurückzog –, stellte darin die Forderung auf Herstellung eines europäischen Staatensystems durch Festsetzung eines
Staatengrundvertrages auf, dessen Wert er namentlich dadurch zu
erhöhen suchte, daß er an Stelle der bisherigen „Ewigen Verträge"
nur eine zeitlich begrenzte interimistische Dauer der Verträge verlangte.[57]

In Frankfurt a. M. wirkte seit 1886 *Franz Wirth* (1826 bis 1897).
Ein deutscher Mann von echtem Schrot und Korn, der das Jahr
achtundvierzig mitgemacht hatte. Ein Sohn jenes *Wirth,* der an der
Wiege des Jahrhunderts für die deutsche Einheit stritt und litt, der
am Hambacher Feste teilgenommen hatte und wegen seiner großdeutschen Gesinnung eine mehrmonatige Haft verbüßen mußte.

---

[57] Dieselbe Ansicht von der zeitlichen Beschränkung der zur Friedfertigkeit dienenden Verträge bekundete auch Jules SIMON, der in einem Artikel im *Figaro*
vom 9. November 1893 für die Einführung einer Art modernen „Trêve de Dieu"
(Gottesfriede), das ist für die gegenseitige Verpflichtung der europäischen Staaten, eintrat, wenigstens bis zum Jahrhundertende ihre Wehrkraft nicht weiter zu
erhöhen; ein Gedanke, der zuerst von dem Spanier *Marcoartu* angeregt, dann von
Jules Simon und *Pandolfi,* auch von dem Deutschen *Richard Greiling,* nachdrücklichst vertreten wurde.

Franz Wirth, schon ein bejahrter Mann, als er in die Bewegung trat, hatte sich in Frankfurt, wo er lebte, ein eigenes Bureau errichtet, von dem aus er seine Propaganda betrieb. Im Jahre 1886 gründete er mit *Hodgson Pratt* die *Frankfurter Friedensgesellschaft*. Seinen zahlreichen Vorträgen in Süddeutschland ist eine große Anzahl von Gruppengründungen der deutschen Friedensgesellschaft zu danken. Im Jahre 1893 schloß sich ihm *Richard Reuter* (1840–1904), Assessor a. D., an, der in zahlreichen kernigen Artikeln wie in Vorträgen, die er in den verschiedensten Städten Deutschlands hielt, für die Friedensidee eintrat und ebenfalls zahlreiche Ortsgruppen gründete. Um dieselbe Zeit begann auch *Richard Feldhaus* seine agitatorische Tätigkeit. Von Beruf Schauspieler, gelang es ihm besonders durch seine Vortragskunst, die Herzen der Hörer zu fesseln und seine Propaganda, die sich ebenfalls über ganz Deutschland ausdehnte und später weit darüber hinaus, zu einer überaus fruchtreichen zu gestalten. Namentlich seitdem er später seinen Schauspielerberuf aufgab, und sich neben seiner Lehrtätigkeit am Baseler Konservatorium der Friedenspropaganda noch eingehender widmete, warb *Feldhaus* im großen Stile Mitglieder für die Friedensgesellschaft in Deutschland. Im Jahre 1910 hatte er seinen 500. Friedensvortrag gehalten. Dr. *Ad. Richter* in Pforzheim gehörte schon seit 1876 der Genfer *Ligue internationale de la Paix et de la Liberté* an und arbeitete seit Gründung der deutschen Friedensgesellschaft namentlich in Württemberg und Baden für deren Vergrößerung. Auf dem Friedenskongreß in Rom (1891) war er der einzige deutsche Vertreter. Nach dem Berner Kongreß, dem er in Gemeinschaft mit *Wirth* beigewohnt hatte, erließ er mit diesem ein Flugblatt, das zur regen Beteiligung der Deutschen an der Friedensbewegung aufforderte. Seitdem hat Richter fast an allen Friedenskongressen teilgenommen. Dem Weltfriedenskongreß, der 1897 in Hamburg stattfand, präsidierte er. Nach der im Jahre 1900 erfolgten Verlegung der Zentrale der deutschen Friedensgesellschaft von Berlin nach Stuttgart wurde Richter deren Vorsitzender. 1894 trat der Stuttgarter Stadtpfarrer *Otto Umfrid* in die Bewegung. Er wirkt seit dieser Zeit nicht nur durch seine Vorträge, sondern auch durch zahlreiche Artikel und Flugschriften. Zu seinen rednerischen und schriftstellerischen Gaben gesellt sich bei Umfrid umfassende Bildung und haarscharfe Logik, so daß man ihn zu den hervorragendsten Theoretikern des Pazifismus in Deutschland zu zählen berechtigt ist. So selbstverständlich es eigentlich erscheinen sollte, einen evangelischen Geistlichen als berufsmäßigen Vertreter des Friedensgedankens wirken zu sehen, ist Umfrids Wirken um so mehr hervorzuheben, als er infolge seiner pazifistischen Agitation zahlreichen Anfeindungen seiner Amtsbrüder ausgesetzt war und von einem sogar einmal öffentlich als *„Friedenshetzer"* bezeichnet wurde. Die zahlreichen Verwarnungen, die ihm von seiner vorgesetzten Behörde zugingen, konnten ihn in seinem Eifer für die gute Sache nicht erlahmen lassen.

Eines Mannes, der in der deutschen Friedensbewegung eine ganz besondere Rolle gespielt hat, und der der Bewegung nur zu früh durch seinen Ende Dezember 1898 erfolgten Tod entrissen wurde, soll hier ganz besonders gedacht werden. *Moritz v. Egidys* (1848–1898). Soldat vom Scheitel bis zur Sohle, der die Feldzüge von 1866 und 1870/71 mitgemacht und es in der militärischen Karriere bis zum Oberstleutnant gebracht hatte, verließ er Anfang der neunziger Jahre die Armee, um sich der Propaganda seiner sozialethischen Ideen zu widmen. „Religion nicht mehr *neben* unserem Leben, unser Leben *selbst* Religion" war sein Wahlspruch, der auch die Quintessenz seiner Lehre bildete. Bald scharte er in ganz Deutschland, das er nach allen Richtungen bereiste, eine große Anhängerschar um sich. Im Jahre 1897, anläßlich des Hamburger Friedenskongresses, wandte er sich in erhöhtem Maße der Friedensbewegung zu, der er von allem Anfang an sympathisch gegenüberstand. Er hatte das Zeug in sich, einer der wirkungsvollsten Apostel des Pazifismus zu werden. Ein ganzer Mann, durch und durch Patriot und königstreu, sah er dennoch die Notwendigkeit und die nahe Zukunft der „krieglosen Zeit" vor sich, predigte er deren Kommen. Das Zarenmanifest, das ihm eine frohe Botschaft war, stellt ihn ganz in den Dienst der darin ausgedrückten Gedanken, die er auf seinen Reisen zu propagieren suchte. Auf einer dieser Reisen im Dienste der Friedensidee holte er sich eine von ihm nicht genügend beachtete Erkältung, die ihn in wenigen Tagen hinwegraffte.

Der Historiker Prof. *Ludwig Quidde* in München wirkt seit 1893 an der Friedensbewegung in Deutschland mit. Er ist als ausgezeichneter Redner und Organisator, vielfach auch journalistisch, hervorgetreten. Auf den Weltfriedenskongressen, denen er seit 1901 fast allen beigewohnt hat, spielte er eine führende Rolle. Er führte den

Vorsitz auf dem Münchener Kongreß von 1907, den er auch vorbereitet hatte.

Als ausgezeichneter Redner und hervorragender Organisator arbeitete vom Anfang der Bewegung an Justizrat *Heilberg* in Breslau, als Journalist und Chronist *Oskar Schwonder* (*Carl Ludwig Siemering*) ebenfalls in Breslau, früher in Königsberg und Dr. *Heinrich Rößler* in Frankfurt a. M., ein Mitarbeiter Franz Wirths.

Die Entwicklung der deutschen Friedensgesellschaft, die gar bald durch die erhöhte Rührigkeit ihrer süddeutschen Mitglieder in dem weniger militaristischen und mehr demokratischen deutschen Süden ein gar nicht so sehr zu bedauerndes Übergewicht erhielt, zeitigte die alljährlichen Delegiertentage, die – eine Art nationaler Friedenskongresse – dazu beitrugen, der Bewegung im Innern wie nach außen mehr Festigung und Ansehen zu geben. Vom Jahre 1895 ab wurde eine Zeitschrift, die *„Monatliche Friedens-Korrespondenz“* herausgegeben, die den Mitgliedern kostenlos zugesandt wurde, und die einige Monate von Franz Wirth, von 1896 bis zu ihrem Ende 1899 erfolgten Erlöschen von *Alfred H. Fried* redigiert wurde. Später wurden an Stelle dieses Organs die *„Friedensblätter“* begründet, die in Eßlingen herausgegeben werden und seit 1910 den Titel *„Der Völkerfriede“* führen. *Fried* gründete bereits im Juli 1899 die *„Friedens-Warte“*.

Die Friedensgesellschaften
in den anderen Ländern

Die Friedensgesellschaften nahmen auch in den anderen Ländern an Zahl und Bedeutung zu. In *Frankreich* nahm die im Jahre 1887 gegründete *„Société de la Paix par le Droit“*, eine Vereinigung von jungen Leuten, die sich der akademischen Laufbahn widmeten, mit der Zeit großen Umfang an. Das von jener Vereinigung herausgegebene Organ, die Monatsschrift *„La Paix par le Droit“* gehört zu den bestredigierten Friedensrevuen; sie nahm an Bedeutung zu, nachdem die Begründer der Gesellschaft, die gleichzeitig die Redakteure der Revue sind, ins öffentliche Leben traten und als Professoren und Juristen ihre pazifistische Tätigkeit weiter fortsetzten. Im Jahre 1895 gründete Dr. *Emil Lombard* seine *„Société d'Etudes et des Correspondences internationales“*, eine der Pflege des Internationalismus dienende Gesellschaft, deren Mitglieder über die ganze Welt verbreitet sind. Das Organ, *„Internationalis Concordia"* diente den Mitgliedern als Bindemittel. Die Prinzessin *Wissniewska* gründete im Jahre 1896 eine *„Alliance universelle des Femmes pour la Paix par l'education"*, mit Zweigvereinen in allen Ländern, und Mme. *Flammarion* rief 1899 die *„Association de la Paix et du Desarmement par les fernmes"* ins Leben. Von den sonstigen zahlreichen Gründungen von Friedensgesellschaften in Frankreich wären noch die *„Ligue franco-italienne"*, deren Sekretär *Raqueni* ist, und die im Jahre 1897 erfolgte Gründung der *„Association international des Journallstes Amis de la Paix"* zu erwähnen. Von großer Bedeutung war die durch *Gaston Moch* im Jahre 1896 erfolgte Bildung der *„Delegation permanente des Sociétés françaises de la Paix"*, einer Zentrale der zahlreichen französischen Friedensgesellschaften, die die Veranlassung bildete, daß später in England und in den Vereinigten Staaten ähnliche nationale Zentralen begründet wurden.

Auch in *England* vermehrten sich die Ortsgruppen der alten Gesellschaften und traten noch zahlreiche neue Gesellschaften mit speziellem Wirkungsgebiet hinzu. In *Italien*, wo im Jahre 1899 zwei national-italienische *Friedenskongresse* stattfanden – der eine am 28. April zu *Mailand*, an dem nicht weniger als 54 italienische Gesellschaften beteiligt waren, der andere am 20. Januar desselben Jahres zu *Neapel*, der von 3000 Personen besucht war –, fanden in *Palermo*, *Perugia* und in *Torre de Pellice* Gründungen von Friedensgesellschaften statt, die zum Teil eine sehr umfangreiche Tätigkeit entfalteten. In den *skandinavischen Ländern*, wo die Friedensbewegung von jeher eine große Anhängerschaft zählte, erfolgte im Jahre 1895 die Gründung einer *norwegischen Friedensgesellschaft*, die sich in ihrem Wirken den bereits anfangs der achtziger Jahre in Dänemark und Schweden begründeten Gesellschaften anschloß. In der Schweiz löste sich von der alten *Ligue de la Paix et de la Liberté* ein besonderer *„Schweizer Friedensverein"* ab, der in zahlreichen Gruppen über das ganze Land verteilt ist und eine Monatsschrift *„Der Friede"* veröffentlicht.

Dem *Wiener Akademischen Friedensverein*, einer Tochtergesellschaft der österreichischen Friedensgesellschaft, folgten in Österreich Ortsgruppen in Linz, Marienbad u.a. Orten. Im Dezember 1895 erhielt auch *Ungarn* seine Friedensgesellschaft mit dem Sitz in Budapest. In dem Abschnitt „Die Friedensbewegung und ihre Organe" [des vollständigen Handbuches, TEIL II] sind die heute bestehenden Gesellschaften ziemlich umfassend angeführt.

3. Neue Schiedsgerichtsaktion in den Parlamenten

Die Anregung aus den Vereinigten Staaten

Ähnlich wie in den Jahren 1873 und 1887 setzte zu Beginn der neunziger Jahre ein *erneuter Vorstoß* zugunsten der Schiedsgerichtsbarkeit *in den Parlamenten* ein. Die Anregung hiezu kam von der *ersten panamerikanischen Konferenz* (siehe darüber oben TEIL I, S. 173 u. f.).

Am 14. Februar 1890 wurde im Senat, am 3. April desselben Jahres im Repräsentantenhause jene Resolution *Shermans* vom 13. Juni 1888 (siehe oben S. 94 f), die den Präsidenten zum Eingehen von Schiedsverhandlungen auffordert, neuerdings angenommen. Die Regierung der Vereinigten Staaten ließ daher am 23. Oktober 1890 auf diplomatischem Wege den Regierungen Europas den Vertrag von Washington bekanntgeben und ihr ganz besonderes Augenmerk auf den § 19 lenken, der den Zutritt zu dem Vertrage offen läßt.[58] Diese Bekanntgabe gab die direkte Veranlassung zu Schiedsgerichtsdebatten in verschiedenen Parlamenten. Bereits vorher, am 5. März 1890, wurde im *norwegischen Storthing* mit 89 gegen 24 Stimmen eine Adresse an den König angenommen, die diesen ersuchte, schiedsgerichtliche Abkommen mit anderen Ländern zu treffen, und am 10. März desselben Jahres stellte *Don Arturo de Marcoartu* im spanischen Senat einen ähnlichen Antrag, den er 1893 mit größerem Nachdruck und mit der Unterstützung zahlreicher Würdenträger des Königreiches wiederholte. Am 12. Juli 1890 nahm *Ruggero Bonghi*, unterstützt durch eine Rede *Crispis*, den in der *italienischen Kammer* 1873 bereits einmal vorgebrachten Antrag auf Abschließung von Schiedsverträgen mit fremden Staaten wieder auf. Am 30. Oktober 1890 forderte der dänische Deputierte *Fred. Bajer*, der bereits 1885, 1887 und 1888 auf den Abschluß von Schiedsverträgen bezügliche Anträge im Folkething gestellt hatte, die Regierung

---

[58] Siehe darüber oben: TEIL I, S. 174 und in meiner Schrift „*Pan-Amerika*" Berlin 1910, S. 75, den dem Vertrag von Washington hinzugefügten „Wunsch".

Dänemarks auf, der seitens der Vereinigten Staaten an sie ergangenen Anregung Folge zu geben. Dieser Antrag, der später erneuert wurde, führte am 21. November 1892 im Folkething zu einer lebhaften Auseinandersetzung über die Schiedsgerichtsbarkeit im allgemeinen und gelangte mit 35 Stimmen gegen 20 zur Annahme.

Am 30. Januar 1893 interpellierte Senator *Urechia* in der *rumänischen Kammer* die Regierung über die seitens der Vereinigten Staaten erlassene Einladung zum Abschluß von Schiedsverträgen, sowie wegen Aufnahme der Schiedsklausel in die Handelsverträge. Der Minister des Auswärtigen, *Lahovary*, stellte sich der Schiedsgerichtsidee sympathisch gegenüber, erklärte jedoch, die Einladung der Vereinigten Staaten nicht erhalten zu haben, sprach sich aber im übrigen für Aufnahme der Schiedsklausel in die Handelsverträge aus. Dieselben Fragen wurden mit gutem Erfolge von *Rahusen* in der ersten und von *Mees* und *Tydemann* in der zweiten Kammer der niederländischen Generalstaaten zur Erörterung gebracht.

Der 16. Juni 1893

Den nachhaltigsten Widerhall erweckte die Einladung der Regierung der Vereinigten Staaten in *England*, wo *Randal Cremer* seine auf den Abschluß eines ständigen anglo-amerikanischen Schiedsvertrages gerichtete Tätigkeit mit erneutem Nachdruck wieder aufnahm. Am 16. Juni 1893 unterbreitete er, gestützt auf Petitionen, welche die Unterschrift von mehr als zwei Millionen englischer Bürger trugen, im Parlament einen Antrag, in dem er auf die Ermächtigung hinwies, die die beiden Häuser des Kongresses der Vereinigten Staaten den Präsidenten zwecks Abschluß von Schiedsverträgen erteilten. Er forderte die großbritannische Regierung auf, an dem Zustandekommen eines Schiedsvertrages mit den Vereinigten Staaten bereitwilligst mitzuwirken. Dieser Antrag, der von Cremer in einer großzügigen Rede begründet wurde, fand noch die Unterstützung *Lubbocks*, des großen Gelehrten und Politikers (nachmaligen Lord *Avebury*). Das bedeutendste bei diesem Vorgange war die nunmehr *entschiedene Stellungnahme des Ministers Gladstone für den Pazifismus und die Schiedsgerichtsbarkeit*, als er in der folgenden Erörterung den Antrag *Cremer* befürwortete und zur Annahme empfahl. *Gladstone wies in seiner Rede auf die großen Lasten des Militarismus hin, die er einen*

Fluch für die Zivilisation nannte; er erwähnte die zahlreichen Fälle, in denen Großbritannien zum Schiedsgericht griff, und erklärte, den Vorschlägen der Vereinigten Staaten ein bereitwilliges Entgegenkommen zeigen zu wollen. Die Schwierigkeiten lägen nur in den verwickelten Beziehungen einzelner europäischer Staaten. Er erklärte, daß er einen ganz besonderen Wert darauf lege, ein Mittel zur Geltung zu bringen, das im Interesse des allgemeinen Friedens liegt: „Die Gründung eines Tribunals zu provozieren, das ich ein Zentraltribunal Europas nennen würde, einen Rat der Großmächte, in dessen Mitte man den rivalisierenden Eigeninteressen vorbeugen oder doch erreichen könnte, daß dieselben sich gegenseitig neutralisieren und daraus eine unparteiische Autorität hervorginge, um die Streitigkeiten zu schlichten." Der Antrag Cremer wurde einstimmig angenommen. *Lord Rosebery*, der Staatssekretär des Auswärtigen, übermittelte diesen Beschluß dem englischen Gesandten in Washington, *Lord Pauncefote*, mit dem Auftrag, ihn der Regierung der Vereinigten Staaten zur Kenntnis zu bringen. In seiner Botschaft vom 4. Dezember 1893 wies Präsident *Cleveland* auf den ihm übermittelten Beschluß des englischen Parlaments mit großer Sympathie hin und stellte befriedigt fest, daß die Meinung der beiden Staaten zugunsten einer vernünftigen und friedlichen Beilegung internationaler Streitigkeiten in autoritativer Weise offenbart wurde. Die im Oktober desselben Jahres zu *Brüssel* vereinigte Kommission der interparlamentarischen Union richtete an Gladstone wegen der von ihm gegebenen Anregung zur Errichtung eines internationalen Tribunals eine Dankadresse.

Der Kampf um den anglo-amerikanischen Schiedsvertrag

Die Agitation zugunsten eines ständigen Schiedsvertrages zwischen England und den Vereinigten Staaten nahm nunmehr in beiden Ländern große Formen an. Im englischen Parlament kam es wiederholt zu friedensfreundlichen und rüstungsfeindlichen Äußerungen. Ein Antrag des Sir *J. Carmichale* im März 1894 auf Abrüstung und internationale Verständigung wurde vom Staatssekretär des Auswärtigen, *E. Grey*, dahin beantwortet, daß die englische Regierung bereit wäre, irgendwelche praktischen Vorschläge, die zu einer Verständigung führen könnten, zu prüfen und zu unterstützen. Am 20. März 1895 kam es infolge eines Antrages des *Sir Wilfrid Lawson*, den

Voranschlag der Marine um 1000 Pfund zu kürzen, – ein Antrag, der nur des Grundsatzes wegen gestellt wurde – zu sehr lebhaften Auseinandersetzungen, wobei *Cremer* und *Morton* wieder die Notwendigkeit schiedsgerichtlicher Übereinkommen befürworteten. Der Schatzkanzler gab die Erklärung ab, daß die Regierung beflissen sei, einen Vertrag mit den Vereinigten Staaten zum Abschluß zu bringen.[59] Im *amerikanischen Senat* legte *Senator Sherman* im April 1895 die bereits 1888 von *Allison* eingebrachte Bill, worin die Regierung aufgefordert wurde, einen Betrag von 80.000 Dollar zur Deckung der Reisekosten solcher Agenten zu bewilligen, die beauftragt wären, in Europa Unterhandlungen wegen eines internationalen Tribunals anzuknüpfen, nochmals vor. Beim *Lordmajorsbankett* im November 1894 hielt der inzwischen zum Premier ernannte *Lord Rosebery* eine Rede zugunsten des internationalen Friedens, und am 29. Dezember 1894 schiffte sich *Randal von Cremer* abermals nach Washington ein, um sich dort mit dem Senatsausschuß für auswärtige Angelegenheiten ins Einvernehmen zu setzen und über die Bereitwilligkeit der Londoner Regierung zum Abschluß eines Schiedsvertrages zu berichten. Am 18. Januar 1895 überreichte er dem Präsidenten *Cleveland* im Weißen Hause eine von 354 Mitgliedern des englischen Unterhauses unterzeichnete Resolution, worin diese den Wunsch ausdrückten, daß der Kongreß der Vereinigten Staaten die großbritannische Regierung zur Herstellung des ersehnten Schiedsvertrages einladen möge. Einige Tage zuvor, am 15. Januar 1895, wird die bereits 1888 und 1890 angenommene Resolution, wonach der Präsident der Vereinigten Staaten an die fremden Staaten zwecks Errichtung eines internationalen Schiedsgerichts herantreten soll, durch einen Antrag *Shermans* im *amerikanischen Senat* noch einmal erneuert. Als nun zu Anfang des Jahres 1896 die *Venezuelawirren* eine Kriegsgefahr zwischen der Union und England nahe brachten, erhob sich in beiden Ländern ein wahrer Sturm zugunsten eines endlichen Abschlusses des ständigen Schiedsvertrages. Lord Rosebery spricht bei Eröffnung des Parlamentes am 11. Februar 1896 die Hoffnung aus, daß der Venezuelastreit den Anlaß bieten werde, diesen Vertrag zustande zu bringen. *Gladstone*, der *Bischof von*

---

[59] Siehe darüber den Artikel von Bertha VON SUTTNER, „Zeitgeschichtliches zur Friedensbewegung". In der „Gegenwart" 1895 Nr. 18.

Durham und *Spencer*, wie verschiedene andere hervorragende Engländer, sprachen sich zu dessen Gunsten aus. Am 3. März fand in Queenshall in London eine große Friedensversammlung unter *Sir Stanfelds* Vorsitz statt, die eine den Schiedsvertrag fordernde Resolution faßte, die Lord Salisbury unterbreitet wurde. *Dieser gab hierauf die offizielle Erklärung ab, daß die Verhandlungen zwischen den beiden Regierungen nunmehr in Angriff genommen würden.* Am 22. und 23. April desselben Jahres fand in *Washington* eine nationale Schiedsgerichtskonferenz zur Förderung jenes Abkommens statt, der 46 Vertreter der Unionsstaaten, zahlreiche Kirchenfürsten, Senatoren, Professoren, Richter usw., beiwohnten. Die Versammlung stand unter dem Vorsitz *John W. Fosters* und Exsenator *Edmunds.* Dem Präsidenten *Cleveland* wurde eine Resolution überreicht, und die Einsetzung eines fünfundzwanziggliederigen Komitees zur weiteren Ausführung der Konferenzbeschlüsse wurde bewirkt. Die Anwaltskammer des Staates Neuyork überreichte dem Präsidenten zur gleichen Zeit eine Denkschrift, worin sie vorschlägt, daß der Präsident an zahlreiche fremde Staaten die Aufforderung zur Errichtung eines internationalen Tribunals richten solle. Im Juni 1896 unterbreitet Cremer dem englischen Premier, Lord *Salisbury,* eine Denkschrift zugunsten des Vertrages, die von 5359 Funktionären der Trade-Unions unterzeichnet war. Die interparlamentarischen Konferenzen von Haag (1894), Brüssel (1895) und Budapest (1896) (siehe unten) ließen es an Zustimmung und Aufmunterung nicht fehlen. Am 10. November 1896 kam es in Washington zu einem Schiedsabkommen zwischen England und den Vereinigten Staaten die Venezuelafrage betreffend, in dem eine Übereinkunft enthalten war, wonach künftig auch alle anderen Streitigkeiten zwischen den beiden Nationen durch Schiedsgerichte entschieden werden sollten, und am *11. Januar 1897 wurde endlich in Washington durch den amerikanischen Staatssekretär Olney und den englischen Gesandten Sir Julian Pauncefote der ständige englisch-amerikanische Schiedsvertrag, der in 15 Artikeln abgefaßt war, unterzeichnet.* In dem Vertrage verpflichteten sich die hohen vertragschließenden Parteien, alle zwischen ihnen auftauchenden Differenzen, die auf diplomatischem Wege nicht zu schlichten sind, einem Schiedsgericht zu unterbreiten. In dem Begleitschreiben an den Senat, dem jener Vertrag noch am selben Tage übermittelt wurde, erwähnte Präsident Cleveland, daß das Abkommen *„eine neue Epoche der*

Kultur" bezeichne. Dennoch kam es nicht zur Ratifizierung des Vertrages, da ihn der Senat – wie behauptet wird, um dem Präsidenten Cleveland am Ende seiner Regierungsperiode keine so vorteilhafte Chance zu seiner Wiederwahl zu geben – am 5. Mai mit einer Mehrheit von drei Stimmen, die zu der für solche Verträge erforderlichen Zweidrittelmehrheit fehlten, ablehnte (siehe oben TEIL I, S. 175 und 159). Daß das Projekt damit noch nicht verloren ging, wird aus den Ausführungen über die Friedensbewegung der letzten fünf Jahre deutlich hervorgehen.[60]

Deutschland

Im deutschen Reichstag interpellierte der Abgeordnete *Dr. Barth* den Staatssekretär der Auswärtigen Angelegenheiten am 28. Februar 1893 darüber, ob sich die Regierung den Bestrebungen Englands und der Vereinigten Staaten, internationale Streitigkeiten durch Schiedsgerichte zu lösen, anschließen wolle. Der Staatssekretär *v. Marschall* gab die Bereitwilligkeit der Regierung unumwunden zu, erklärte jedoch, daß sich an die diesbezüglichen Mitteilungen der Vereinigten Staaten kein Antrag geknüpft hätte. Er wies darauf hin, daß die Reichsregierung schon mehrfach bereit gewesen sei, sich einem Schiedsgericht zu unterwerfen und dies auch ferner tun werde. Abgeordneter *Baumbach* wünschte, daß es mit der Zeit zu einem völkerrechtlichen Grundsatz werden möge, vor einem Kriege schiedsgerichtliche Verhandlungen anzubahnen. Zur selben Zeit wies anläßlich der Militärdebatte der Führer des Zentrums, *Lieber*, im Hinblick auf den Friedenswert des Dreibundes darauf hin, daß danach gestrebt werden müsse, den Weltfrieden auf noch breitere internationale Grundlagen zu stellen. „Es würde eine schöne und große Aufgabe des neuen Kurses sein, eine Aufgabe, deren Lösung ihn weit über alle früheren Triumphe höbe, wenn er von dem Bismarckschen Gewaltboden auf einen neuen europäischen Rechtsboden überzutreten und zu ganz Europa überzuführen die Weisheit und die Kraft hätte." Auch in den *bayrischen Kammern* vertrat das Zentrum eine schiedsfreundliche Anschauung. So trat im Januar

---

[60] Im Laufe des Jahres 1897 hatte Cremer noch eine dritte Reise nach den Vereinigten Staaten unternommen.

1894 der Abgeordnete *Daller* mit dem Antrag vor, die Kammer möge die Reichsregierung ersuchen, Schritte zur Errichtung eines internationalen Schiedsgerichts zu tun. Die Anregung wurde von dem Sozialisten *Vollmar* und dem Bauernbündler *Ratz* aufs wärmste unterstützt. – Am 11. Dezember 1895 nahm in der *ersten bayrischen Kammer der Reichsfürst Löwenstein-Wertheim-Rosenstein* Bezug auf jene Verhandlungen in der zweiten Kammer und trat in einer gehaltvollen Rede für die Schiedsgerichtsbarkeit und die Errichtung eines internationalen Tribunals als den „Abschluß und die Krönung einer der Vernunft, der Humanität und dem christlichen Gedanken entsprechenden Rechtsordnung" ein. Am 27. Oktober 1897 brach wieder in der zweiten Kammer der Abgeordnete *Lerno*, ebenfalls ein Zentrumsmann, unter Bezugnahme auf die Löwensteinsche Rede, eine Lanze für die Schiedsgerichtsbarkeit, zitierte dabei das Programm der deutschen Friedensgesellschaft wie die Verhandlungen des kurz vorher stattgehabten Hamburger Friedenskongresses und nannte den von den Friedensgesellschaften verfolgten Zweck ein erstrebenswertes Ziel.

Nicht direkt mit der Schiedsbewegung im Zusammenhang stehen zwei Verhandlungen in der *badischen Kammer* und im *preußischen Abgeordnetenhause*, die sich jedoch auch auf die Friedensidee beziehen und direkt durch die Gruppen der deutschen Friedensgesellschaft hervorgerufen wurden. Die badische zweite Kammer beschloß Anfang 1898, die von 2000 Mitgliedern unterzeichnete Petition der badischen Friedensgesellschaften *wegen Reform des Schulunterrichts, dahingehend, daß aus den Lese- und Geschichtsbüchern in Zukunft alles chauvinistische Beiwerk ausgemerzt, den Kriegen weniger Spielraum, hingegen den Kulturstaaten mehr Platz angewiesen werde,* nach dreitägiger, ziemlich erregter Debatte mit 29 gegen 28 Stimmen der Regierung als Material zu überweisen. Eine dieselbe Anregung unterbreitende Petition der preußischen Friedensgesellschaften stand im preußischen Abgeordnetenhause am 23. März 1899 zur Verhandlung und wurde vom Abgeordneten *Dr. Max Hirsch* im Plenum warm vertreten. Der Antrag, sie der Staatsregierung als Material zu unterbreiten, wurde jedoch abgelehnt.

Wiederholt wurde der Schiedsgedanke in den parlamentarischen Körperschaften Österreichs – im Reichsrate wie in den österreichischen Delegationen – zur Erörterung gebracht. Am 15. März 1892 befragte der Abgeordnete *Peez,* Mitglied der damals eben begründeten österreichischen Gruppe der interparlamentarischen Union, im *Reichsrat* den Handelsminister aus Anlaß der Beratungen eines Handelsvertrages mit Serbien, warum die Schiedsklausel in diesem nicht enthalten sei, nachdem diese Klausel schon am 22. Januar 1892 für die Handelsverträge grundsätzlich festgesetzt war. Der Fragesteller benutzte den Anlaß, ein allgemeines Bild über die Fortschritte der Friedens- und Schiedsgerichtsidee zu geben. Der Handelsminister zeigte sich der Idee im allgemeinen sympathisch, hielt aber die Initiative der Monarchie infolge ihrer dualistischen Regierungsform für etwas schwierig. Gelegentlich der im Jahre 1894 in *Budapest* tagenden Delegationen wies der ehemalige österreichische Minister des Auswärtigen, Graf *Kalnoky,* am 18. September den Friedenskongressen, denen er sich sympathisch gegenüberstellte, die Aufgabe zu, die Tagespresse, „die oft auf ganz unbedeutende Vorfälle eine sensationelle Alarmierung der öffentlichen Meinung begründet", im günstigen Sinne zu beeinflussen, worauf ihm Baron *Pierre v. Pirquet* (1838 – 1906), der langjährige Präsident und Wortführer der österreichischen interparlamentarischen Gruppe, unter Hinweis auf die eben stattgehabte interparlamentarische Konferenz im Haag erwidern konnte, daß diese einen in diesem Sinne gehaltenen Aufruf an die Presse zur Versendung brachte (siehe darüber unten). – In der Sitzung der österreichischen Delegationen vom 22. Juni 1895 bezog sich der Abgeordnete *Kaftan* auf den pan-amerikanischen Kongreß und auf Gladstones Anregung im englischen Parlament wie auf die vorhergegangenen Friedenskongresse und Konferenzen und die bereits erzielten Erfolge der Schiedsgerichtsbarkeit, darin die Aussicht auf internationale Verständigung erblickend. Abgeordneter *Kronawetter* schloß sich den Ausführungen Kaftans an, schilderte den Fortschritt der Friedens- und Schiedsgerichtsidee in den verschiedenen Ländern und drückte den Wunsch aus, daß auch in Österreich dieser Idee Sympathien erwachsen möchten.

Am 16. November 1895 regte der Abgeordnete *Pater Scheicher* im österreichischen Reichsrat unter Hinweis auf die weiter unten angeführte Stellungnahme des Papstes zu den gegenwärtigen Rüstungslasten zum zweitenmal (das erstemal schon Ende 1894) die Einsetzung eines internationalen Schiedsgerichts mit dem Papst an der Spitze an. Der Antrag wurde abgelehnt, nachdem noch vorher der Abgeordnete *Kronawetter* den Versuch gemacht hatte, die Annahme unter Weglassung der Worte „mit dem Papst an der Spitze" durchzusetzen.

In der Sitzung der österreichischen Delegationen vom Juni 1896 stellte der Abgeordnete Kramarž im Namen der österreichischen interparlamentarischen Gruppe an den Minister des Äußern, Grafen *Goluchowski,* die Anfrage, wie er sich zu den Friedensbestrebungen der europäischen Parlamente stelle, und trat dabei mit Nachdruck für den Abschluß obligatorischer Schiedsverträge ein. Der Minister erklärte, daß er diesen Bestrebungen durchaus sympathisch gegenüberstehe, die Zeit für die obligatorische Einführung von Schiedsgerichten jedoch noch nicht für gekommen erachte, und sich daher von einer dahingehenden Aktion *vorläufig keinen Erfolg* verspreche. – Am 12. Oktober desselben Jahres tritt der Abgeordnete Dr. *Brzorad* im österreichischen Reichsrat mit dem Antrag hervor, die Regierung aufzufordern, über die Frage der Völkerschiedsgerichte in geeigneter Weise mit den Mächten in Verhandlung zu treten. Eine darauf hinzielende Resolution wurde dem Wehrausschuß „zur näheren Erwägung" überwiesen. – Mehr Erfolg hatte am 3. Dezember desselben Jahres der Abgeordnete *Pierre von Pirquet,* der anläßlich der Meeraugenfrage – eine einen Gebietsstreit zwischen Österreich und Ungarn betreffende Frage, die einem Schiedsgericht zur Regelung unterbreitet werden sollte – das Prinzip der Schiedsgerichtsbarkeit im allgemeinen verteidigte, auf deren bisherige Erfolge hinwies und zwei Resolutionen einbrachte, deren erste die Regierung aufforderte, beim Eingehen von Handelsverträgen die Schiedsklausel anzuwenden, während die zweite die Regierung ersuchte, in ernste Erwägung zu ziehen, ob mit den anderen Staaten Europas Vereinbarungen zu treffen seien, um im Falle internationaler Streitigkeiten für bestimmte Fälle die Lösung des Streitfalles durch ein Schiedsgericht anzubahnen. Diese Resolutionen wurden mit allen gegen drei Stimmen angenommen.

Die Anregung, die *Gladstone* am 16. Juni 1893 im englischen Unterhaus gegeben, erweckte auch in anderen Parlamenten Widerhall. In der *italienischen Kammer* brachte der *Marchese Pandolfi* (1839-1909), nachdem er dort bereits am 19. Mai 1893 die Unhaltbarkeit der gegenwärtigen Rüstungspolitik auseinandergesetzt und die Forderungen der internationalen Friedensbewegung genau formuliert hatte, die Anregung Gladstones am 3. Mai 1894 zur Sprache. Er beantragte eine Tagesordnung, wonach die Kammer jenen Erklärungen Gladstones ihren Beifall zollte und ihr Vertrauen in die Aktion der italienischen Regierung zum Ausdruck brachte, auf daß die Einigung der europäischen Nationen bald zur Tatsache werde, um ein Reich der Gerechtigkeit und des Friedens zu sichern.

Frankreich

In der *französischen Kammer* wurde am 8. Juli 1895 vom Deputierten *Barodet* ein von ihm, *Trarieux* und *Emile Arnaud* ausgearbeiteter Antrag eingebracht, die Regierung aufzufordern, der Einladung der Vereinigten Staaten Folge zu leisten und Verhandlungen wegen Anbahnung eines Schiedsvertrages einzuleiten.

Belgien

In der *belgischen Kammer* interpellierte der Deputierte *de Brockeville* in der Sitzung vom 4. März 1897 unter Hinweis auf die Verhandlungen, die zwischen England, Frankreich und der Schweiz auf der einen und den Vereinigten Staaten auf der anderen Seite schweben, den Minister der Auswärtigen Angelegenheiten über die Einsetzung eines ständigen Schiedshofes. Minister *Faverau* bekannte sich selbst als einen Anhänger der Schiedsgerichtsidee und als ein Mitglied der Friedensgesellschaft, glaubte jedoch, daß die Organisation eines ständigen Schiedshofes *jetzt noch zu große Schwierigkeiten bieten würde*. In der darauffolgenden Sitzung gelangte eine Resolution zur Annahme, worin die Regierung aufgefordert wurde, Schiedsverträge abzuschließen und ein ständiges Schiedsgericht zu organisieren.

Am 16. Juni 1897 votierte das *norwegische Storthing*, nachdem der am 5. März 1890 unternommene gleiche Schritt ohne Erfolg geblieben, einstimmig eine neue Petition an den König, worin dieser abermals aufgefordert wurde, die Initiative zur Herstellung von Schiedsverträgen mit anderen Staaten zu ergreifen. Diesmal antwortete der König *zustimmend* und bezeichnete die Schiedsgerichtsbarkeit als einen *Triumph der Zivilisation.*

4. Der Haager Konferenz zu

Verschiedene Kundgebungen

Die schiedsfreundliche Bewegung und das ernste Streben nach greifbaren internationalen Maßnahmen und Einrichtungen, die eine Abwälzung der Rüstungslasten, eine Sicherung des Weltfriedens durch engeren Zusammenschluß der zivilisierten Völker ermöglichen sollten, trat in jener Periode nicht nur in den Parlamenten hervor, sondern auch in hervorragenden Äußerungen des Oberhauptes der katholischen Kirche wie in einigen markanten Aussprüchen europäischer Staatsmänner. Die Äußerungen europäischer Staatsoberhäupter blieben in den altgewohnten Geleisen und bezogen sich durchwegs nur auf die „Erhaltung" des Friedens durch Rüstungen.

Der Papst

Papst Leo XIII. hatte bereits in seiner Weihnachtsansprache des Jahres 1893 den Wunsch zum Ausdruck gebracht, daß eine internationale Abrüstungskonferenz zusammentreten möchte. In einer im Juni 1894 erlassenen Enzyklika heißt es: „Ein vorzügliches, namentlich in unserer Zeit wünschenswertes Mittel wäre sodann die Herstellung der Einheit zur Abwendung der grausigen Kriegsgefahr. *Schon durch viele Jahre lebt man mehr dem Scheine als der Wirklichkeit nach im Frieden. Der bewaffnete Friede, wie er jetzt besteht, ist fast schon unerträglich geworden. Und das sollte der naturgemäße Zustand des sozialen Zusammenlebens der Menschen sein?"* Die Brüsseler Interparlamentarische Konferenz des Jahres 1895 hatte die volle Aufmerksamkeit des Papstes erregt, der sich einem Korrespondenten der „Nowoja Wremja" gegenüber abfällig über den bewaffneten Frieden äußerte und Behandlung der internationalen Fragen durch freie Beratung der Herrscher und des Papstes forderte. Die Schiedsbewegung, die anfangs 1896, infolge des Venezuelarummels in England, einen großartigen Umfang annahm, gab dem Papst ebenfalls Veranlassung, in einem durch *Kardinal Rampolla* an den Herausgeber des „Daily Chronicle" gerichteten Schreiben seine Zufriedenheit über den Eifer auszudrücken, den jener Journalist für die Schaffung eines ständigen Schiedshofes entwickelte. Noch mehr traten die Sympathien des Papstes für die Ideen des Rechtes in den Beziehungen der Völker in einem Schreiben zutage, das der *Kardinal Rampolla* Ende 1896 als Antwort auf den vom Budapester Friedenskongreß beschlossenen Appell an das Oberhaupt der katholischen Kirche, im Auftrage des Papstes an den General *Türr*, Präsidenten jenes Friedenskongresses, gerichtet hatte. Es wird darin zum Ausdruck gebracht, das Se. Heiligkeit in dem Vorsatze, auch in Zukunft seine Fürsorge und Aufmerksamkeit dem Werke der Zivilisation und der Eintracht unter den Völkern zu widmen, durch die Überzeugung bestärkt wird, „die immer mehr und mehr das Bewußtsein der Menschen durchdringt, daß die Erfüllung aller Pflichten und die Hochhaltung aller Rechte die Grundlagen sind, auf welchen die Beziehungen gesitteter Völker beruhen, daß dem Gesetze der Gewalt das Gesetz der Vernunft folgen wird, und daß eine neue Ära wahrhafter Zivilisation der menschlichen Familie die Erfüllung ihrer höchsten Bestimmung erleichtern wird".

Caprivi, Goluchowsky, Salisbury und Goßler

Von nicht minder großer Bedeutung und als Zeichen der Zeit aufzufassen sind die Äußerungen dreier großer Staatsmänner jener Periode, des deutschen Reichskanzlers *Caprivi*, des österreichisch-ungarischen Ministers des Auswärtigen *Goluchowsky*, des englischen Premiers *Salisbury* sowie eine Äußerung des preußischen Generals *Goßler*, nachmaligen preußischen Kriegsministers. Wenn der deutsche Reichskanzler *Caprivi* in seiner berühmten Danziger Rede vom Februar 1894 davon sprach, *„daß das kommende Jahrhundert den Zu-*

sammenschluß der europäischen Völker fordern könnte", wenn er erklärte, „wir wollen nur Kulturaufgaben lösen, das friedliche Zusammenleben der Völker erleichtern, die europäischen Kräfte zusammenschließen für eine spätere Zeit, wo es einmal notwendig sein sollte, im Interesse einer großen gemeinsamen Wirtschaftspolitik einen großen Komplex von Staaten gemeinsam zu erfassen"; wenn der *General v. Goßler* im „Militärwochenblatt" – März 1894 – einen Artikel veröffentlichen konnte, worin er, der aktive General, den Gedanken, „eine friedliche Vereinbarung zwischen den Staaten behufs Vermeidung eines Krieges auf eine Reihe von Jahren zu treffen", vorschlug; wenn einige Jahre später der österreichische Minister *Graf Goluchowsky*, in den Sitzungen der Delegationen am 20. November 1897, einen *„Wendepunkt im Entwicklungsprozeß Europas"* für gekommen erachtete, wenn er die Völker Europas anrief, *„sich Schulter an Schulter zu vereinigen gegen eine gemeinsame wirtschaftliche Gefahr"*, und die Forderung aufstellte, *„daß sich im 20. Jahrhundert die europäischen Völker zusammenfinden müssen in der Verteidigung ihrer Existenzbedingungen"*; wenn ferner der englische Premier *Lord Salisbury*, am Lordmajorsbankett im November desselben Jahres, „die *Föderation Europas*, die zwar noch im Embryo liege, als das einzige Mittel" proklamierte, *„das die Zivilisation vor den Verwüstungen des Krieges bewahren kann, und die einzige Hoffnung, den europäischen Wettlauf nach gegenseitiger Zerstörung zu hemmen, in einem allmählichen freundlichen Zusammenhandeln der Mächte"* erblickte; so waren dies Zeichen, die darauf schließen ließen, *daß in der gesamten politischen Welt jener Periode eine Veränderung der geistigen Struktur bereits vor sich zu gehen begonnen hatte.*

5. Die Friedenskongresse von 1893–1897

Die Interparlamentarischen Konferenzen

Die interparlamentarischen Konferenzen und Weltfriedenskongresse haben in dem Zeitraume, dessen pazifistische Entwicklung hier geschildert wird, diese unterstützt und planmäßig jenem großen Fortschritt vorgearbeitet, der durch die Haager Konferenz wenige Jahre später erreicht wurde. Schon auf ihrer römischen Tagung hat die interparlamentarische Konferenz das Verlangen gestellt, die Organisation eines Schiedshofes auf die Tagesordnung der Konferenz von 1892 zu stellen. Aber erst die V. Konferenz, die vom 4.–6. September 1894 unter dem Vorsitz des Senators *E. N. Rahusen* im Saale der ersten Kammer der Generalstaaten in Haag tagte, befaßte sich eingehend mit diesem wichtigen Punkte. *Philippe Stanhope* (jetzt Lord Weardale) erstattete einen Bericht über die Organisierung eines ständigen Schiedshofes. Er hielt es für angezeigt, daß die interparlamentarische Union die Initiative für jene Idee ergriff, deren Verwirklichung Gladstone in jener berühmten Unterhaussitzung vom 16. Juni 1893 so dringend herbeigesehnt hatte, und legte die Grundlinien eines derartigen Tribunals dar. Eine lebhafte Erörterung entspann sich, und vielfacher Widerspruch wurde laut. Einzelne Delegierte wandten ein, daß ein solcher Entwurf verfrüht sei, und der deutsche Reichstagsabgeordnete *Dr. Max Hirsch* erklärte sogar, daß die deutsche Reichsregierung „niemals den Vorschlag eines solchen Tribunals in Erwägung ziehen würde; man müsse vermeiden, den *Fluch der Lächerlichkeit* auf sich zu laden. Damals sprach *Fréd. Passy* sein prophetisches Wort: „Man soll niemals ‚niemals‘ sagen. Daß z. B. Parlamentarier aus allen Nationen zusammentreten, um über den Weltfrieden zu verhandeln, daß sie dies in dem Sitzungssaal der ersten Kammer eines monarchischen Staates tun werden …, wer hätte vor fünf Jahren auf die Frage, wann solches sich zutragen würde, nicht auch geantwortet: ‚*Niemals*‘!" Passy behielt recht. Er ahnte aber doch wohl nicht, daß seine prophetischen Worte so bald in Erfüllung gehen sollten, denn gerade fünf Jahre später tagte in derselben Stadt, in der jene Worte gesprochen wurden, die intergouvememementale Friedenskonferenz, auf der auch die deutsche Reichsregierung vertreten war, und aus deren Beratungen der ständige Schiedshof hervorging, dessen Organisation sich just auf jene Vorschläge stützt, die auf Beschluß der Haager interparlamentarischen Konferenz des Jahres 1894 ausgearbeitet wurden. Der Antrag Stanhope gelangte nämlich trotz des erhobenen Widerspruchs zur Annahme, und eine sechsgliederige Kommission wurde mit der Redaktion des Organisationsstatutes für einen ständigen Schiedshof beauftragt. Außerdem drückte die Haager interparlamentarische Konferenz den Wunsch aus, daß sich die Mächte über den Zusammentritt eines internationalen Kongresses ins Einvernehmen setzen

mögen, dessen Zweck es wäre, das Schiedsverfahren zu studieren.
Sie wandte sich durch einen von dem französischen Senator *Trarieux*
(1840–1904), nachmaligen Justizminister, verfaßten hochwichtigen
Appell an die Presse aller Länder, um diese für die Mitarbeit an dem
Werke der Union zu gewinnen.[61] Der Konferenz von 1895, die vom
13.–15. August jenes Jahres unter dem Vorsitz des Senators Chevalier *Descamps* im Sitzungssaal des belgischen Senats zu Brüssel tagte,
lag der von der beauftragten Kommission in 14 Artikeln ausgearbei-
tete „Entwurf für die Errichtung eines ständigen Schiedshofes" fer-
tig vor. Er wurde von dem belgischen Senator *Houzeau de Lehaie* der
Konferenz empfohlen und von dieser mit der an ihren Präsidenten
gerichteten Aufforderung angenommen, den Entwurf der wohlwol-
lenden Prüfung der Mächte zu unterbreiten, „die ihn zum Gegenstand einer diplomatischen Konferenz oder von Sonderabkommen
machen könnten". Chevalier Descamps entledigte sich seines Auf-
trages, indem er dem Entwurf eine ausgezeichnete „Denkschrift an
die Mächte"[62] beifügte, in der das Wesen der Schiedsgerichtsbarkeit
und ihre Entwicklung in überzeugender Weise dargelegt wurden.
Im darauffolgenden Jahre versammelte sich die Interparlamentarische Union aus Anlaß der ungarischen Milleniumsfeier in *Budapest*.
Unter dem Vorsitz des Präsidenten der Deputiertenkammer *Dezidèr
Szilàgyi* fanden vom 23. bis 26. September 1896 die Beratungen im
Sitzungssaale des Magnatenhauses statt. Unter anderen Beschlüssen
beauftragte sie in einer von *Randal Cremer* vorgebrachten Resolution
ihr Bureau, „sich mit *einigen europäischen Regierungen* in Verbindung
zu setzen, zu dem Zwecke, einige davon zu veranlassen, den von
der Brüsseler Konferenz angenommenen Entwurf zur Einrichtung
eines ständigen internationalen Schiedshofes *anzunehmen*". *Cremer*
ging dabei von der Ansicht aus, daß, wenn zwei oder drei kleinere
Staaten einmal einen Anfang machen würden, die andern allmählich nachfolgen würden. Durch ein Vorkommnis, das eigentlich außerhalb der eigentlichen Konferenzarbeiten lag, wurde die Budapester Tagung von großer Bedeutung für die Entwicklung der Friedensidee. Den Beratungen wohnte auf der Galerie der russische General-

---

[61] Siehe oben S. 119 die Erwiderung *v. Pirquets* auf den Appell des österreichischen Ministers des Auswärtigen *Kalnoky*.

[62] Erschien in deutscher Übersetzung von FRIED. München (1897).

konsul für Budapest, Herr v. *Basili*, bei, der über die Beratungen an das Ministerium des Äußeren einen Bericht sandte. Dieser Bericht fand in Petersburg wenig Beachtung. Als aber Graf *Murawieff* das Ministerium des Auswärtigen übernahm und *Basili* zum Chef der asiatischen Sektion berufen wurde, hatte dieser Gelegenheit, anläßlich einer Erörterung über die Rüstungskosten, die namentlich von der Lord-Majors-Rede Lord *Salisburys* vom 9. November 1897 (siehe auch oben I. TEIL, S. 204) ihren Ausgang nahm, auf die Arbeiten der interparlamentarischen Union und auf seinen Bericht von 1896 hinzuweisen. Graf *Lamsdorff* soll ihn dem Kaiser übergeben haben, der ihn mit Enthusiasmus aufnahm. Kurze Zeit darauf erschien das „Zarenmanifest"[63]. Auf ihrer Brüsseler Tagung im Jahre 1897, die unter dem Vorsitz des Staatsminister *Beernaert* vom 9.–12. August wieder im Senatspalast stattfand, wiederholte die Union die oben erwähnte Resolution noch etwas dringlicher. Sie erklärte ferner, daß es von höchster Wichtigkeit sei, daß sich mehrere Regierungen über die Abschließung eines allgemeinen Schiedsvertrages verständigen, und beglückwünschte jene Staaten (England und Frankreich), die die Absicht zeigen, diesen Weg zu beschreiten.

Die Weltfriedenskongresse

Die *Weltfriedenskongresse* haben in diesem Zeitraum bis zum Zusammentritt der Haager Konferenz noch viermal getagt. Der fünfte dieser Kongresse fand anläßlich der großen Weltausstellung in den Tagen vom 14. bis zum 20. August 1893 in Chicago statt. Den Vorsitz führten *Josiah Quincy*, Assistant Secretary of State und Dr. *Benjamin Trueblood*, der hochverdiente Sekretär der „American Peace Society". Die Zahl der europäischen Teilnehmer war nicht groß; immerhin waren die meisten europäischen Staaten durch einige Abgesandte vertreten. Von den zahlreichen Resolutionen jener interessanten Versammlung, bei der der Hochstand der Friedensbewegung in Amerika durch die Anwesenheit mehrerer hoher Würdenträger des Staates und der Kirche zum Ausdruck kam, befand sich auch eine, die nach Anhörung eines Referates von Wm. *Allen Butler*

---

[63] Siehe darüber oben TEIL I, S. 204 und außerdem auch bei *Howard Evans* a. a. O. S. 178 u. f.

die Bildung eines Ausschusses für Errichtung eines internationalen
Schiedshofes forderte. Der *VI. Weltfriedenskongreß*, der im darauffolgenden Jahre, von *Henri Lafontaine* vorbereitet, unter dem Vorsitz
des Senators *Houzeau de Lehaie* in Antwerpen (29. August bis 1. September) zusammentrat, konnte bereits dem von jenem Ausschuß
vorgelegten Entwurf seine Zustimmung geben und dessen gele-
gentliche Übermittlung an die Regierungen beschließen. Auf dem
Gebiete der Schiedsgerichtsbarkeit und der Herstellung eines
Schiedskodexes hat der Antwerpener Kongreß hervorragende Arbeiten zur Kenntnis nehmen und seiner ständigen internationalen
Rechtskommission weitere völkerrechtliche Aufgaben zur Bearbei-
tung zuweisen können. Verschiedene wichtige Beschlüsse grund-
sätzlicher Natur, sowie im Bereiche der Propaganda und des Erziehungswesens liegend, gelangten zur Annahme.

Im Jahre 1896 versammelte sich der *Weltfriedenskongreß* zum siebenten Male, und zwar vom 17. bis 21. September in *Budapest* unter
dem Vorsitz des Generals *Stefan Türr*, des alten ungarischen Frei-
heitskämpfers und des Kriegs- und Friedensgenossen Garibaldis.
Der Kongreß, der von der im Jahre vorher begründeten ungarischen
Friedensgesellschaft vorbereitet war, nahm in entschiedener Weise
Stellung zugunsten aller Fragen des internationalen Rechts, namentlich der Schiedsgerichtsbarkeit und der Errichtung eines ständigen
Schiedshofes, wobei er dem von der interparlamentarischen Union
im Jahre vorher ausgearbeiteten Entwurf seine Zustimmung gab. Er
erließ ferner einen warmen Aufruf an alle Staatsmänner, Publizisten
und Parteichefs, worin er diese verpflichtete, die Mittel zur friedlichen Beilegung der damals gerade sehr akut gewordenen Orient-
frage zu suchen; er gab dem internationalen Friedensbureau Voll-
macht, in dringenden Fällen die zur friedlichen Beilegung drohen-
der Konflikte notwendigen Schritte zu unternehmen, und sprach
den Wunsch aus, daß die Staaten wirksame Maßnahmen zur Unterdrückung der Sklaverei wie zur Beseitigung des Waffen- und
Branntweinverkaufes an die afrikanischen Völkerschaften träfen; er
beschwor die gesetzgebenden Körperschaften, sich jeder Vermehrung der Rüstungen zu widersetzen, forderte die Revision der
Schullesebücher und der Geschichtslehrbücher im friedlichen Sinne,
verurteilte das Duell, regelte die Vertretung der Friedensgesellschaften auf den Kongressen und beschloß schließlich die Absen-

dung von Spezialadressen an die Häupter der Religionsgenossenschaften und der freimaurerischen Behörden, um deren Einfluß zugunsten der Friedensidee und der Eintracht zwischen den Völkern zu erbitten.

Der nächste – achte – Weltfriedenskongreß fand – seit 1850 zum erstenmal wieder – auf deutschem Boden statt. Er tagte unter Dr. *Adolf Richters* Leitung vom 12. bis 16. August 1897 in *Hamburg*. Der Kongreß beauftragte das internationale Friedensbureau, den vom Antwerpener Kongreß im Jahre 1894 angenommenen internationalen Schiedskodex ebenso wie die von den Kongressen zu Rom und Budapest akzeptierten Grundsätze des internationalen öffentlichen Rechts zur Kenntnis der Regierungen zu bringen; er empfahl den Abschluß von ständigen Schiedsverträgen sowie die Einführung einer Schiedsklausel in die Allianzverträge wie in die Verfassungen der zivilisierten Staaten; er betonte abermals die Verwerflichkeit des Zweikampfes, sprach sich für die Einrichtung eines internationalen Versöhnungsrates aus, beschloß die Beteiligung der Friedensgesellschaften an der Weltausstellung von 1900 und befürwortete eine Anzahl anderer Maßnahmen im Sinne einer wirksamen Propaganda in der Presse und in der Schule.

Verschiedene Kongresse

Außer den Weltfriedenskongressen und interparlamentarischen Konferenzen jener Zeitabschnitte seien noch einige andere Kongresse erwähnt, deren pazifistischer Einfluß nicht ohne Bedeutung war. So der italienische Friedenskongreß zu *Perugia*, der am 13. September 1895 zusammentrat, wobei in erster Linie eine italienisch-französische Versöhnung propagiert wurde. Die Friedensfreunde beider Länder, unter ihnen die hervorragendsten Geister Italiens und Frankreichs, unterstützten diesen Kongreß durch ihre Zustimmung. Der Bericht darüber schließt mit den prophetischen Worten: „Die Skeptiker werden sagen, die internationale Kundgebung von Perugia wird – wie der Nebel – das Wetter zurücklassen, das sie gefunden. Wir sind nicht dieser Meinung. Wir glauben hingegen, daß sie ein Ereignis ist, welches einen gewissen Einfluß auf unsere internationalen Beziehungen zurücklassen wird." Wie die Zeit lehrte, sollten jene Worte recht behalten. Der dritte nordische Friedenskongreß, der vom 3.–5. August 1895 in Stockholm unter dem Vorsitz des schwedischen Abgeordneten *Wawrinsky* stattfand (der erste nordische Friedenskongreß tagte 1885 in Gothenburg, der zweite 1890 in Kopenhagen), befaßte sich mit der Forderung der Neutralitätserklärung der drei skandinavischen Reiche, der Reform des Geschichtsunterrichtes und dem Ersatz des Krieges durch internationale Schiedsgerichte. Der im April 1896 zu Paris tagende *erste internationale Frauenkongreß* widmete der Friedensfrage einen ganzen Tag seiner Beratungen.

Nobels Testament

Als wichtiges Ereignis ist noch das im April 1897 bekannt gewordene *Testament* des am 10. Dezember 1896 verstorbenen Dynamiterfinders Alfred Nobel zu verzeichnen. Die Zinsen des fünften Teiles seines zirka 35 Millionen schwedische Kronen betragenden Vermögens sollen nach den Testamentsbestimmungen alljährlich demjenigen zugute kommen, der am meisten und besten für die Friedenssache gewirkt hat. Die Veröffentlichung dieses Testamentes, das das Wirken für die Friedenssache gleichstellte den anderen hervorragenden Betätigungen zum Wohle der Menschheit, dem Wirken auf dem Gebiete der Medizin, Physik, Chemie wie der Literatur hob das Ansehen der Bewegung in außerordentlicher Weise.

Der spanisch-amerikanische Krieg

Trotz des lebhaften Eintretens beider Welten für eine Ausgestaltung des Rechtsgedankens im Völkerverkehr mußten die Friedensfreunde sehen, daß gerade in jenem Lande, auf das sie die meisten Hoffnungen gesetzt, von dem fast alle pazifistischen Anregungen nach Europa herüberkamen, der Geist der Gewalt in seiner neuen Gestalt des Imperialismus, wenigstens für eine Zeitlang, die Oberhand bekam und die große transatlantische Republik zu einem verwerflichen Eroberungskriege führte. Entmutigt wurden die Friedensfreunde dadurch nicht. Wußten sie doch, daß ihr Werk nicht mit einem Schlage gelingen könne, und fanden sie doch den vollen Trost und reiche Zuversicht in dem Umstand, daß das zeitweilige Aufflammen des alten Gewaltgeistes den Fortschritt der Friedensidee

nicht zu unterbrechen vermag. Vermochten die Kundgebungen der
Friedensfreunde in Europa und Amerika den spanisch-amerikanischen Krieg nicht mehr zu hindern, vermochten die Schritte des Berner Bureaus ein Einhalten des entfesselten Wahnsinns nicht mehr zu
ermöglichen[64], so trugen diese Kundgebungen dennoch dazu bei,
die Stimme des Rechts deutlich und laut in weitesten Kreisen ver-
nehmbar zu machen und immer neue Anhänger und Streiter um das
Banner des Rechtsfriedens und der Friedensorganisation der Kulturwelt zu sammeln, trotz jenes im höchsten Grade bedauerlichen
Krieges – bedauerlich in erster Linie, weil er von einer Macht geführt
wurde, die man zur Durchführung des Friedensgedankens schon
ziemlich reif erachtete – ging die Idee ihren Gang, ja folgten sogar
unmittelbar darauf jene Ereignisse, die als wichtige Errungenschaften des pazifistischen Kulturlebens, als wichtige Etappen auf dem
Wege zur Beseitigung des Krieges zu betrachten sind.

Blochs Werk

Als Vorläufer jener Ereignisse präsentierte sich wieder ein Buch –
wie so oft Bücher die Vorläufer großer geschichtlicher Wende-
punkte waren. Das bändereiche, monumentale Werk des russischen
Staatsrats *J. v. Bloch*, „Der Krieg" betitelt, erschien[65]. Um die Mitte
des Jahres 1898 hörte man zuerst von dem umfangreichen Werke
eines russischen Bankiers, das gegen den Krieg gerichtet sein sollte,
ohne daß es vorerst gelang, genaue Daten darüber zu vernehmen.
Das Buch war um jene Zeit erst in russischer Sprache erschienen.
Einige Bruchstücke davon waren schon vor Jahren in einer russischen Revue veröffentlicht worden, ohne die Aufmerksamkeit weiterer Kreise als der direkt beteiligten militärischen und vor allen

---

[64] Bekanntlich wurde der Ausbruch jenes Krieges dadurch beschleunigt, daß man
die Sprengung des amerikanischen Kriegsschiffes „Maine" im Hafen von Ha-
vanah als eine verbrecherische Tat von spanischer Seite bezeichnete. Wie die He-
bung des Wracks der „Maine" im Jahre 1911 unzweideutig ergeben hat, fand die
Explosion im Innern des Schiffes statt und war demnach die Folge eines Unfalls.
Hätte es damals schon die Einrichtung der internationalen Untersuchungskommissionen gegeben, so wäre es vielleicht gelungen, auch diesen Krieg zu verhindern.
[65] Siehe darüber auch oben TEIL I, S. 79 u. f.

Dingen die des damaligen Kronprinzen, des nachmaligen Kaisers Nikolaus II., zu erregen. Acht Jahre lang hatte *v. Bloch* an diesem Werke gearbeitet Die Ideen, die ihm dabei vorschwebten, sollten nach seinen eigenen Äußerungen der Aufklärung folgender Fragen dienen: „Wie wird sich ein Krieg zwischen europäischen Großmächten bei den heutigen Kriegsmitteln gestalten? Wird es möglich sein, mit den Millionenheeren einen Streit durch Krieg zum Austrag zu bringen, da die namhaftesten Fachleute, wie Feldmarschall von Moltke, General von der Goltz, General von Leer u. a., behaupten, daß er mindestens zwei Jahre dauern muß? Werden nicht schon früher auf beiden Seiten alle das Heer erhaltenden ökonomischen und finanziellen Kräfte vernichtet sein? Wird es möglich sein, Heerführer für eine Völkerschlacht zu finden, da diese nach dem Ausspruche von der Goltz' für die Militärs selbst eine Sphinx mit ungelöstem Rätsel ist? Werden die heutigen Millionenheere dahin zu bringen sein, die ganze Wirkung der neuen Waffen und der Schanzentaktik zu ertragen?" Die Prüfung all dieser Fragen brachte von Bloch dahin, zu erklären, daß der *Krieg zwischen den gleichgerüsteten Großmächten Europas* unter den zur Zeit seines Buches gegebenen Verhältnissen, die ja zum Teil von der Gegenwart überholt sind, ein Wagnis ohnegleichen wäre. In ausführlichen Darstellungen, die sich durchweg auf die Beobachtungen von Fachleuten stützen, legte er den erstaunten Regierungen dar, daß der Krieg, den sie mit Aufwand all ihrer Kräfte rüsteten, soweit gesunde Vernunft dabei in Betracht kommt, einfach nicht mehr durchführbar wäre. *Nicht der Friede, der Krieg selbst sei zur Utopie geworden.* Gegenüber diesem Ergebnis seiner Forschungen stellte er die Frage: „Warum erschöpfen die Völker mehr und mehr ihre Kraft in der Anhäufung solcher Zerstörungsmittel, warum verzehren sich die Völker in den Vorbereitungen zu einem Titanenkampf, der doch nur eine Chimäre bleibt? Warum sammelt die europäische Menschheit in ihrer Mitte einen Sprengstoff auf, dessen Wirkung furchtbar werden und die Gesellschaft selbst zerstören kann?"

Als das letzte Ergebnis seiner Studien erschien ihm die Überzeugung, *„daß ein gemeinschaftliches Übereinkommen sowohl behufs Vermeidung eines drohenden Krieges als auch behufs Einführung eines permanenten internationalen Schiedsgerichtes zur friedlichen Schlichtung von Streitigkeiten durchaus möglich wäre."* Der von Bloch ausgedrückte Gedanke, daß der Krieg wenigstens innerhalb der europäischen Kulturgemeinschaft fast zur Utopie geworden, daß er Vorteile nicht mehr zu zeitigen vermag, daß man deswegen zu einem anderen Mittel der Friedenssicherung greifen müsse, war durchaus nicht neu. *Neu war nur die ungeheure Wucht des Beweises*, die Bloch für diese von den Pazifisten wiederholt aufgestellte Behauptung führte. Er begnügte sich nicht, nur eine Seite des Krieges ins Auge zu fassen, er studierte die technische, die ökonomische, die soziale und ethische, ja sogar auch die psychologische Seite, und durch die hierbei gewonnenen Erfahrungen bot er zum erstenmal ein zusammenhängendes Bild der Wirkungen eines künftigen Krieges zwischen den Kulturmächten.

Die Wirkung des Blochschen Werkes konnte innerhalb des waffenstarrenden Europas, innerhalb jener Kulturkreise, die ihre ganze Existenz auf ein Mittel bauten, dessen Unanwendbarkeit ihnen hier erwiesen, dessen Wahnsinn ihnen klargelegt wurde, nicht ausbleiben. Die nächste greifbare Wirkung des Werkes, das erst im Jahre 1899 in deutscher, nachher in englischer, französischer und italienischer Sprache erschien, war die, daß es, wahrscheinlich durch Vermittlung des modern gesinnten Ministers *Witte*, gelang, den Zaren für Blochs Lehren zu gewinnen, der bereits durch *Basilis* Bericht (siehe oben S. 126 f) und durch *Bertha v. Suttners* Roman „Die Waffen nieder" den Frieden fordernden Ideen der Zeit zugänglich geworden war. In persönlichen Audienzen konnte Bloch dem russischen Selbstherrscher die Überzeugung von der Richtigkeit seiner Theorien beibringen. Damit wurde der Menschheit einer der größten Dienste geleistet, ein Dienst, der, mögen sich die Stimmen der Gegner noch so sehr bemerkbar machen, nicht mehr aus der Welt geschafft werden kann, ein Dienst, dessen Wirkungen anhalten werden, bis der Friedensgedanke die Welt vollends erobert haben wird.

Das Zarenmanifest

Am 31. Juli des Jahres 1898 starb Bismarck, der Vertreter der Blut- und Eisen-Politik. Am 12. August wurden die Feindseligkeiten im spanisch-amerikanischen Kriege eingestellt, am 18. August feierte im Haag das Institut für internationales Recht sein fünfundzwanzigjähriges Jubiläum, und *am 28. August desselben Jahres wurde die gesamte zivilisierte Welt durch jene Veröffentlichung im russischen „Regie-*

rungsboten" überrascht, die für alle Zeiten die Bezeichnung „Das Zarenmanifest" erhalten hat (siehe oben TEIL I, S. 201 u. f.).

Aktion der Pazifisten zugunsten des Zarenmanifestes

Aus dem traurigen Bilde der Verwirrung, das die Aufnahme jener Kundgebung (siehe oben TEIL I, S. 205) bot, ragte die Aktion der Friedensfreunde wie ein Trostzeichen hervor. Unbekümmert um jene Kapriolen der öffentlichen Meinung mobilisierte sie ihre Scharen. Da die für das Jahr 1898 zu *Lissabon* ins Auge gefaßt gewesene Abhaltung der interparlamentarischen Konferenz und des Weltfriedenskongresses wegen Schwierigkeiten, die sich dem örtlichen Komitee entgegengestellt hatten, nicht zustande kam, wurden von beiden Organisationen unter dem Eindrucke und in Hinblick auf die Wichtigkeit jenes großen Ereignisses außerordentliche internationale Versammlungen in aller Eile veranstaltet. Die nicht der interparlamentarischen Union angehörenden Pazifisten beriefen eine erweiterte Generalversammlung des internationalen Friedensbureaus nach *Turin* ein. Diese fand dort vom 26.–28. September 1898 im Palazzo Carignan unter dem Vorsitz von *Hyppolite Luzzati* statt. Das Zarenmanifest stand natürlich im Mittelpunkt der Erörterungen, und die Versammlung drückte in einer Resolution die Hoffnung aus, daß die Regierungen den Vorschlägen des Zaren aufrichtig entgegenkommen, und daß die künftige internationale Konferenz vom bestem Erfolge begleitet sein werde. Außerdem faßte sie verschiedene Beschlüsse, dahin gehend, das vom Zaren begonnene Werk durch kraftvolle Propaganda zu unterstützen. Außer diesen, auf das Zarenmanifest bezughabenden Resolutionen wurde eine Anzahl anderer wichtiger Beschlüsse gefaßt. Die *interparlamentarische Union* versammelte vom 29. September bis 1. Oktober 1898 unter dem Vorsitz *Houzeau de Lehaies* zu Brüssel ihr Bureau und sandte an den russischen Minister des Äußeren, Grafen Murawiew, eine Glückwunschadresse, worin zum Ausdruck gebracht wurde, daß sich niemand in höherem Grade berechtigt fühlt, der Initiative des Zaren Beifall zu zollen, als die Mitglieder dieser Union, die seit neun Jahren keine Gelegenheit vorübergehen ließen, um sich dem Studium der Mittel einer Verwirklichung jenes Ideals hinzugeben, das nach den Worten des Manifestes das Ziel aller Regierungen bildet Es wurde dabei zum Ausdruck gebracht, daß in dem Manifeste vom 24. August die Frage der Schiedsgerichtsbarkeit vermißt wurde. Man wird nicht fehl gehen, wenn man deren Einfügung in das im zweiten Rundschreiben des Grafen Murawiew enthaltene Programm[66] auf jene Bemerkung zurückführt. Ferner wurden die nationalen Gruppen der Union aufgefordert, alles, was in ihrer Macht gelegen ist, zu tun, zur Unterstützung des vom Zaren in Angriff genommenen Werkes.

In *England* setzte sich *William T. Stead* (1849–1912) an die Spitze einer Agitationsbewegung zugunsten der vom Zaren angeregten Konferenz. Er plante einen Friedenskreuzzug, dem sich die hervorragendsten Persönlichkeiten aller Nationen anschließen sollten und der, durch alle Städte Europas ziehend, dem Zaren in Petersburg eine große Kundgebung der Kulturwelt bereiten sollte. Kam zwar dieser Plan nicht zur Vollendung, so gelang es dennoch, durch die darauf abzielenden Arbeiten die öffentliche Meinung in allen Ländern zu erwecken, namentlich aber in England, wo an 200 Orten öffentliche Versammlungen zugunsten der Anregung des Zaren veranstaltet wurden, die manchmal von Tausenden von Zuhörern besucht waren, und in denen von Staatsmännern, Kirchenfürsten, Parlamentariern große Reden gehalten wurden.

In einer eigens für die Propagandazwecke des Friedenskreuzzugs von Stead begründeten Zeitschrift, *„War against war“* betitelt, von der im ganzen 12 Wochennummern erschienen, kamen die ersten Persönlichkeiten Europas zu Worte, und auch Papst *Leo XIII.* ließ durch Kardinal *Rampolla* in einem Schreiben vom 12. Januar 1899 seinen Beifall zu dem geplanten Friedenskreuzzug ausdrücken und erklären, daß der Heilige Stuhl nichts sehnlicher wünsche, als daß alle Völker durch einen Friedensbund brüderlich verbunden sein möchten, und daß in den Beziehungen der Nationen Gerechtigkeit herrschen möge.

In *Deutschland* ging die Anregung zu einer nachhaltigen Bewegung zugunsten des Erfolges der zu erwartenden Friedenskonferenz von München aus, wo Frau *Leonore Selenka* ein Komitee gebildet hatte, dem die ersten Persönlichkeiten der süddeutschen Residenz angehörten, und dem auch Kreise ihre Unterstützung widme-

---

[66] Siehe oben TEIL I, S. 205 u. f.

ten, die sich bislang der Friedensbewegung fern gehalten hatten. Angeregt und im Anschluß an diese Münchener Aktion kam auch in *Berlin* ein *„Komitee für Kundgebungen zur Friedenskonferenz"* zustande, das sich ebenfalls großer Unterstützung unter den hervorragendsten Persönlichkeiten der deutschen Reichshauptstadt erfreute. Zahlreiche Subkomitees wurden in anderen deutschen Städten begründet, große Versammlungen abgehalten und Aufrufe verbreitet. Nicht minder gewaltig war die Bewegung in den anderen europäischen Ländern, in *Österreich-Ungarn, in Frankreich, Italien* und im *skandinavischen* Norden entbrannt.

Vor dem Zusammentritt der Konferenz am 15. Mai wurden in allen zivilisierten Ländern, auch in den entlegensten, wie Japan, Neuseeland, Brasilien und Kanada, große Demonstrationsversammlungen der *Frauen* zugunsten des auf der Konferenz zu schaffenden Werkes abgehalten. Im ganzen fanden 565 solcher Frauenversammlungen statt, deren Resolutionen telegraphisch nach der europäischen Zentrale mitgeteilt wurden. Frau *Selenka*, die Urheberin jener Demonstrationen, überreichte dann die eingelaufenen Kundgebungen dem Präsidenten der Haager Konferenz, der sie offiziell entgegennahm.

Das Zarenmanifest in den Parlamenten

Am 12. und 13. Januar 1899 wurde das Zarenmanifest während der Lesung der neuen Militärvorlage im *deutschen Reichstage* einer eingehenden Würdigung unterzogen. Nur die Reichspartei und die Antisemiten nahmen eine gegnerische Stellung ein. Alle anderen Parteien und sogar der Kriegsminister sprachen in halbwegs günstigem Sinne. Der *Kriegsminister* beschränkte seine Sympathien allerdings darauf, daß er das Zarenmanifest als eine Bürgschaft bezeichnete, die wenigstens von Rußland her einen Angriffskrieg gegen Deutschland für ausgeschlossen erscheinen lasse. Der Abg. *Eugen Richter* benützte dieses Manifest, das seiner Ansicht nach nicht bloß einer sentimentalen Anwandlung entsprungen sei, dazu, um die Notwendigkeit der neuen Herresvorlage zu bestreiten, während sich die Redner des Zentrums und der Nationalliberalen auf kühle Sympathieerklärungen beschränkten und es für ratsamer hielten, die eigene Kraft trotzdem nicht außer acht zu lassen. Nur *Bebel*, der

Redner der Sozialdemokraten, fand die richtigen Worte, obgleich das Manifest in den sozialdemokratischen Organen in abstoßender Weise verhöhnt wurde. Die Worte, die der Zar gesprochen, erschienen ihm als eine Verurteilung des Militarismus und des herrschenden Zustandes in Europa, dessen Unerträglichkeit niemand mehr bestreiten könne.

Im *österreichischen Reichsrat* erklärte Ministerpräsident *Graf Thun* Ende 1898, daß das Auswärtige Amt, „diesem hochherzig eminent humanitären Gedanken" sympathisch gegenüberstehe, und in der Sitzung des *ungarischen Parlaments* vom 7. September 1898 sagte der Ministerpräsident *Bánffy*, über das Zarenmanifest interpelliert, daß der gemeinsame Minister des Auswärtigen „die hochbedeutsame und edle Initiative des Kaisers von Rußland" mit wärmster Sympathie entgegengenommen habe, hielt es aber für notwendig, zu bemerken, daß er die Schwierigkeiten nicht geringschätze, die der praktischen Verwirklichung dieser großen Idee im Wege stünden. Im warmen Tone war die unter dem 15. September an die russische Regierung gerichtete Antwort der *italienischen Regierung* gehalten, und in der *französischen Kammer* erklärte *Delcassé*, daß Frankreich das erste Land gewesen sei, das der Einladung des Zaren freudig Folge gegeben habe. Der englische Minister des Auswärtigen konnte nach Petersburg mitteilen, daß die dem Vorschlage seitens der Regierung gewidmete Sympathie ebenso *von der öffentlichen Meinung des Landes geteilt werde; er unterließ es nicht, auf die Versammlungen hinzuweisen, die zugunsten der im Manifest ausgedrückten Ideen in England überall abgehalten wurden.*

Bei dieser Gelegenheit sei auf zwei parlamentarische Kundgebungen hingewiesen, die sich nicht auf das Zarenmanifest bezogen, doch indirekt mit diesem zusammenhängen, da sie die Frage der Rüstungsbeschränkungen betreffen. Im französischen Parlament wurde im Spätsommer 1898 vom Abg. *Vaillant* ein Antrag auf Verminderung der Rüstungslasten eingebracht, und am 9. März 1899 ging der erste Lord der Admiralität, Goschen, im englischen Unterhaus über die Erklärungen Sir. Edw. Greys vom März 1894 (siehe oben S. 114 f) hinaus, indem er bekanntgab, daß die englische Regierung *nichts sehnlicher wünsche als ihre Marineausgaben beschränken zu können.* „Wir sind bereit," so führte er aus," unser Neubautenprogramm zu modifizieren. Wir haben die Bewegung nicht beschleunigt, wir sind ihr gefolgt. Aber ich erkläre *im Namen der Regierung ihrer Majestät, daß wir, wenn die anderen großen Seemächte bereit sind, ihre Bauprogramme zu beschränken, wir ebenfalls bereit sind, ihnen zu folgen* und unser Programm zu modifizieren. Die Schwierigkeiten eines solchen Übereinkommens werden sicherlich enorm sein, aber wir hegen den aufrichtigen Wunsch der Konferenz, die entsetzliche Last erleichtert zu sehen, die auf den europäischen Nationen lastet. Wenn dieses Übereinkommen aber nicht zustande kommt, dann werden wir uns an das Programm halten, das ich der Kammer unterbreite."

Prof. Stengel

Die zweite Einladung Murawiews erschien (siehe oben TEIL I, S. 205 u. f.), die Stimmen der Gegner mehrten sich; man triumphierte ordentlich durch Weissagungen des Scheiterns der nunmehr feststehenden Konferenz. In Deutschland wurde ein Pamphlet veröffentlicht, das gegen das Zarenmanifest gerichtet war und eine Verhöhnung der noch gar nicht zusammengetretenen Konferenz bildete. Es stammte aus der Feder des Münchener Völkerrechtslehrers *Professor Stengel* und hätte sicherlich nicht das geringste Aufsehen gemacht, wenn seitens des deutschen Auswärtigen Amtes nicht just dieser *Professor Stengel* als einer der Vertreter Deutschlands auf der Haager Konferenz erwählt und so im wahren Sinne des Wortes der *Bock zum Gärtner* gemacht worden wäre.

Die I. Haager Konferenz

Aber allen Anfeindungen zum Trotz trat diese schon vor ihrer Existenz so vielgeschmähte Konferenz am 18. Mai 1899 im Haus im Busch im Haag zusammen. Was dort beraten und erreicht wurde, ist an anderer Stelle dieses Buches dargetan (siehe TEIL I, S. 201 ff).

Gleichzeitig mit den Diplomaten aller Nationen trafen im Haag auch zahlreiche führende Pazifisten aus allen Ländern Europas und Amerikas ein. Sie wollten Zeuge jenes Ereignisses sein, das ihre Arbeit ermöglicht hatte, und wollten während des großen Momentes mit ihrem weitgehenden Verständnis für die Sache, die dort beraten werden sollte, helfend zur Seite stehen. Was die *Suttner*, was *Bloch*, was *Stead* in jenen Tagen geleistet, gehört der Geschichte an.

Durch dieses Zusammenströmen der führenden Friedensfreunde hatte sich im Haag ein richtiger Friedenskongreß, eine Art Nebenkongreß versammelt, der, zwar von niemandem einberufen, dennoch nicht geringe Dienste geleistet hat Als am 29. Juli 1899 die Konferenz ihre Arbeiten schloß und die Haager Konventionen unterzeichnet wurden, gelangte damit zugleich einer der wichtigsten Abschnitte in der modernen Kulturentwicklung zum Abschluß. Vom *Wiener Kongreß* am Anfang des 19. Jahrhunderts bis zur *Haager Konferenz* an dessen Ende, von den Kriegen des korsischen Eroberers bis zu dem auf den Ruf des Kaisers von Rußland beschlossenen ständigen Schiedshof führte ein weiter und beschwerlicher Weg. Was zu Anfang des Jahrhunderts die frommen Männer gefordert hatten, die in Amerika und in Europa die ersten Friedensgesellschaften begründeten, was im Laufe der Jahrzehnte von den Pazifisten aller Länder unter dem Hohn und Gelächter der Zeitgenossen propagiert und immer neu und unermüdlich vorgebracht und verlangt wurde, hier war es begründet worden. Ein Anfang zwar nur, aber ein aussichtsvoll in die Zukunft weisender. Ein Anfang, der einen Wendepunkt in der Menschheitsgeschichte bedeutete. Ein Rückblick auf die fast das Jahrhundert füllenden Kämpfe der Pazifisten zeigt dem Betrachter, daß es eine aufsteigende Linie war, in der sich die Menschheit in diesem Zeitraum bewegte, und dies gibt dem Menschenfreunde die Beruhigung, daß es, allen Hindernissen und Widerlichkeiten zum Trotz, alle der in hohen Wällen aufgeschichteten Dummheit und Kurzsichtigkeit zum Verdruß, *dennoch vorwärts* geht.

C.
Von der ersten Haager Konferenz
bis zur Gegenwart
(1899–1912)

I. VON DER ERSTEN ZUR ZWEITEN HAAGER KONFERENZ (1899–1907):
1. *Die Zeit der Übergänge.* – 2. *Die politischen Verhältnisse nach der ersten Haager Konferenz*: Burenbewegung. – Das China-Unternehmen. – Günstige Symptome. – Kaiser Wilhelm. – Der russischjapanische Krieg. – Die Erfüllung der Vorhersagungen Blochs. – Der „Friedenszar" als Kriegführender. – Die „nichtgeführten" Kriege jener Periode. – 3. *Der anglofranzösische Gegensatz und seine Beilegung*: Das neue Frankreich. – Barclay und d'Estournelles. – Der englisch-französische Schiedsvertrag, ein Ergebnis der pazifistischen Agitation. – 4. *Deutschland und Frankreich*: Verschiedene Annäherungsmomente. – Das Hindernis. – Jaurès und die Revanche. – Die Aktion der Pazifisten. – Rouen. – Nimes und Kassel. – Luzern. – Neue Trübung. – 5. *Deutschland und England.* – 6. *Der Kampf um den Rüstungsstillstand*: England. – Frankreich. – Italien, Österreich-Ungarn, Amerika. – Die Einfügung des Rüstungsproblems in das Programm der II. Haager Konferenz. – Deutschland. – 7. *Die Friedenspropaganda.* – IX. Interparlamentarische Konferenz zu Kristiania. – IX. Weltfriedenskongreß zu Paris. – X. Interparlamentarische Konferenz. – X. Weltfriedenskongreß zu Glasgow. – XI. Weltfriedenskongreß zu Monako. – XI. Interparlamentarische Konferenz zu Wien. – XII. Weltfriedenskongreß zu Rouen und Havre. – XII. Interparlamentarische Konferenz zu St Louis. – XIII. Weltfriedenskongreß zu Boston.– XIII. Interparlamentarische Konferenz zu Brüssel. – XIV. Weltfriedenskongreß zu Luzern. – XIV. Interparlamentarische Konferenz zu London. – XV. Weltfriedenskongreß zu Mailand. – Nationale Friedenskongresse. – Andere Kongresse. – Die Organisationen. – 8. *Zusammentritt der II. Haager Konferenz.*

II. DIE LETZTEN FÜNF JAHRE (1908-1912):
1. *Die politischen Verhältnisse*: Die Politik der Vergewaltigung im nahen Orient, in Korea, Persien und Marokko. – Die verhinderten Kriege infolge der Orient- und Marokkokrisis. – Der Tripoliskrieg und seine Wertung für den Pazifismus. – Der anglo-deutsche Gegensatz und der

beginnende Ausgleich. – Weitere Fortschrittstatsachen. – 2. *Die Entwicklung der Schiedsgerichtsbarkeit*: Die vorbehaltlosen Schiedsverträge des Präsidenten Taft. – 3. *Der Kampf um den Rüstungsstillstand*: Die Stellungnahme Deutschlands. – Nach der Konferenz. – Der Artikel des Grafen Schlieffen. – Der deutsche Reichstag für eine Rüstungsvereinbarung mit England. – England: Enttäuschung nach der II. Haager Konferenz. – Neue Anregungen für ein Rüstungsabkommen mit Deutschland. – Die öffentliche Meinung in Deutschland und England. – Die anglo-deutschen Rüstungserörterungen 1910 und 1911. Vor Agadir. – Nach Agadir. – In den anderen Ländern: Die Vereinigten Staaten. – Österreich und Ungarn. – Frankreich. – Italien. – Schweden, Japan usw. – Die Stellungnahme der Regierungen gegenüber dem allgemeinen Ansturm. – 4. *Die Friedenspropaganda*: *Weltfriedenskongresse und Interparlamentarische Konferenzen*. – XVI. Weltfriedenskongreß in München. – XV. Interparlamentarische Konferenz in Berlin. – XVII. Weltfriedenskongreß in London. – Brüsseler Generalversammlung des Internationalen Friedensbureaus. – XVIII. Weltfriedenskongreß zu Stockholm. – XV. Interparlamentarische Konferenz zu Brüssel. – Rom im Jahre 1911. – XVI. Interparlamentarische Konferenz zu Genf. – XIX. Weltfriedenskongreß zu Genf. – Andere Kongresse. – 5. *Neue Gesellschaften und Institutionen.* „Office Central des Institutions internationales“. – Der „Verband für internationale Verständigung“. – „Internationales Bureau der Lehrervereine.“ – „Weltverband des Jugendbundes für entschiedenes Christentum.“ – „Ligue internationale des Catholiques pacifistes“. – „American Society for Judicial Settlement of International Disputes.“ – „World Peace Foundation“. – „Association of Cosmopolitan Clubs.“ – „American School Peace League“. – Die Ecksteinsche „Weltpetition“ für die dritte Haager Konferenz. – Die Carnegie-Stiftung. – 6. *Neue Entwicklung in Deutschland*: Die Gegenkräfte. – Kaiser Wilhelm. – Reichskanzler v. Bethmann-Hollweg. – Diplomatie. – 7. *Die deutsche Wissenschaft und der Pazifismus*: Die Völkerrechtswissenschaft: Niemeyer, Meurer, Zorn, Nippold, Schücking, Kohler, Huber, Oppenheim, Wehberg u. a. – Lamprecht. – Harms, Goldscheid, Lynkeus-Popper, Müller-Lyer. – Die Theologen: Harnack, Rade, Nithack-Stahn, Mahling. – Ostwald, Lichtheim. – Die Propaganda in ihren Einzelheiten. – 8. *Der III. Haager Konferenz zu.*

1. Die Zeit der Übergänge

Die Friedensbewegung war mit dem Zustandekommen des großen Friedenskongresses der Regierungen im Haag in eine neue Ära getreten. Sie war aus den Kreisen der Friedensgesellschaften und aus dem Propagandabereich einzelner Pazifisten in das öffentliche Leben eingedrungen. Die Kreise der hohen Politik, der Diplomatie, der Wissenschaft waren ihr näher gerückt und begannen sich mehr oder weniger eingehend mit ihr zu befassen. Wohl trat ihr dadurch eine breite und geschlossene Phalanx von Gegnern entgegen, die sich bislang nicht die Mühe gegeben hatten, sie zu bekämpfen. Es entspann sich ein Widerstreit der Weltanschauungen, der dem Anfang des zwanzigsten Jahrhunderts wohl für immer das bezeichnende Gepräge gegeben hat. Das alte Gewaltprinzip und das neue Prinzip einer zwischenstaatlichen Rechtsordnung ringen unausgesetzt um die Herrschaft. Auf der einen Seite sehen wir die von der Friedensbewegung erweckte Rechtsidee von Fortschritt zu Fortschritt eilen, eine Festung des alten Geistes nach der anderen vor ihr kapitulieren, sehen wir, wie eine Elite der Menschheit bemüht ist, das im Haag begründete immer weiter auszubauen und auf sichere Grundlage zu bringen, auf der anderen Seite bemerken wir aber noch das drohende Aufleuchten des alten Gewaltgeistes. Im Transvaal, vor Peking, auf den Feldern der Mandschurei flammten zwischen der ersten und zweiten Haager Konferenz die Fackeln des Krieges auf. So selbstverständlich und natürlich es ist, daß dem völligen Siege des Neuen eine *Zeit des Überganges*, gekennzeichnet durch das Hervortreten beider Erscheinungen – der neuen wie der alten –, vorangehen muß, galten den Skeptikern und Gegnern der Friedensidee die blutigen kriegerischen Ereignisse innerhalb dieser wenigen Jahre dennoch als endgültiger Hinweis der Hinfälligkeit des Pazifismus. Indem sie durch die emsige Betätigung der Friedensbewegung dieser mehr denn je ihr Augenmerk zuwandten, übersahen sie ganz und vernachlässigten sie wohl mit Absicht gerade jene Erscheinungen, die dem objektiven Betrachter den sieghaften Fortschritt des neuen Geistes offenbaren mußte. Sie übersahen, daß sich sogar diese

blindwütigen, blutigen kriegerischen Ereignisse nicht mehr ganz
dem Einfluß der so sehr geschmähten Friedensidee entziehen konnten, und daß gerade jene grauenhaften Vorgänge auf den verschiedenen Schlachtfeldern der letzten Jahre eine allgemeine Reaktion in
der öffentlichen Weltmeinung hervorriefen, die befruchtend und
fördernd auf die Entwicklung der pazifistischen Bewegung einwir-
ken mußte.

2. Die politischen Verhältnisse
nach der ersten Haager Konferenz

Burenbewegung

Die politische Konstellation zeigte sich bald nach Schluß der Haager
Konferenz wenig günstig. Wie sehr dieser Umstand auf die schwierige Entfaltung des Haager Werkes eingewirkt hat, ist oben (TEIL I,
S. 225 ff.) des näheren geschildert worden. Von 1899–1902 tobte der
Transvaalkrieg; er erschütterte die gesamte Kulturwelt in ihrem
Wirtschaftsleben. Die allgemeinen Sympathien wandten sich dem
um seine Freiheit ringenden Burenvolk zu, und ein Sturm der Ent-
rüstung tobte gegen das offizielle England. *Chamberlain* war der
bestgehaßte Mann der Welt.

Das China-Unternehmen

Im Jahre 1900 hatte das *China-Unternehmen* sämtliche großen Staaten
des alten Europa und die amerikanische Union in Mitleidenschaft
gezogen und zu einer kostspieligen, zwar wenig blutigen, aber auch
wenig ehrenvollen Strafexpedition gegen einen widerstandsunfähi-
gen Feind geführt, die, wie jede Gewalthandlung, den Keim zu
künftigen Gewaltausbrüchen in sich schloß und den wenig Jahre
später zum Ausbruch gelangten russisch-japanischen Krieg vorbe-
reitete.

Günstige Symptome

Aber trotz aller Traurigkeit der eingetretenen Ereignisse zeigten
diese doch deutliche Zeichen einer antikriegerischen Stimmung und

Symptome einer werdenden Welteinheit Das Motiv der *Burenbewegung*, die durch die ganze Kulturwelt ging, lag doch nur in der allgemeinen Abneigung gegen den Krieg überhaupt. Man sympathisierte mit den Buren, weil man sie durch das starke England vergewaltigt, weil man ihr Recht mit Füßen getreten sah. Der aufflammende Protest der Burenfreunde in ganz Europa war weiter nichts als eine unbewußte Zustimmung des empörten Volksgewissens zur internationalen Rechtsordnung, zur Schiedsgerichtsbarkeit, und nicht nur eine Verurteilung *dieses* Krieges, sondern des Krieges überhaupt, wenn auch geschickte Macher, namentlich in Deutschland und Frankreich, die mit dem Kriegshaß verbundene Sympathie für die Buren zu einer *englandfeindlichen* Bewegung zu verfälschen verstanden. Der wahre Beweggrund der Burenbewegung fand einen deutlichen Ausdruck, als 1901 die anläßlich der Anwesenheit des Präsidenten Krüger in Paris auf den Straßen angesammelten Massen in den Ruf: *„Schiedsgericht! Schiedsgericht!"* einstimmten, gerade so wie sonst die Straßendemonstranten ihren Ruf nach Krieg und Vergeltung ertönen ließen. Das *China-Unternehmen* zeigte in anderer Weise den Einfluß der Friedensidee auf die Gegenwart. Es zeigte eine *internationale Assoziation der Heere*. Nachdem ein europäisches Polizeiheer zum erstenmal einige Jahre vorher auf Kreta mit einem europäischen Mandat operierte, trat diese vereinigte Heeresmacht, durch Hinzutritt der nordamerikanischen Kontinente zu einer Weltheeresmacht vereinigt, in China unter dem Oberbefehl eines europäischen Generalissimus in Wirksamkeit. Kaiser *Wilhelm* konnte beim Abschied dem zu diesem Amte berufenen Feldmarschall Grafen *Waldersee* die Hoffnung ausdrücken, „daß diese gemeinsame Expedition eine feste Bürgschaft gegenseitiger Anerkennung und gegenseitigen Friedens für die europäischen Mächte werden möge, *wie das Seine Majestät der Kaiser von Rußland im vorigen Jahre auf anderem Gebiete versucht hat.* Was uns im Frieden nicht hat beschieden sein können, das ist uns vielleicht beschieden, mit den Waffen in der Hand zu erreichen." Wir Friedensfreunde erblickten in dem Weltgeneralissimus, der die europäischen und amerikanischen Heere anführte, höchstens den Vorläufer des Weltstaatsmannes, der das von uns erhoffte Ziel auf friedlichem Wege zu erreichen imstande sein wird.

Kaiser Wilhelm, der sich immer als begeisterter Soldat zeigte, sprach noch am 8. September 1899, bald nach dem Schluß der Haager Konferenz, davon, daß, „ehe die *Theorien des ewigen Friedens* zur allgemeinen Anwendung gelangen, noch manches Jahrhundert vergehen würde", und daß der sicherste Schutz des Friedens vorläufig das Deutsche Reich und seine Fürsten seien. Am 7. Juni 1903 gab der Kaiser in einem Telegramm an das Thüringische Infanterieregiment Nr. 74 seiner *Zuversicht* Ausdruck, daß das Regiment auch in *Zukunft* seiner ruhmvollen Vergangenheit Ehre machen werde, womit er seinen Glauben an die Möglichkeit eines europäischen Krieges deutlich darlegte. Hingegen nannte der Kaiser im Jahre 1900 in einem Telegramm an den Lord-Oberrichter *O'Brien* in Irland die sportlichen Wettkämpfe ein ausgezeichnetes Mittel „zur Förderung des Wohlwollens und der Brüderlichkeit unter den Nationen", und bei seiner Rede in Cuxhaven am 21. Juni 1904 sprach er von der sich jedem objektiven Beobachter der Vorgänge auf dem Erdkreise aufdrängenden Erkenntnis, „daß allmählich die *Solidarität unter den Völkern der Kulturländer* unstreitig Fortschritte macht", daß sich dies Gebiet erweitere und diese Solidarität „unmerklich, aber unwiderstehlich in das Programm der Staatslenker übergehe". Am 22. März 1905 sprach der Kaiser davon, daß er sich, als er zur Regierung kam, den Fahneneid geschworen habe, alles zu tun, was an ihm liegt, *„die Bajonette und Kanonen ruhen zu lassen"*, daß das deutsche Weltreich *„nicht auf Eroberungen begründet sein will durch das Schwert, sondern durch gegenseitiges Vertrauen der nach gleichen Zielen strebenden Nationen"*. In der Thronrede vom November 1905 sprach der Kaiser unter Hinweis auf die Schwierigkeiten, die zwischen Deutschland und Frankreich in der marokkanischen Angelegenheit entstanden waren, die Worte: *„Es ist mir eine heilige Sache um den Frieden des deutschen Volkes."*[67]

---

[67] Über andere Äußerungen des Kaisers siehe in meinem Buche: *„Der Kaiser und der Weltfriede"*. Berlin 1910.

Das Jahr 1904 stellte die Friedensbewegung wieder vor eine ernste Lage. Im Februar begann die Veranstaltung des unseligen russisch-japanischen Kriegs, den die Anhänger des ewigen Krieges wieder mit Schlagworten zu begründen suchten. Danach war es unbedingt notwendig, daß sich Japan und Rußland um die Vorherrschaft in Ostasien auseinandersetzen mußten, weil Rußland angeblich einen eisfreien Hafen, Japan Gebiet für seine überschüssige Bevölkerung haben mußten. In Wirklichkeit brach jener Krieg aus, weil einige einflußreiche Persönlichkeiten am Zarenhofe großes Interesse an dem Besitz reicher Waldungen am Yaluflusse an den Tag legten. Vorteile hat er keinem der Kämpfenden gebracht. Erst der freiwillig auf der Grundlage gegenseitiger Verständigung zwischen Japan und Rußland abgeschlossene Vertrag vom 4. Juli 1910[68] brachte Ordnung in die wechselseitigen Beziehungen beider Staaten. Die Organe der Friedensbewegung ließen nichts unversucht, um den Ausbruch des Krieges, als er noch im Anzuge war, zu verhindern. Das Berner Bureau veröffentlichte nach dem Ausbruch ein Weißbuch, in dem alles zusammengefaßt war, was zur Würdigung des Streitfalles in Betracht kommen konnte; es wandte sich auch an die Staatsoberhäupter der am Kriege beteiligten Reiche und an die Regierungen der neutralen Staaten, um diese zur Anwendung der Bestimmungen der Haager Abkommen zu veranlassen. Es zeigte sich aber auch hier, daß es nicht Aufgabe der Friedensbewegung sein kann, ausgebrochene Kriege zum Erlöschen zu bringen, sondern lediglich, die Schaffung von Einrichtungen vorzubereiten, die den Ausbruch von Kriegen zu verhindern geeignet sind. Wir sind keine Feuerwehr, die man ruft, wenn der Brand schon ausgebrochen ist, sondern eher die Agenten einer Imprägnierungsanstalt, die ein Mittel empfehlen, das, wenn es angewendet wird, den Ausbruch des Brandes verhindert.

Für die Friedensbewegung war aber auch dieser Krieg eine Förderung. Die Pazifisten der ganzen Welt sahen zwar zu ihrem Schmerze das augenblickliche Versagen jener Bestimmungen, die in bezug auf die Verweisung der Streitenden nach dem Haag und auf die Vermittlung nicht *zur Anwendung* gelangt waren, verkannten

---

[68] Siehe oben TEIL I, S. 102.

aber nicht, daß bei dem heftigen Kampfe zwischen pazifistischer und militärischer Weltanschauung das Übergewicht der letzteren sich wohl noch fühlbar machen könne, ohne daß die Lebenskraft des Pazifismus irgendwie Einbuße erleiden müsse. Es ist nicht möglich, am Anfang alles zu erreichen. Hingegen konnte man es schon als einen großen Fortschritt begrüßen, daß weite Kreise der Bevölkerung und der politischen Welt nachdrücklichst auf das durch die Haager Konventionen gegebene Friedensrecht hinwiesen und infolge der Nichtbeachtung dieser Abkommen zu einer Verurteilung jenes Krieges kamen, wie sie in solchem Maße die Welt noch nie gesehen hat. Der Krieg erwies sich als ein trauriger, aber um so mächtigerer Bundesgenosse des Pazifismus. Noch nie war die antikriegerische Stimmung der Völker und weiter politischer Kreise[69] in der ganzen Welt so groß, wie während jenes grauenvollen Feldzuges in der Mandschurei, der als der erste zwischen europäisch ausgerüsteten, mit den modernsten Vervollkommnungen der Waffentechnik versehenen großen Heeren geführte, gleichsam ein abschreckendes Beispiel für die Menschheit und eine weithin bemerkbare Propaganda für den Pazifismus wurde. Die Stimmung gegen den Krieg wuchs in jenem Jahre ins ungemessene, und man konnte voraussehen, daß nach dem Friedensschluß, der den Wahnwitz eines modernen Krieges erst recht deutlich beleuchtete, der Friedensgedanke einen noch größeren Aufschwung nehmen wird.

Die Erfüllung der Vorhersagungen Blochs

Fast alle Vorhersagungen *Johann v. Blochs* gingen in der Mandschurei in Erfüllung, und die europäischen Militärmächte, die ihre Vertreter studienhalber nach dem Kriegsschauplatz entsandt hatten, erkannten nun plötzlich jene völlige Veränderung der Kriegführung, jene völlige Revolutionierung des Krieges selbst, wie sie Bloch schon seit Jahren vorausgesagt hatte. Die Theorie, der sie nicht glauben

---

[69] Leo TOLSTOI erhob seine warnende Stimme in seiner Anklageschrift „Besinnt Euch!" und Papst LEO XIII. gab im geheimen Konsistorium vom 27. März 1905 „in einer Ansprache sein Bedauern über diesen „schrecklichen Krieg" kund und sagte, „daß die Übel, von denen die Menschheit allenthalben bedrängt wird, so zahlreich und groß" sind, *„daß es nicht notwendig ist, daß sie noch durch die Greuel des Krieges leidet"*.

wollten, fand nunmehr ihre volle Bestätigung in der Praxis.[70]

Der ‚Friedenszar' als Kriegführender.

Daß nach der Haager Konferenz nun der dritte kriegerische Zusammenstoß sich ereignete, und daß just der Zar, der die Friedenskonferenz einberufen hatte, gezwungen war, einen Krieg zu führen, bildete den „Triumph" der Gegner des Pazifismus. Nur bei oberflächlicher Betrachtung kann solche Logik Geltung behalten. Nicht in der Hoffnung, den Krieg mit einem Schlage zu beseitigen, hatte der Zar jene Konferenz einberufen, sondern um ihm nach Möglichkeit vorzubeugen tat er es, und in erster Linie, um die Lasten der zwischenstaatlichen Anarchie allmählich zu erleichtern und diese nach und nach selbst zu beseitigen. Nach dieser Richtung hat das Werk der ersten Konferenz alles gehalten, was die Pazifisten von ihm erwarteten. Nur die Anhänger der Kriege suchten glauben zu machen, man hätte von der ersten Konferenz schon den „ewigen Frieden", die endgültige Beseitigung des Krieges erwartet. Im übrigen wird der Zar wohl als Selbstherrscher bezeichnet, er ist aber keineswegs Herr seiner Handlungen, die beeinflußt werden von seiner Umgebung. Er erscheint als der Vollzieher des Willens jener Kreise, die gerade den größten Einfluß auf ihn gewinnen. Obsiegen die modernen Menschen um ihn, dann erscheint er als der Licht- und Friedenszar, gelingt es den altrussischen reaktionären Kreisen, die Oberhand zu erringen, dann ist er der Zar der Finsternis, der Blutzar, der die Finnen vergewaltigt, die Juden mordet, die Fortschrittler nach Sibirien schickt und die Mandschurei mit Blut bedeckt. Er handelt nicht zwiespältig; nur der große Zwiespalt des russischen Volkes kommt in seiner Person zum Ausdruck. Man braucht unter all den Schatten seiner Handlungen den Zufall der einen lichtvollen nicht zu verabscheuen. Der Zufall regiert die Weltgeschichte, und wenn er einmal Gutes leistet, muß man ihn freudig beim Wort nehmen. Dies taten klugerweise die Pazifisten. Sie wollten die Fortschritte, die das Haager Werk gezeitigt hat, nicht preisgeben, weil sein Urheber auch dem Rückschritt dienstbar wurde. Und sie haben damit klug und im Interesse der Kultur gehandelt.

---

[70] Sie darüber oben Teil I, S. 91 u. f.

Die „nichtgeführten" Kriege jener Periode

Man darf ob diesen trüben Erinnerungen die Lichtseiten der Entwicklung nicht übersehen, über die Reihe jener blutigen Kriege jene nicht vergessen, die zu verhindern der Friedensgedanke schon stark genug war (siehe oben TEIL I, S. 95 u. f. „Die Liste der nichtgeführten Kriege"). Man denke an die Beilegung des *Huller Konfliktes* zwischen England und Rußland, des *Marokkokonfliktes* zwischen Deutschland und Frankreich in seinen verschiedenen Stadien, der friedlichen Trennung *Norwegens* von *Schweden* und vieler anderer ernster Streitfälle, bei denen es zu einem friedlichen Ausgleich kam.

3. Der anglo-französische Gegensatz und seine Beilegung

Das neue Frankreich

Ein hervorragendes Ereignis von entscheidender Bedeutung für die Entwicklung der Friedensidee bildete der große Umschwung in Frankreich, verursacht durch die infolge der Dreyfußaffäre bewirkte Auflehnung der Geister gegen die Mächte der Finsternis, die bei der verwickelten Intrige um die Person des unglücklichen Hauptmannes ihre Hände im Spiele hatten. Aus dieser fürchterlichen Krise ging Frankreich neugeboren und wie in einem Flammenbade gestählt hervor. Die fortschrittlichen Elemente erhielten die Oberhand über die reaktionär-konservativ-klerikalen Schichten. Die Friedensidee wurde in Frankreich ein Teil des Regierungsprogramms und beeinflußte die hohe Politik. Den neuen Gewalten, die ans Ruder kamen, gelang es auch, den bitteren Haß zu überwinden, der sich in der Presse und der von ihr beeinflußten breiten Masse seit den erregten Tagen von Faschoda gegen England geltend gemacht, und der durch den Burenkrieg bereits gefährliche Formen angenommen hatte. Die Friedensbewegung auf beiden Seiten des Kanals hatte sich mit voller Kraft ins Zeug gelegt, um den gefährlichen Gegensatz beseitigen zu helfen. Schon während der Pariser Weltausstellung (1900) kamen englische Arbeiter, die zwei Millionen Gewerkschaftsmitglieder vertraten, nach Paris, um in Gemeinschaft mit ihren französischen Gesinnungsgenossen an der Pariser Arbeiterbörse in einer mächtigen Kundgebung (29. Oktober 1900) für den Frieden zu demonstrieren, und im Sommer des nächsten Jahres (15. Juni 1901) erwiderten französische Arbeiter diesen Besuch in London. Sie überbrachten namens des organisierten französischen Proletariats einen Aufruf, der mit den Worten schloß: *„Krieg dem Kriege, es lebe der Friede, es lebe die internationale Eintracht der Nationen."*

Barclay und d'Estournelles

Zwei Männer traten alsdann besonders wirksam für die Annäherung beider Völker ein. Einer war *Sir Thomas Barclay*, damals Präsident der englischen Handelskammer in Paris, der andere, der bekannte Verfechter der Schiedsidee und Mitarbeiter im Haag, Baron *d'Estournelles de Constant. Barclay* war schon durch seine Stellung als Präsident einer zur Förderung des Handels zwischen beiden Nationen dienenden englischen Körperschaft in Paris dazu berufen, das Aussöhnungswerk zu betreiben, und oblag diesem auch mit seltenem Eifer. Er hielt in England und Frankreich Vorträge und veröffentlichte Artikel zugunsten eines Stimmungswandels zwischen beiden Völkern. In einer bedeutenden Versammlung, der französischen *„Association pour l'Arbitrage entre nations"*, hielt er am 27. März 1901 einen Vortrag, wobei er den Vorschlag machte, England und Frankreich durch einen Schiedsvertrag zu verbinden. Der Vorschlag fand in beiden Ländern ein sympathisches Echo. Barclay hörte nicht auf, das Projekt zu betreiben und weiter durch eine rege Agitation diesseits und jenseits des Kanals dafür einzutreten. Namentlich die Handelskammern beider Länder wußte Barclay für das Projekt zu interessieren, und ein Jahr später hatten sich 76 Handelskammern in England und die hervorragendsten Handelskammern in Frankreich für das Projekt eines ständigen franko-englischen Schiedsvertrags erklärt.

Im März 1903 gründete *Baron d'Estournelles* im Schoße des französischen Parlamentes, neben der bestehenden interparlamentarischen Gruppe, die „Groupe de l'Arbitrage international", die sofort 140 Mitglieder zählte und heute über 500 umfaßt. D'Estournelles, zum Präsidenten erwählt, betrieb mit Eifer das Werk der englisch-französischen Aussöhnung. Vom 22.-25. Juli 1903 fand die historisch denkwürdige *Parlaments-Entrevue* zwischen Mitgliedern des französischen und des englischen Parlaments in London statt. Am 22. hielt d'Estournelles bei dem großen Bankett in Westminster-Hall seine denkwürdige Rede zugunsten des Friedens und der Schiedsgerichtsbarkeit, die von den englischen Ministern *Balfour* und *Chamberlain*, wie von dem liberalen Parteichef *Campbell-Bannermann* im gleichen friedensfreundlichen Sinne beantwortet wurde. Nach Frankreich zurückgekehrt, sandte *d'Estournelles* ein offenes Schreiben an den Minister *Declassé*, darin die Ergebnisse der Parlamentsentrevue auseinandersetzend und die Abschließung eines englischfranzösischen Schiedsvertrags fordernd. Unmittelbar darauf gelang es ihm, die französischen Generalräte mit einer überwältigenden Mehrheit für das Projekt zu gewinnen. Als am 26. November 1903 die englischen Parlamentarier zum Gegenbesuche des französischen Parlaments in Paris erschienen, *war wenige Wochen vorher (14. Oktober 1903) der englisch-französische Schiedsvertrag in London unterzeichnet worden.* – Dieser Vertrag war eine Tat. Minister *Balfour* sagte darüber in seiner Rede am Lordmajorsbankett vom 9. November desselben Jahres: Man müsse damit rechnen, den Geist wachsen zu sehen, der Schiedsverträge, wie den zwischen England und Frankreich abgeschlossenen, eingegeben habe, „den Geist, welcher jeder europäischen Regierung zum Bewußtsein bringt, *daß sie ein Verbrechen begeht, wenn sie die Nation in einen Krieg treibt,* und daß man Streitigkeiten einem Gerichte, gegen dessen Entscheidung es keine Berufung gibt, unterbreiten oder in aller Offenheit einen loyalen Meinungsaustausch herbeiführen müsse, der das sicherste Mittel sei, um Mißverständnisse zu vermeiden".

Der englisch-französische Schiedsvertrag,
ein Ergebnis der pazifistischen Agitation

Wenn man sich vergegenwärtigt, daß der englischfranzösische Schiedsvertrag der Anfang der großen *europäischen Schiedsbewegung* ist, die seitdem so herrliche Früchte gezeitigt hat (siehe oben TEIL I: S. 179 und die Tabelle auf S. 185), so ist es angezeigt, auch daran zu erinnern, daß dieser Vertrag und die sich daran knüpfenden Schritte der europäischen Regierungen *nicht dem Ermessen der Diplomaten, sondern in erster Linie der Agitation der Pazifisten zu danken ist.* In dem über das englisch-französische Übereinkommen veröffentlichten

Gelbbuch ist der Briefwechsel zwischen dem französischen Gesandten in Paris, *Cambon*, und dem französischen Minister des Auswärtigen, *Delcassé*, enthalten, worin der Minister *wiederholt auf die Kampagne hinweist, die auf beiden Seiten des Kanals zugunsten des Vertrages betrieben wird, und worin er auf Grund dieser Bewegung seinen Gesandten auffordert, die englische Regierung über ihre Bereitwilligkeit zur Abschließung eines solchen Vertrages zu sondieren.*

In Frankreich nahmen sich die offiziellen Kreise, wie oben bereits erwähnt, in entschiedenster Weise der Friedensidee an. Ministerpräsident *Combes* äußerte sich 1903 bei einem Festmahl in Tréguien: „Ich hoffe, wir werden bald das Morgenrot des allgemeinen Friedens aufgehen sehen." Am 10. April 1904 rühmte er in einer Rede zu Laon die Friedensliebe Frankreichs, *die durch die fortwährend abgeschlossenen Schiedsverträge zum Ausdruck komme*, und die der Minister das „mächtigste Werkzeug zur Verhütung künftiger Kriege" nannte. Präsident *Loubet* selbst nannte sich im April 1904 zu Arras einen *„überzeugten und beharrlichen Werkmeister des Friedens"*. Den vollständigen Abschluß fand das franko-englische Verständigungswerk durch den Kolonialvertrag vom 8. April 1904 (siehe darüber oben TEIL I, S. 197 ff.), durch den die beiden Staaten ihre verschiedenen Streitpunkte durch Ausgleich beseitigten und so die Grundlage ihrer neuen politischen Konstellation schufen, die als *„Entente cordiale"* in Erscheinung trat.

4. Deutschland und Frankreich

Verschiedene Annäherungsmomente

Unter dem Einfluß der ersten Haager Konferenz schien es auch, als ob sich zwischen *Deutschland* und *Frankreich* eine Annäherung vollziehen sollte. Nicht nur 1900 in China, auch schon ein Jahr früher am Togo kämpften deutsche und französische Soldaten als Waffenbrüder nebeneinander. Seit einigen Jahren bereits mangelte es nicht an gegenseitigen Höflichkeiten und Aufmerksamkeiten von beiden Seiten. Der deutsche Kaiser namentlich ließ keine Gelegenheit vorübergehen, den Nachbarn im Westen seine Achtung zu bezeugen. Schon früher hatte der Kaiser sich den Franzosen von der freundschaftlichsten Seite gezeigt. So bald nach seinem Regierungsantritt, als er zu *Jules Simon* (1890) sagte, daß er „denjenigen für einen Narren und für einen Verbrecher" halte, „der es unternehmen wollte, diese beiden Völker in einen Krieg hineinzutreiben", als er zum Tode *Mac Mahons, Carnots* und *Faures,* 1897 bei dem großen Pariser Bazarbrand, 1898 beim Untergang des französischen Passagierdampfers „Bourgogne" sein Beileid zum Ausdruck brachte. Bald war es wieder der Besuch eines französischen Schulschiffes – der „Iphigenie" in den norwegischen Gewässern – und des Kaisers anerkennendes Telegramm über die Haltung der jungen französischen Seekadetten an den Präsidenten der Republik, bald die Anerkennung des Mutes der bei St Privat gefallenen französischen Soldaten gelegentlich der Enthüllung des Kriegerdenkmals auf dem Schlachtfelde von St Privat im Juli 1899. Im Sommer 1901 zog der Kaiser in Berlin zwei höhere französische Offiziere zu einem militärischen Festmahl heran und trank auf das Wohl der französischen Armee und die deutsch-französische Waffenbrüderschaft. Einer dieser Offiziere, der General *Bonnal,* erwiderte diesen Toast mit einem Trinkspruch auf die deutsche Armee und ihren „Soldatenkaiser". Zuvor waren die beiden Offiziere an der Spitze der von der Parade kommenden Truppen mit dem Kaiser zusammen in Berlin eingezogen. Bei dem Londoner Feuerwehrkongreß desselben Jahres toastete der Pariser Feuerwehrkommandant *Guesnet im speziellen Auftrag des Präsidenten Loubet,* auf Kaiser Wilhelm. Deutsche Schauspieler konnten in Paris auftreten und wurden mit Beifall überschüttet, während die berühmte Tragödin *Sarah Bernhardt,* die deutschen Boden seit dem Kriege gemieden hatte, wie zahlreiche andere französische Künstler, wiederholte Künstlerfahrten durch Deutschland machten, wobei der Kaiser gern die Gelegenheit ergriff, sie persönlich auszuzeichnen. Im Sommer 1909 war anläßlich der Kieler Woche der große französische Friedensvorkämpfer *Baron d'Estournelles* mit anderen französischen Deputierten des Kaisers Gast auf der Yacht „Hohenzollern".

Das Hindernis

Trotz all dieser Anzeichen und der regen Wechselbeziehungen des geistigen und wirtschaftlichen Lebens, die sich geltend zu machen begannen, und die alle zu erwähnen viel zu weit führen würde, lag immer noch, ein ehrliches und offenes Freundschaftsbündnis der beiden großen Kulturvölker hindernd, der *Frankfurter Vertrag* dazwischen, den ein großer Teil der Franzosen noch immer nicht anerkennen wollte, und an dem der größte Teil der Deutschen nicht rütteln zu lassen entschlossen war. Der große politische Fehler Bismarcks, die Landannexion, machte sich in schwerwiegender Weise geltend. Wohl fehlte es hüben wie drüben nicht an Stimmen, die zur Einigung mahnten, aber selbst ein so aufgeklärter Mann und so eifriger Friedensfreund wie *d'Estournelles*, der keine Gelegenheit unterließ, auf die Notwendigkeit eines deutsch-französischen Bündnisses hinzuweisen, das er als den Anfang einer europäischen Föderation und als die einzige Möglichkeit einer Erleichterung der ganz Europa wirtschaftlich gefährdenden Rüstungslasten erklärte, konnte nicht umhin, als die Grundbedingung dieser so wichtigen Entente „gegenseitige Konzessionen" zu bezeichnen, an deren Gewährung nach der Meinung der in Deutschland herrschenden Kreise nicht zu denken war, wenn damit auch nur ein teilweiser Verzicht auf die Reichslande zu verstehen wäre.

Jaurés und die Revanche

Der in der inneren Politik Frankreichs infolge der Dreyfuskrise sich geltend machende Umschwung zeitigte aber auch auf diesem Gebiete eine erfreuliche Folge. Die Rede, die der sozialistische Deputierte Jaurés im Juni 1902 in der französischen Deputiertenkammer hielt, brachte endlich das erlösende Wort, das, wenn auch keine Lösung des deutsch-französischen Konfliktes, so doch eine bedeutende Abschwächung und dessen völlige Verschiebung bewirkte. Unter dem Beifallsjubel der Mehrheit des französischen Parlamentes durfte er aussprechen, *daß es endlich Zeit sei, den Revanchegedanken zu vergessen, sich mit der Geschichte abzufinden und mit dem Abwerfen der unerträglichen Rüstungslast den Völkern Europas mit gutem Beispiel voranzugehen.* Daß ein solches Wort in Frankreich überhaupt gesprochen werden konnte, daß es in weitesten Kreisen auf Beifall stieß, war eines der bedeutendsten Zeichen dafür, daß der pazifistische Gedanke im Laufe des letzten Jahrzehnts sich in ungeahnter Weise entwickelt hatte. „Alle Welt denkt" konnte der Deputierte *Maret*, der

Redakteur des „Radical", in Anknüpfung an Jaurès Rede schreiben, „daß man nie eine so große Dummheit gesehen hat, wie die der Nationen, die einander wütend anglotzen und sich durch Rüstungen ruinieren in der festen Absicht, keinen Krieg zu führen". Als dann im September desselben Jahres der französische General André bei einem Bankett nach der Art der Kriegsminister wieder mit dem Säbel rasselte, und dieses Säbelrasseln in Deutschland mehr Eindruck machte als die Friedensworte Jaurès, da schrieb Jaurès in der „Petite Republique", daß die wahre Revanche für beide Völker darin bestehen werde, die freiheitlichen Einrichtungen weiter zu entwickeln und den Frieden zu organisieren. In dieser französisch-deutschen Entente von Demokratie und Freiheit werden die Elsaß-Lothringer die notwendigen Bürgschaften ihres Rechts finden. – Der *„Revancheschwindel"*, der seit vielen Jahrzehnten die Politik beider Länder beherrschte und diesen ungeheure Lasten auferlegte, hatte mit diesem Vorgehen einen tödlichen Stoß erhalten. Am 10. November 1904 kam *Jaurès* wieder auf das deutsch-französische Verhältnis zu sprechen und spielte dabei sogar auf ein *Bündnis mit Deutschland* an. Er sprach abermals einen Verzicht auf gewaltsame Wiedervergeltung aus, indem er sagte: „Meine Freunde und ich wollen nicht von den Zufälligkeiten der Gewalt die Wiedergutmachung der Vergewaltigung und die Erfüllung des Rechtes fordern."

Die Aktion der Pazifisten

Im Jahre 1903 gründete der deutsche Gelehrte *Dr. Molenaar* eine *„deutsch-französische Liga"*, als deren Programm er die Versöhnung beider Nationen auf Grund einer Teilung der Reichslande nach Sprachgrenzen vorschlug, ein mutiger Vorstoß, der nur leider in Frankreich mehr Anhänger fand als in Deutschland.

Rouen

Immerhin hatte dieser Vorstoß den Erfolg, daß die trennende Frage von beiden Seiten einmal energisch ins Auge gefaßt und eingehend beleuchtet wurde. Auf dem Friedenskongreß in Rouen (1903) wurde von französischer Seite beantragt, daß der Kongreß der deutsch-französischen Liga seine Sympathien ausdrücken solle. Da bei dieser Gelegenheit die elsaß-lothringische Angelegenheit zur Sprache kommen sollte, bewirkten die anwesenden Deutschen, daß die Angelegenheit ohne Diskussion einer Kommission zum Studium überwiesen und erst auf einem späteren in Europa, aber in keinem der beiden interessierten Länder abzuhaltenden Kongresse zur Erörterung gelangen möge. Das Rouennaiser Vorkommnis hatte wieder den Erfolg, daß die Frage in beiden Ländern, namentlich aber in den pazifistischen Revuen eingehend erörtert wurde.

Nimes und Kassel

Der II. französische Friedenskongreß, der im April 1904 in Nimes stattfand, zeitigte eine „Deklaration" der französischen Pazifisten über dieses Thema, in der deren Standpunkt genau zum Ausdruck kam. Freilich beharrte man auch da noch immer darauf, daß nur eine Volksabstimmung in den Reichslanden das verletzte Recht der Völker auf Selbstbestimmung wieder herstellen könne, man gab aber auch zu, daß nicht, wie bisher immer erklärt wurde, *„der Friede durch das Rechte"* hergestellt werden müsse, sondern „daß sich die provisorische Methode auch gegenteilig formulieren könnte", indem das Recht durch den gesicherten Frieden erstehen werde. Weiter wurde der Revancheidee eine eklatante Absage mit der Begründung erteilt, daß ein bewaffneter Eingriff keine Lösung, sondern nur eine Verschiebung der Frage bedeuten würde, und daß es eine *„pazifistische Pflicht"* wäre, die Gerechtigkeit nicht auf Grund von Gewaltakten zu erstreben. Auch die im März desselben Jahres zu Kassel tagende Generalversammlung der deutschen Friedensgesellschaft nahm ein von Dr. Richter vorgelegtes Memorandum an, das unter Berücksichtigung der Verhältnisse in Deutschland, die jeder Revision des Frankfurter Vertrages abhold seien, so daß aus der Erörterung solcher Vorschläge nur Nachteile für die Entwicklung der Friedensbewegung sich ergeben müßten, zu dem gleichen Schlusse kam, wie die Franzosen in ihrer Erklärung von Nimes, daß nämlich erst der gesicherte Friede das Recht der Völker zur vollen Anerkennung bringen könne.

Auf dem XIV. Weltfriedenskongreß zu Luzern kam es dann, nach sehr eingehenden Erörterungen in der Kommission und im Plenum nach einer feierlichen und versöhnlichen Gegenrede zwischen Prof. *Quidde* und *Fréd. Passy*, die als Vertreter ihrer Nationen das Wort führten, zur Annahme einer ausführlichen Resolution, worin als wesentlicher Bestandteil eines internationalen Rechtssystems anerkannt wird, daß „über die staatliche Zugehörigkeit eines Gebietes nur mit der freien Zustimmung der Einwohner verfügt werden kann", und der Überzeugung Ausdruck gegeben wurde, „daß *sobald* dieses System fest begründet sein wird, die jetzt so brennenden nationalen Fragen viel von ihrer Schärfe verlieren werden, und daß es *dann* möglich sein wird, die Grundsätze des so anerkannten Rechtes auch auf die früheren Eroberungen anzuwenden." Der Kongreß druckte ferner den Wunsch aus, „daß die deutsche und französische Regierung Verhandlungen anbahnen und sich bemühen mögen, durch gegenseitige Zugeständnisse und etwaige Ausgleiche einen Friedens- und Rechtszustand zwischen beiden Ländern herbeizuführen, der ihrem eigenen Interesse entspricht, wie dem der ganzen zivilisierten Welt".

Neue Trübung

Der engere Anschluß Frankreichs an England, durch den sich Deutschland bedroht und isoliert fühlte, hemmte die Entwicklung der deutsch-französischen Annäherung. Und als im März 1905 Kaiser Wilhelm in Tanger landete und in einer Ansprache an die Abgesandten des Sultans von Marokko die französische Marokkopolitik kreuzte, spitzte sich die Spannung zwischen Deutschland und Frankreich im Laufe des Sommers derart zu, daß man offen von einem Kriege sprach. Dank dem bereits pazifistisch beeinflußten Zeitgeist kam es, allerdings nach schwierigen Verhandlungen, zu jenem Abkommen, das zur Einberufung der *Algeciraskonferenz* (17. Januar 1906) führte, wodurch die Kriegsgefahr beseitigt wurde (siehe oben TEIL I, S. 97). Die Beziehungen besserten sich alsdann wieder. Wenn sie auch in der Folge noch öfter gestört wurden und durch mannigfache Krisen hindurch gingen, so konnte Deutschland der Welt im Sommer 1906 doch das schöne Schauspiel geben, daß sich deutsche Bergleute im Auftrage des Kaisers an der Rettung ihrer in den Gruben von *Courrières* verschütteten französischen Berufsgenossen mit Auszeichnung beteiligen konnten.

5. Deutschland und England

Die englandfeindliche Stimmung, die als Folge des Burenkrieges in Europa Platz gegriffen hatte, wurde dank der Treibereien der Alldeutschen und der Propaganda des am 30. April 1898 begründeten Deutschen Flottenvereines in Deutschland nicht so leicht überwunden wie in Frankreich. Die deutsche Flottenpolitik, die im November 1900 zur Annahme der großen Flottenvorlage führte, begann in England Beunruhigung zu erregen. Die chauvinistische Presse erweckte und nährte die Furcht vor einer „deutschen Invasion", die zu Gehässigkeiten gegen Deutschland führte, worin wieder die chauvinistischen Organe Deutschlands Gelegenheit fanden, Gehässigkeiten gegen England loszulassen. Am 22. Januar 1901 war König Eduard VII. seiner Mutter auf dem Throne gefolgt. Seine Politik der Verständigung, die zur Anbahnung der großen Schiedsaktien des europäischen Westen und zu Verständigungen mit Frankreich und Rußland führte, erregte in Deutschland Mißtrauen. Der in England herrschenden Furcht vor einem beabsichtigten deutschen Einfall standen in Deutschland die Bedenken gegen eine beabsichtigte „Einkreisung" gegenüber. Als am 14. April 1904 im deutschen Reichstag die kurz vorher abgeschlossene franko-englische Kolonialverständigung berührt wurde und der Abgeordnete *Bebel* das damals viel erörterte Thema von der *„Vereinsamung Deutschlands"* zur Sprache brachte, erwiderte der Reichskanzler, Fürst Bülow: *„Wenn wir uns unser Schwert scharf halten, so brauchen wir uns vor dem Alleinsein nicht so zu fürchten."* Als die Spannung immer gefahrdrohender wurde, griffen die Pazifisten ein. Im Jahre 1904 kamen *William Fox* und *Sir Thomas Barclay* nach Berlin, um mit den führenden Kreisen in der Reichshauptstadt Fühlung zu nehmen. Am 12. Juli 1904 kam es sogar zum Abschluß eines ständigen Schiedsvertrages zwischen

Deutschland und England, was um so erfreulicher war, als sich Deutschland der vertragsmäßigen Schiedsgerichtsbarkeit gegenüber bis dahin ablehnend verhalten hatte und mit jenem Abschluß den ersten Schritt auf der Bahn der ständigen Schiedsgerichtsbarkeit unternahm. Auf dem XIV. Weltfriedenskongreß, der im Herbst 1905 in *Luzern* staatfand, traten die englischen und deutschen Delegierten zu einer vertraulichen Besprechung zusammen, um die gespannte Lage zwischen beiden Staaten einer Erörterung zu unterziehen, und über Abhilfe zu beraten. Es wurde ein Ausschuß von je fünf deutschen und englischen Vertretern eingesetzt, der sich zwecks Gründung einer großen anglo-deutschen Verständigungsgesellschaft an die Öffentlichkeit wandte, was zunächst in England die Bildung eines Komitees zur Folge hatte, an dessen Spitze der Schwager des Königs, der Herzog von *Argyll*, stand, dem sich einige hundert Träger der ersten Namen des vereinigten Königreichs anschlossen. Am 1. Dezember kam es bereits zu der ersten großen Kundgebung in Caxton-Hall in London, der auch Vertreter der deutschen Botschaft beiwohnten. Einige Tage später fand in Berlin eine deutsche Parallelversammlung statt, die sofort zur Gründung des deutsch-englischen Verständigungskomitees führte, dem sich erste Persönlichkeiten in großer Zahl anschlossen. Um die Bildung und Fortführung dieser Gesellschaft hatte sich namentlich *E. de Neufville* aus Frankfurt a. M. große Verdienste erworben. Aus der Tätigkeit dieser großen Verständigungsausschüsse ergaben sich in den darauffolgenden Jahren die wechselseitigen Besuche wichtiger Berufsgruppen, so der Journalisten, Bürgermeister, Handelskammern, Geistlichen usw. Am 14. November 1906 konnte Fürst *Bülow* die guten Erfolge dieser aus dem Weltfriedenskongreß hervorgegangenen Aktion feststellen. So sehr es auch im Laufe der Jahre zu ernsten Verstimmungen kam und der anglo-deutsche Alp auch heute (Sommer 1912) noch nicht von der Kulturwelt genommen ist, war es doch das Wirken dieser Verständigungsgesellschaften, das die öffentliche Meinung in einem solchen Grade imprägniert hat, daß es selbst unter den kritischsten Augenblicken zu einem Bruch nicht kommen konnte.

6. Der Kampf um den Rüstungsstillstand

Der anglo-deutsche Gegensatz fand in einem gesteigerten Wettbewerb der Seerüstungen beider Staaten seinen greifbarsten Ausdruck, gleichzeitig aber auch seine fortwährende Nahrung und Steigerung. Aber auch in allen anderen Ländern Europas fuhr man fort,
die Rüstungen zu Wasser wie zu Lande zu vermehren, nachdem auf
der ersten Haager Konferenz die Formel für eine Verminderung der
Rüstungslast nicht gefunden werden konnte. Aber nicht mehr mit
fatalistischem Schweigen wurde die Vermehrung der Rüstungslasten hingenommen. Die Völker hatten schon längst gegen die steigende Belastung protestiert und in den Pazifisten wie in den fortschrittlichen Parteien des Parlaments ihre Wortführer gefunden.
Nunmehr fingen aber auch einzelne Regierungen, Staatsmänner
und Diplomaten an, das System des Rüstungswettbewerbes zu kritisieren, den Willen zu einer Änderung zu bekunden und auch teilweise mit Vorschlägen an die Öffentlichkeit zu treten.

England

Schon vor dem Zusammentritt der ersten Haager Konferenz wurden solche Stimmen laut, und die oben erwähnte Regierungserklä-
rung des ersten Lords der großbritannischen Admiralität, *Goschen*,
vom 9. März 1899 war nach dem Zarenmanifest der erste offizielle
Vorstoß nach der Richtung einer vernünftigen Regelung des Rüstungswesens. Noch im Juli 1903 bestätigt der damals allmächtige
Minister *Chamberlain*, daß die Erklärung Lord Goschens für das englische Kabinett noch immer bindend sei.[71]

In England war 1905 die liberale Partei ans Ruder gelangt und
schickte sich an, ihre in der Opposition vertretenen Anschauungen
zu verwirklichen. Noch im Februar 1905 war ein Antrag des liberalen Unterhausmitgliedes Mc. *Crae*, in dem das Bedauern darüber
ausgedrückt wurde, daß die Regierung keine Schritte unternommen

---

[71] Siehe darüber: Rede des Barons D'ESTOURNELLES DE CONSTANT über eine
franko-englische Entente zur Beschränkung der maritimen Rüstungen, gehalten
in der Sitzung des französischen Senats am 11. April 1905. Autorisierte Übersetzung nach dem „Journal Officiel de la République française" am 12. April 1905.
Berlin 1905, Verlag der „Friedens-Warte" 1905, S. 12 und 13.

hatte, um durch Verhandlungen mit anderen Mächten zu einer allgemeinen Herabsetzung zu gelangen, mit 220 gegen 164 Stimmen abgelehnt worden. Aber schon im Dezember desselben Jahres konnte der neue Ministerpräsident *Campbell-Bannermann* in seiner Programmrede erklären, daß er die Vermehrungen der Rüstungen als eine große Gefahr für den Weltfrieden betrachte. „Die Politik der ungeheuren Rüstungen", so sagte er, „erhält und nährt die Idee, daß die Gewalt die erste, wenn nicht einzige Lösung internationaler Konflikte darstellt." Wiederholt kamen anfangs 1906 Mitglieder des englischen Kabinetts auf das Rüstungsproblem zu sprechen. Der Kriegsminister *Haldane* sprach sich am 10. Januar in Dunbar günstig für eine Verminderung der Rüstungen aus und sagte am 8. März im Unterhause: „Ich wünschte, wir wären erst so weit, daß die Völker gemeinsam der Frage einer Beschränkung der Rüstungen näher träten. Nur durch ein gemeinsames Vorgehen können wir uns von der Last der Rüstungen befreien[72]" Am 12. März 1906 erwiderte *Campbell-Bannermann*, dieser Pazifist auf dem Ministerstuhl, auf die Anfrage *Percy Aldens* im Unterhaus über die Möglichkeit einer gleichzeitigen Rüstungsverminderung auf Grund anzubahnender Verhandlungen, unter dem Hinweis auf seine früheren Äußerungen, daß er keine Gelegenheit vorübergehen lassen werde, um dieses Ergebnis zu fördern, und bei einem Festbankett am 26. April desselben Jahres drückte der Minister die Hoffnung aus, daß die damals erreichte Verständigung über Marokko vielleicht die Möglichkeit geben werde „zu einer Herabminderung der schrecklichen militärischen Ausgaben"; er glaube auch, daß sich England in dieser Angelegenheit an die Spitze setzen könnte.

Im Frühjahre 1906 hatte die russische Regierung einen Programmentwurf für die zweite Haager Konferenz veröffentlicht, in dem von der Erörterung des Rüstungsproblems nicht die Rede war. Es handelte sich nun darum, die öffentliche Meinung der Welt zugunsten einer Erörterung dieser Frage im Haag aufzurütteln. Die liberale englische Regierung ließ es dabei an Initiative nicht fehlen. Im Mai 1906 bot sich ihr Gelegenheit, ihren rüstungsfeindlichen Standpunkt

---

[72] Auch am 9. November 1906 betonte HALDANE am Lordmayorsbankett die Notwendigkeit einer Beschränkung der Kriegsrüstungen und sprach die prophetischen Worte: *„Es wird eine Zeit kommen, die auf das Barbarentum der Gegenwart mit Staunen zurückblicken wird."*

offen klar zu legen und einen Vorstoß zugunsten einer allgemeinen Rüstungsverminderung zu unternehmen. In der Sitzung des Unterhauses stellte der Arbeiterdeputierte *Vivian* an die Regierung die Aufforderung, „wirksame Schritte zu unternehmen, um die Ausgaben der Rüstungen zu verringern, und die Aufnahme der Frage der Einschränkung der Kriegsrüstungen in das Programm der Haager Konferenz zu betreiben". Dieser Antrag wurde von der Kammer unter Hochrufen einstimmig angenommen, und der Staatssekretär des Auswärtigen, Sir Edward *Grey*, schloß sich namens der Regierung beifällig dieser Resolution an. „Die nationalen Ausgaben", so führte er in seiner denkwürdigen Rede aus, „sind erheblich gewachsen, es ist jedoch Aussicht vorhanden, sie, ohne die Sicherheit des Landes preiszugeben, um ein beträchtliches zu vermindern. Ich billige die von Mr. Vivian vorgebrachte Resolution wegen der Wirkung, die sie in anderen Ländern haben könnte. Zu keiner anderen Zeit ist die öffentliche Meinung Europas stärker auf den Frieden bedacht gewesen als gerade jetzt, und dennoch vermehren sich die Lasten der Armee- und Marineausgaben unaufhörlich. Die Haager Konferenz könnte kein verdienstvolleres Werk tun, als die Bedingungen für den Frieden weniger kostspielig zu gestalten als bisher. Man sagte, wir sollen auf die anderen Mächte warten. *Aber wie die Verhältnisse liegen, warten alle Mächte auf einander, und eines Tages wird eine derselben den ersten Schritt tun müssen.* Es kann sein, daß eine andere Macht bereit ist, den ersten Schritt zu tun, aber es ist auch nicht ausgeschlossen, daß wir ihn machen werden. Im Namen der Regierung nehme ich die Resolution *als eine erfreuliche Äußerung der öffentlichen Meinung an* und heiße sie aus diesem Grunde willkommen. Ich bin auch überzeugt, daß diese Resolution auch von den anderen Ländern als eine von dem britischen Parlament ausgehende Einladung, die Rüstungen zu vermindern, aufgefaßt werden wird."

Am 25. Mai fand eine ebenso denkwürdige Debatte im Oberhause statt, wo Lord *Avebury* die Regierung über den Stand der Anregung zu einer gemeinsamen Verminderung der Rüstungslasten in einer hervorragenden Rede befragte, worauf der Unterstaatssekretär des Auswärtigen, Lord *Fitz-Maurice*, sich der im Unterhause gegebenen Erklärung Sir *Edward Greys* anschloß und hinzufügte, daß die Regierung hoffe, im nächsten Jahre eine Verminderung der Rüstungen vornehmen zu können. Er drückte die Zuversicht aus, daß

die Verhandlung im Oberhause „als eine Einladung an die anderen
Länder aufgefaßt werden möge, der englischen Aufforderung zugunsten einer Herabsetzung der Rüstungen zu entsprechen".

Die englische Regierung ging noch weiter. Auf ihren ausdrücklichen Wunsch versammelte sich im Juli 1906 die interparlamentarische Union in London, die mit hohen Ehren empfangen wurde. 620
Abgeordnete aus 23 Ländern waren erschienen. Premierminister
Campbell-Bannermann hielt eine denkwürdige Eröffnungsrede. *„Bestehen Sie im Namen der Menschlichkeit darauf,"* rief er den Mitgliedern
der Konferenz zu, „daß Ihre Regierungen sich mit der festen Absicht
nach dieser Konferenz im Haag begeben, mit der wir selbst dahin
zu gehen hoffen, mit der Absicht, *die Lasten des Kriegs- und Marinebudgets zu vermindern"*. Die Rede gab den Anlaß zu einer hochbedeutenden Erörterung, an der sich die Vertreter der meisten Länder
beteiligten. Die Reden des Baron *d'Estournelles* und des amerikanischen Politikers *Bryan* waren hervorragende Plaidoyers pazifistischer Gesinnung. Einstimmig wurde schließlich folgende Resolution angenommen: „Da die interparlamentarische Konferenz der
Ansicht ist, daß das Anwachsen der Flotten- und Heeresausgaben,
die auf der Welt lasten, universell als unerträglich betrachtet wird,
drückt sie formell den Wunsch aus, daß die Frage der Rüstungsbeschränkungen auf das Programm der nächsten Haager Konferenz
gestellt werde." Außerdem wurden die Mitglieder der Konferenz
aufgefordert, bei ihren Regierungen und in ihren Parlamenten ihren
ganzen Einfluß geltend zu machen, damit die Frage der Rüstungsbeschränkungen in jedem Lande eingehend studiert werde.

Campbell-Bannermann trat noch wiederholt für den Gedanken einer gemeinsamen Beschränkung der Rüstungen hervor, so in der
Sitzung des Unterhauses vom 5. März 1907. Er wies auf den Urgrund der Einberufung der ersten Haager Konferenz hin und fügte
hinzu: „Ich kann nicht annehmen, daß das, was vor fünf Jahren den
Hauptgegenstand der Erörterungen bildete, jetzt ein völlig lächerlicher Gegenstand geworden sei, nachdem die Welt an Weisheit zugenommen hat." Er erklärte, daß England *„die Pflicht habe"*, das
Thema der Rüstungsbeschränkungen zur Sprache zu bringen, „da
wir der Ansicht sind, daß eine starke Geistesströmung unter den
denkenden Menschen in allen Staaten Europas vorhanden ist … für
einiges Loskommen von den riesigen Aufwendungen, die der ge-

genwärtige Zustand mit sich bringt ... wir wünschen uns in die erste
Reihe derjenigen zu stellen, die der Meinung sind, daß die kriegerische Haltung der Mächte gegeneinander, *wie sie sich in dem übermä-
ßigen Anwachsen der Rüstungen zeigt, ein Fluch ist,* und daß es um so
besser ist, je eher ihnen, wenn auch nur in bescheidenem Maße, Einhalt getan wird."

Frankreich

In Frankreich trat Baron *d'Estournelles* im Senat für die Beschränkung der Rüstungen ein. und Ministerpräsident *Bourgeois* konnte
am 12. Juni 1906 in der Deputiertenkammer erklären, daß er jede
Initiative zur Vermeidung der Rüstungen voll Sympathie begrüßen
werde; im Dezember setzte die Kammer sogar als Folge einer von
Gaston Moch eingeleiteten Kampagne den Kredit für die Befestigun-
gen an der italienischen Grenze von 290.000 auf 190.000 Frcs. herab,
um damit ein Zeichen ihres guten Willens zu geben.

Italien, Österreich-Ungarn, Amerika

In Italien hatte sich im Senat am 17. Juni 1904 der Kriegsminister *Pe-
dalti* energisch gegen einen Vorschlag gewandt, der dahin ging, die
Rüstungen zu vermehren, und am 14. Juni 1906 antwortete *Tittoni*,
der damalige italienische Minister des Äußern, auf eine im Hinblick
auf die Erörterungen im englischen Parlament gestellte Anfrage,
„daß es ein *Verbrechen gegen die Menschheit* wäre, nicht aufrichtig an
den Unternehmungen mitzuwirken, die eine gleichzeitige Verminderung der Rüstungen der großen Nationen zum Ziele haben". Er
fühlte sich glücklich, dem Fragesteller sagen zu können, daß die italienischen Delegierten auf der nächsten Haager Konferenz das Mandat erhalten werden, die englische Initiative zu unterstützen. Auch
noch in anderen europäischen Parlamenten gab es in dieser Zeit An-
fragen über das Rüstungsproblem und mehr oder weniger sympathische Antworten von den Regierungsbänken. Der österreichisch-
ungarische Minister des Auswärtigen, *Graf Goluchowsky,* fand in den
österreichischen Delegationen im Sommer 1906 auf eine diesbezüg-
liche Anfrage des Abgeordneten *Klofač* nur eine ausweichende Antwort. Hingegen hat Präsident *Roosevelt* in seiner Botschaft an den

Kongreß der Vereinigten Staaten im Dezember 1905 darauf hingewiesen, daß eine steigende Organisation der Kulturwelt die Notwendigkeit von Armeen und Flotten in Wegfall bringen wird. Nur aus dem Süden der Neuen Welt ist eine Rüstungsverminderung als Tatsache zu verzeichnen. Dort schlossen am 28. Mai 1902 *Chile* und *Argentinien* einen Schiedsvertrag, der mit einem *Abrüstungsabkommen* verbunden war. Eine Christusstatue, die aus geschmolzenen Kanonen gegossen wurde, wurde ,als Zeichen der Erinnerung an dieses Abkommen an der Grenze beider Länder auf einem Höhepunkt des Anden-Passes errichtet, und schon im Mai 1904 konnte der Präsident von Chile bei der Eröffnung der Kammer erklären, daß die Finanzen von der Last des bewaffneten Friedens befreit seien, daß sich die Staatseinnahmen zusehends bessern und der durch den Verkauf der Kriegsschiffe erzielte Betrag zur Verbesserung der Häfen frei wurde.[73]

Die Einfügung des Rüstungsproblems
in das Programm der II. Haager Konferenz

Die russische Regierung hatte anfangs 1907 den Staatsrat v. *Martens* an die europäischen Kabinette entsandt, um diese über das Konferenzprogramm zu sondieren, hauptsächlich, um über die Zulassung des Rüstungsproblems in das Programm zu unterhandeln. Das nach der Rückkehr v. Martens veröffentlichte zweite Konferenzprogramm ließ aber das Rüstungsproblem abermals vermissen. Wohl aber veröffentlichte die russische Regierung am 3. April ein Rundschreiben an die an der Konferenz teilnehmenden Mächte, worin mitgeteilt wurde, daß sich die Regierung der *Vereinigten Staaten* und die *spanische Regierung* das Recht vorbehalten haben, die Rüstungsfrage zu erörtern, die *großbritannische Regierung* sogar das Recht, „diese Frage aufzuwerfen", während *Rußland, Deutschland* und *Osterreich-Ungarn* sich wieder das Recht vorbehielten, „sich auf der Konferenz jeder Frage zu enthalten, die ihnen nicht zu einem praktischen Ergebnis zu führen scheint", womit der Standpunkt jener drei Mächte deutlich genug gekennzeichnet wurde.

---

[73] Nach Ablauf jenes Abkommens scheinen die beiden Staaten mit den Rüstungen wieder eingesetzt zu haben. Genaues war nicht ausfindig zu machen.

In der Tat verharrte die öffentliche Meinung in Deutschland der englischen Anregung gegenüber bis weit in die liberalen Kreise hinein in großer Skepsis. Ja man ging in der Presse soweit, das zielbewußte Verlangen der englischen Regierung, im Haag zu einer Erörterung des Rüstungsproblems zu gelangen, als einen schlauen „Trick" anzusehen, durch den Deutschland *allein* gehindert werden sollte, seine Wehrkraft auszubauen. Logisch war ein solcher Einwand gerade nicht, denn eine derartige Absicht Englands wäre alles eher als „schlau" gewesen, und das Manöver, das hier England zugemutet wurde, wäre ein so plumpes und offenkundig zweckloses gewesen, daß die übereifrigen Zeitungsschreiber gar nicht bedachten, wie sehr sie mit ihrer Voraussetzung das deutsche Volk selbst aufs ärgste beleidigten. Das Mißtrauen war aber in diesen Tagen des höchsten Einkreisungsspukes, nach der offenkundigen Niederlage von Algeciras in Deutschland so groß geworden, daß für die Logik kein Spielraum übrig blieb. Als es fest stand, daß das Rüstungsproblem auf der Haager Konferenz besprochen werden sollte, erschien dies sogar Leuten, die man ernst zu nehmen geneigt war, als eine Kriegsgefahr[74]. Ein Mann wie der Abg. *Bassermann* scheute sich nicht, in offener Reichstagssitzung (23. und 24. April 1903) zu sagen: „Wenn wir die Haager Konferenz *glücklich überstanden haben*, wenn diese Friedenskonferenz hinter uns liegt, dann werden, hoffen wir, *Zeiten kommen, in denen sich eine friedlichere Beurteilung der Lage wieder einstellen wird*". Und in derselben Sitzung, in der sich der Reichstag mit der bevorstehenden Haager Konferenz befaßte, hielt es der Kriegsminister für angebracht, in ostentativer Weise Deutschlands Bereitschaft für den Krieg zu betonen und sich den Worten des alt- und urdeutschen Kriegsbarden, Abg. *Liebermann v. Sonnenberg*, „Sie mögen kommen!" mit besonderer Betonung anzuschließen[75]. In der

---

[74] Vgl. des Verfassers Artikel „Der Komet kommt!" in „Die Friedens- Warte" 1907, S. 81 u. f.

[75] Ähnlich urteilte auch ein großer Teil der deutschen Presse. Die *„Tägliche Rundschau"* vom 9. April schrieb im Leitartikel: „Je näher die Friedenskonferenz heranrückt ... desto mehr zeigt sich, daß ihr ein ausgesprochen friedensstörender Charakter anhaftet." Das *„Leipziger Tageblatt"* (Leitartikel vom 5. April): „Es ist doch eine eigentümliche Erscheinung, daß fast die einzige Wolke, welche den

Sitzung vom 30. April 1907 ergriff endlich der Reichskanzler Fürst *Bülow* das Wort. Er bestritt in längerer Ausführung, daß die Zurückhaltung in der Rüstungsfrage Deutschland in den Ruf heimlicher Kriegslust bringen könnte. Er verspreche sich nichts von der Erörterung des Problems, halte es dennoch für angezeigt, daß Deutschland sich wohl an der Konferenz beteilige, jedoch darauf beschränke, „diejenigen Mächte, die sich einen Erfolg von der Diskussion versprechen, *diese allein führen zu lassen.*" Zum Schlusse fügte er dann noch hinzu: „Wenn bei der Erörterung der Abrüstungsfragen etwas Praktisches herauskommt, so werden wir dann gewissenhaft prüfen, ob es dem Schutze *unseres* (!) Friedens, ob es unseren nationalen Interessen, ob es unserer besonderen Lage entspricht."

Starke Sympathien waren es demnach nicht, die die deutsche Regierung, große Teile des deutschen Volkes und die deutsche Presse dieser wichtigsten und brennendsten aller internationalen Fragen entgegenbrachten.

7. Die Friedenspropaganda.
Die Interparlamentarischen Konferenzen und die Friedenskongresse

Nachdem hier nun die auf die pazifistische Bewegung Bezug habenden politischen Ereignisse des Zeitabschnittes von 1899 bis 1907 in großen Strichen gekennzeichnet wurden, und der Stellungnahme wie des Einflusses gedacht wurde, den der Pazifismus darauf genommen hat, ist es noch wichtig, einen allgemeinen Blick auf die Friedenspropaganda jener Jahre zu werfen.

Der organisierten Friedensbewegung war durch das Zustandekommen der ersten Haager Konferenz eine bestimmte Richtung für ihre Aktionen gegeben worden, der sie seitdem auch genau gefolgt ist. Ihr oblag es, das zarte Reis, das im Haag eingesetzt wurde, zu schützen und zur Entwicklung zu bringen. Sie hat sich dieser großen Aufgabe auch mit ernster Beharrlichkeit hingegeben.

----

politischen Horizont in diesen Frühlingsmonaten beschattet, die bevorstehende Konferenz ist, welche zur dauernden Sicherung des Weltfriedens berufen ist." Siehe diese Zeitungsstimmen und andere in *„Die Friedens-Warte"* 1907, S. 96 u. f.

Unmittelbar nach Unterzeichnung der Haager Protokolle trat – am 2. August 1899 – zu *Kristiania* die IX. *interparlamentarische Konferenz* zusammen, die bis zum 4. August unter dem Vorsitz *John Lunds*, damals Präsidenten des norwegischen Lagthings, und *Horsts*, damaligen Präsidenten des Odelsthing, tagte. Die Sitzungen fanden im großen Saal des Storthings statt. Staatsminister *von Steen* hielt die Eröffnungsrede. Es herrschte unter den zahlreich versammelten Delegierten eine gewisse Siegesstimmung. Der authentische Wortlaut der Haager Abmachungen wurde erst während der Sitzungen durch *William T. Stead*, der direkt aus dem Haag nach Kristiania gekommen war, überbracht. Die interparlamentarische Union hatte allen Anlaß, sich dieses Ereignisses zu freuen; war doch von ihr die erste machtvolle Anregung zur Errichtung eines internationalen Schiedshofes ausgegangen, und hatten doch gerade jene Mitglieder der interparlamentarischen Union, die in deren Auftrag die positiven Vorarbeiten leiteten, Gelegenheit, als Regierungsdelegierte an dem Haager Werk mitzuarbeiten (Descamps, Beernaert, Rahusen usw.). Wie sehr die IX. interparlamentarische Konferenz unter dem Eindruck des Haager Ereignisses stand, bezeugen ihre Beschlüsse, die sich fast durchweg auf jenes bezogen. Damals bereits wurde der Wunsch ausgedrückt, daß dieser *ersten Konferenz bald weitere folgen mögen*. In einem anderen Beschluß beglückwünschte die Konferenz den Einberufer der Haager Versammlung, den Kaiser von Rußland, und betonte dabei ihre Genugtuung, daß der von ihr im Jahre 1895 angenommene „Entwurf zur Errichtung eines internationalen Schiedsgerichtes", im Haag grundsätzliche Annahme fand. Die nationalen Gruppen der Union wurden verpflichtet, die Zustimmung ihrer Regierungen zu den Haager Beschlüssen zu erwirken, wie zum Abschluß weiterer Schiedsverträge anzuspornen und den Zutritt der nicht im Haag vertreten gewesenen Länder zu den dort abgeschlossenen Abkommen zu erleichtern sowie die Ergebnisse der Konferenz volkstümlich zu machen. Die Gruppen wurden ferner aufgefordert, die Haager Beschlüsse zu studieren und die ihnen notwendig erscheinenden Ergänzungen möglichst sofort dem interparlamentarischen Rat zur Kenntnis zu bringen. Auch wurden in Kristiania die ersten Mitteilungen über die Organisation der *Nobelstiftung* offiziell bekanntgegeben.

IX. Weltfriedenskongreß
zu Paris

Das Jahr 1900 brachte die große Pariser Weltausstellung, an und für sich ein Friedensfest. Die Friedensgesellschaften hatten darin eine vom Berner Bureau veranstaltete, in der Hauptsache von *Gaston Moch* geleitete Ausstellung durchgeführt. Im Rahmen der Weltausstellung fand unter großer Anteilnahme von Angehörigen aller Länder der IX. *Weltfriedenskongreß* statt. Eröffnet wurde er von dem damaligen Handelsminister *Millerand; Frédéric Passy* übernahm das Ehrenpräsidium, der berühmte Physiologe *Charles Richet* fungierte als Präsident, *Gaston Moch*, der rührige Präsident des Organisationskomitees, als Vizepräsident. Die Versammlungen fanden vom 30. September bis 5. Oktober in dem großen Kongreßgebäude der Ausstellung statt, das direkt an den Ufern der Seine lag, mitten in der malerischen Umgebung der herrlichen Ausstellungsszenerie und der von der Ferne herübergrüßenden Kuppeln und Brücken von Paris. In erster Linie beschäftigte sich der Kongreß mit dem Transvaalkrieg, den er in verschiedenen Resolutionen verurteilte, dabei der englischen Regierung die Verantwortung zuschiebend. Es war erhebend, zu sehen, wie die Engländer sämtlich für diese Resolution eintraten und sogar noch schärfere Wendungen vorschlugen. Das englische Parlamentsmitglied *Clark* bezeichnete den Krieg sogar als ein unentschuldbares Verbrechen Englands. Der Kongreß drückte ferner sein Bedauern aus, daß keiner der Haager Vertragsstaaten den Versuch gemacht habe, die ihnen durch das Abkommen auferlegten Pflichten zu erfüllen, und drückte schließlich den englischen Kongreßmitgliedern für ihre mutigen Erklärungen seine Sympathien aus. Die blutigen Ereignisse in Armenien, die Vorgänge in China gaben dem Kongreß weiteren Anlaß zu energischer Stellungnahme. Schließlich beschäftigte man sich eingehend mit dem Bloch'schen Werk und forderte eine Staatenenquete über die veränderten Bedingungen des Kriegsmechanismus, wie sie Bloch bewiesen hat.

Einige Monate vorher, vom 31. Juli bis 2. August, hatte im Sitzungssaal des französischen Senats, im altberühmten Palais Luxembourg zu Paris, die X. *Interparlamentarische Konferenz* stattgefunden, die vom Großsiegelbewahrer *Monis* namens der Regierung begrüßt und eröffnet, vom damaligen Senatspräsidenten *Fallières* präsidiert wurde. Die Konferenz faßte eine Resolution, worin sie auf § 19 der Haager Abkommen aufmerksam und ihren Mitgliedern es zur Pflicht machte, bei ihren Regierungen dahin zu wirken, daß auf Grund jenes Paragraphen weitere Schiedsverträge abgeschlossen würden, und möglichst in alle Verträge die Schiedsklausel aufgenommen werde. Sie brachte neuerdings zum Ausdruck, daß eine Vervollständigung der Haager Abkommen in mannigfachen Punkten wünschenswert erscheine, und verpflichtete auf Antrag des ungarischen Politikers Grafen *Albert Apponyi* ihre Mitglieder, für die Gründung einer internationalen *Presse-Union für Frieden und Schiedsgericht* einzutreten. Im Hinblick auf die chinesischen Wirren nahm die Konferenz eine von Baron *d'Estournelles* vorgeschlagene Resolution an, die die Regierungen aufforderte, dahin zu wirken, daß die Vorgänge in China nicht den Anlaß zu neuen Eroberungen und neuen Kriegen geben mögen, daß die Vereinigung der Staaten zur Unterdrückung der dortigen fremdenfeindlichen Bewegung vielmehr den Anfang zu einer dauernden und organisierten Vereinigung zwischen diesen Staaten bedeuten möge. Die Konferenz richtete schließlich ihren Dank an alle, die an den Ergebnissen der Haager Konferenz mitgearbeitet haben, und gab der Hoffnung Ausdruck, daß sich die Mächte des zu ihrer Verfügung gestellten Mittels nunmehr bedienen würden.

X. Weltfriedenskongreß zu Glasgow

Auch das Jahr 1901 sah noch keinen Frieden in Südafrika. Vom 10.–13. September tagte in *Glasgow* der X. Weltfriedenskongreß. Den Vorsitz führte das liberale Unterhausmitglied Sir *Joseph W. Pease*. Der Kongreß fand in St. Andrew's Hall statt und wurde später vom Lord-Prevost begrüßt Es ist selbstverständlich, daß auf diesem Kongresse, der auf englischem Boden stattfand, der Krieg, den das Britenreich in Südafrika führte, eine große Rolle spielte. *William Stead*, der heldenmütige Bekämpfer des Transvaalkrieges, benützte die Gelegenheit, um in einer flammenden Rede gegen die „Blutschuld" zu protestieren, die England mit diesem Kriege auf sich geladen habe. „Der Fluch der Kultur", so rief er aus, „liegt auf Englands Haupt, während Transvaal für die Zivilisation kämpft, denn es kämpft für die Schiedsgerichtsbarkeit." *Stead* griff in so harter Weise sein Vaterland an, daß der deutsche Professor *Quidde* dieses gegen den Vorwurf der Unkultur in Schutz nehmen mußte. Es wurde schließlich eine Resolution angenommen, die einem Staat, der im Falle eines Krieges die vier Arten des Ausgleiches, die die Haager Abmachungen eröffnen, unbeachtet läßt, den Anspruch, als zivilisierter Staat zu gelten, absprach und jeden Bürger, der bewußt die Handlung seiner Regierung billigt, zu deren Mitschuldigen stempelte. Außerdem protestierte der Kongreß gegen den Vorwurf der Vaterlandslosigkeit, der den Friedensfreunden gemacht wurde, erklärte, daß die Abrüstung nur die Folge einer Friedensorganisation sein könne und forderte die Offenerklärung der Haager Abmachungen. Er verlangte ferner den Einklang der staatlichen Handlungen mit der Moral und dementsprechend eine dem Krieg und Militarismus entgegengesetzte Haltung der Regierungen; er sprach den Bloch'schen Lehren seinen Beifall aus und verlangte abermals deren Prüfung durch die Regierungen, protestierte gegen die Einführung der allgemeinen Wehrpflicht in England und befaßte sich des weiteren mit zahlreichen, die Friedensagitation betreffenden Angelegenheiten.

Der interparlamentarische Rat zu Brüssel

Die interparlamentarische Union, die im Jahre 1901 keine Zusammenkunft abhielt, versammelte den interparlamentarischen Rat am 2. September zu Brüssel, der in seiner Sitzung zum Transvaalkrieg und zu der chinesischen Angelegenheit Stellung nahm. Auf Antrag von *John Lund* (Norwegen) wurde unter Darlegung zahlreicher Fälle von Übertretungen des Kriegsrechts in Südafrika gegen solche seitens der englischen Regierung veranlaßten Völkerrechtsverletzungen und Verletzungen der Haager Konvention feierlichst Protest erhoben, außerdem der Wunsch nach Offenerklärung der Haager

Konventionen und der allgemeinen Anwendung der Haager Beschlüsse nochmals ausgedrückt.

Vom 2.–6. April 1902 tagte zu Monako an der an Naturschönheiten so reichen Küste des ligurischen Meeres der XI. *Weltfriedenskongreß*, der vom Gouverneur des Fürstentums, Herrn *Olliver Ritt*, eröffnet und von *Gaston Moch*, dem Organisator der Vorarbeiten, präsidiert wurde. Das gewaltsame Vorgehen der französischen Regierung gegen die Türkei aus Anlaß des Turbini-Lorando-Konflikts gab dem Kongreß Veranlassung, in einer ausführlichen Resolution die durch jenes Vorgehen erfolgte Verletzung der Vorschriften des positiven Völkerrechts zu betonen und die Ansicht zu vertreten, daß eine Nation nicht eher die Gewalt in den Dienst des Rechtes stellen dürfe, ehe ihr dieses Recht nicht durch ein internationales Tribunal zuerkannt wurde. Der Kongreß protestierte gegen die alle Kultur verhöhnenden grausamen Maßnahmen der Türkei gegen die Armenier, rief die Vertragsstaaten des Berliner Vertrages zur Durchführung der vom Berliner Kongreß der Türkei auferlegten Reformen an und lenkte schließlich, angesichts des noch immer währenden Transvaalkrieges, das Augenmerk der Regierungen durch die im Transvaal sich ergebenden Tatsachen auf die *Unmöglichkeit*, zwischenstaatliche Schwierigkeiten durch Gewalt zu lösen; er mißbilligte die im Chinafeldzug begangenen Greuel und faßte außerdem noch verschiedene Beschlüsse in bezug auf internationales Recht, Freihandel und Organisation der Friedenspropaganda.

In den Herbsttagen des darauf folgenden Jahres versammelte sich in Wien (vom 7.–9. September 1903) die im Vorjahre verschobene XI. *interparlamentarische Konferenz*, die, von der Regierung aufs wärmste begrüßt, im Sitzungssaal des österreichischen Reichsrates unter zahlreicher Beteiligung von Abgeordneten aus allen Ländern ihre Beratungen abhielt. Vorbereitet von dem Präsidenten der österreichischen interparlamentarischen Gruppe, *Pierre v. Pirquet*, tagte die Konferenz unter dem Vorsitz von *Ernst v. Plener*, dem Präsidenten des obersten gemeinsamen Rechnungshofes. Der Minister des Innern, Dr. *v. Körber*, begrüßte die erschienenen Volksvertreter namens der Regierung. Zahlreiche Diplomaten und Politiker, darunter mehrere Mitglieder des Haager Hofes, wohnten den Sitzungen bei. Die Konferenz stellte mit Genugtuung die seit ihrer letzten Tagung in Paris (1900) eingetretene Entwicklung der Schiedsgerichtsbarkeit und des Völkerrechtes fest, namentlich das Inkrafttreten des Haager Hofes, und drückte abermals den Wunsch aus, daß *baldmöglichst ein zweiter Zusammentritt der Haager Konferenz* stattfinde, dessen Zweck es sein sollte, das Haager Werk auszubauen und verschiedene ihm noch innewohnende Mängel zu beseitigen. Die Konferenz beschäftigte sich noch mit der Neutralität der skandinavischen Staaten, mit dem Vorschläge der Einführung der „Pacigérance" (die gemeinsame Betätigung der Staaten für die Aufrechterhaltung oder Wiederherstellung des Friedens) und mit der Aufnahme der Schiedsklausel in die abzuschließenden Handelsverträge, sie regte die Einberufung einer Regierungskonferenz zum Zwecke der Beratungen über einen Rüstungsstillstand an und erteilte dem interparlamentarischen Rat für seine im Jahre 1901 in Brüssel gefaßten Beschlüsse Entlastung.

XII. Weltfriedenskongreß zu Rouen und Havre

Unmittelbar nach der Wiener interparlamentarischen Konferenz versammelten sich die Vertreter der Friedensbewegung zum XII. *Weltfriedenskongreß in Rouen*, der dort vom 22.-25. September tagte und am 26.–27. September in Havre seinen Abschluß fand. Der Kongreß stand unter dem Protektorate des Präsidenten *Loubet*, wurde vom Präfekten des innern Seinedepartements Herrn *de la Fosse*, namens der Regierung begrüßt und in Havre vom Handelsminister *Trouillot* geschlossen. Das Präsidium führte *Emile Arnaud*. Die Veranstaltung stand ganz unter dem Einfluß der hohen Bedeutung, den die Friedensbewegung in Frankreich errungen, und wurde von allen Teilen der Bevölkerung, von der Regierung sowohl wie vom Bürgerstande und den Arbeitern, die sich in großen Massenversammlungen daran beteiligten, aufs beifälligste begrüßt.

In bezug auf Armenien und Mazedonien wurde der Standpunkt auf friedliche Durchsetzung der im Berliner Vertrag beschlossenen

Reformen, in Hinsicht auf die Angliederung des Transvaals, deren Widerspruch mit den Grundsätzen der internationalen Justiz festgestellt, hingegen der Sieg der Schiedsgerichtsbarkeit, der in der Überweisung der Venezuelafrage an das Haager Tribunal zu erblicken war, hervorgehoben. Anknüpfend an den von der vorhergehenden interparlamentarischen Konferenz zu Wien geäußerten Wunsch auf Einberufung einer neuen Regierungskonferenz, die, einem im Haag gefaßten Beschlüsse entsprechend, das Problem eines Rüstungsstillstandes neuerdings ins Auge fassen möchte, schloß sich der Kongreß dem Wunsche der Interparlamentarier an; er empfahl verschiedene Maßnahmen, die der Verwirklichung dienen sollten, und forderte den Präsidenten der französischen Republik auf, die Initiative zu einer Vereinbarung über einen Rüstungsstillstand zu ergreifen. In bezug auf die deutsch-französische Annäherung gelangte man zu dem an anderer Stelle (siehe oben S. 155 f) erwähnten Beschluß, erörterte alsdann den Begriff des „Rechtes der Staaten auf Notwehr“, der zu interessanten Erörterungen Anlaß gab, ohne daß, infolge des Widerstandes einiger englischer und amerikanischer Vertreter von auf religiöser Grundlage beruhenden Friedensgesellschaften, ein endgültiger Beschluß zustande kam (siehe oben TEIL I, S. 12 u. f.). Unter verschiedenen anderen Materien erörterte der Kongreß noch den vom Völkerrechtslehrer *Prof. Mérignhac* vorgeschlagenen Entwurf über die „Freiheit der Luft“; er empfahl ferner die Abhaltung nationaler Friedenskongresse.

XII. Interparlamentarische Konferenz zu St Louis

Die Weltausstellung, die 1904 in St Louis abgehalten wurde, führte die Friedensorganisationen in jenem Jahre über den Ozean. In St. Louis selbst tagten unter dem Vorsitz des Repräsentantenhausmitgliedes *Richard Bartholdt* vom 12.–14. September die Interparlamentarier. Die Konferenz gab ihrem Bedauern Ausdruck, daß die Vertragsmächte der Haager Abkommen den russisch-japanischen Krieg durch ihre Vermittlung nicht zu verhindern vermochten, und stellte das Ersuchen, daß wenigstens Schritte zur baldigen Wiederherstellung des Friedens unternommen werden. Sie gab ihrer Genugtuung Ausdruck über die in der letzten Zeit erfolgten Schiedvertragsabschlüsse und äußerte verschiedene Wünsche über eine Neuordnung der interparlamentarischen Union. Als wichtigster Punkt ihrer Beratungen gilt die Resolution, in der das Verlangen nach einer zweiten Haager Konferenz zum Ausdruck gebracht wurde, worin sie gleichzeitig an den Präsidenten der Vereinigten Staaten das Ersuchen stellte, die Initiative für deren Zusammentritt zu ergreifen. Am 29. September wurde diese Resolution von einer Abordnung der Konferenz dem Präsidenten Roosevelt im Weißen Hause zu Washington überreicht, der sofort die Zusicherung gab, daß er an einem nahen Zeitpunkt die übrigen Nationen auffordern werde, sich zu einem zweiten Kongreß im Haag zu versammeln, ein Versprechen, das er auch alsbald erfüllte (siehe oben TEIL I, S. 241).

XIII. Weltfriedenskongreß zu Boston

Der XIII. Weltfriedenskongreß war nach Boston einberufen worden, das damals noch der Sitz der amerikanischen Friedensgesellschaft war. Dort tagte er vom 3.–8. Oktober unter dem Vorsitz des Präsidenten der American Peace Society, *Robert Trait Paine* (1835–1908), der im Verein mit *Edwin D. Mead* und *Benjamin F. Trueblood* die Organisierung dieser großartigen Veranstaltung übernommen hatte. Staatssekretär *John Hay* begrüßte die Versammlung im Namen der Regierung und im Auftrage des Präsidenten *Roosevelt*, von dessen Bemühungen zur Veranstaltung einer zweiten Haager Konferenz er bei dieser Gelegenheit offiziell Mitteilung machte. Die Beratungen gingen unter ungeheurer Teilnahme des Publikums vor sich, das oft zu Tausenden erschienen war. Auch von Europa waren hervorragende Pazifisten in großer Zahl hinübergekommen und viele hohe Würdenträger des Staates und der Kirche nahmen an den Beratungen teil, wie an den öffentlichen Versammlungen, die allabendlich in den größten Sälen der Stadt abgehalten wurden.

In den zahlreich gefaßten Beschlüssen beglückwünschte der Kongreß die Regierungen zu den abgeschlossenen Schiedsverträgen, forderte er die Einfügung der Schiedsklausel in die Handelsverträge, richtete er an die Vertragsmächte des Haager Abkommens das Verlangen, dem russisch-japanischen Krieg Einhalt zu tun, protestierte er gegen die Greuel in Armenien und im Kongostaat und dankte er dem Präsidenten Roosevelt für seine zwecks Fortsetzung der Haager Konferenz unternommenen Schritte. Zahlreiche andere

Beschlüsse befaßten sich mit Anregungen verschiedener Art über Propagandafragen.

XIII. Interparlamentarische Konferenz zu Brüssel

Auf ihrer XIII. Tagung, die die Interparlamentarier zum dritten Mal nach Brüssel führte (28.–31. August 1905) und die im Senatspalast unter dem Vorsitz des Staatsministers *Beernaert* stattfand, vernahm die Konferenz die Nachricht von dem in Portsmouth geglückten Friedensschluß zwischen Japan und Rußland, der dem grauenhaften Ringen ein Ende machte. Für die durch diese Tatsache in die Nähe gerückte zweite Haager Konferenz stellte sie ihre auf das Programm bezüglichen Wünsche auf, die sich neben verschiedenen kriegsrechtlichen Materien auch auf die Periodizität der Konferenzen und auf die Ausarbeitung eines allgemeinen Schiedsvertrages bezogen. Es kam auch zur Aufstellung neuer Statuten für die Union. Für die wichtigsten Beratungsgegenstände aber, die der Konferenz vorgelegen haben, konnte sie zu einer endgültigen Stellungnahme nicht gelangen. Der ihr von *Richard Bartholdt* unterbreitete Vorschlag für einen der Haager Konferenz vorzulegenden Entwurf eines allgemeinen Schiedsvertrages und eines ständigen internationalen Staatenkongresses wurde einer Kommission zur näheren Prüfung überwiesen.

XIV. Weltfriedenskongreß in Luzern

An den herbstlichen Ufern des Vierwaldstätter Sees versammelten sich vom 19.–23. September zum vierzehnten Mal die Pazifisten zum Weltfriedenskongreß, der von dem Bundesrat *Comtesse* eröffnet, von *Elie Ducommun* präsidiert wurde und den die Schweizer Pazifisten mit *Dr. Bucher-Heller* und *Dr. Zimmerli* an der Spitze auf das glänzendste vorbereitet hatten. Die große Bedeutung dieses Kongresses für die Annäherung von Deutschland und England wie von Deutschland und Frankreich ist bereits oben (siehe S. 159 f) erwähnt worden. Es wurde in jenen Tagen in der schönen Touristenstadt am Fuße des Rigi Geschichte gemacht. Abgesehen von diesen praktischen Ergebnissen waren es auch hochinteressante grundsätzliche Beschlüsse, die der Kongreß von Luzern gefaßt hat. Aus Anlaß des

russisch-japanischen Krieges stellte er die Zwecklosigkeit der Kriege
fest, begrüßte er die friedliche Auseinandersetzung zwischen
Schweden und Norwegen, beglückwünschte er den russischen Gelehrten Professor von *Martens*, der durch die auf seine Anregung hin
im Haag geschaffenen Untersuchungskommissionen den Krieg zwischen Rußland und England wegen des Huller Zwischenfalles verhindert hatte, entwickelte er seine Wünsche für die nächste Haager
Konferenz, sprach er sich auch für das Verbot von Kriegsanleihen
aus, und beschloß er, sich mit den Arbeiterorganisationen zwecks
deren Anschluß an die allgemeine Friedensbewegung in Verbindung zu setzen.

XIV. Interparlamentarische Konferenz zu London

Über die Bedeutung dieser Konferenz, die zwischen dem 23. und 25.
Juli 190[6] in der ehrwürdigen Westminsterabtei des Londoner Parla-
mentspalastes auf Einladung der großbritannischen Regierung unter dem Vorsitz *Lord Weardales* stattfand, ist schon oben (siehe S. 163)
eingehend gesprochen worden. Außer der Präzisierung ihrer Stellung zum Rüstungsproblem nahm die Konferenz einen von *Ernst v.
Plener* vorgelegten Entwurf eines allgemeinen ständigen Schiedsvertrages an, der der zweiten Haager Konferenz zur Berücksichtigung
empfohlen wurde, und der in der Tat den Beratungen dieser Regierungskonferenz auch zugrundegelegt worden ist. Die Konferenz äußerte sich auch noch über andere Erweiterungen des Friedensrech-
tes, auf die sie die Aufmerksamkeit der Haager Konferenz lenkte.

XV. Weltfriedenskongreß zu Mailand

Der XV. Weltfriedenskongreß fand in *Mailand* statt. Vom 19. – 22.
September wurden die Beratungen unter *E. T. Monetas* Vorsitz in der
von der Regierung zur Verfügung gestellten „Villa Reale" abgehalten. Das große Friedenswerk der Eröffnung des Simplon-Tunnels
wurde in der lombardischen Hauptstadt durch eine Weltausstellung gefeiert, der der Friedenskongreß erst die richtige Weihe gab.
Es fehlte nicht an Würdigung von offizieller Seite. Abgesandte des
Ministers des Äußern und der Stadt hielten Begrüßungsreden, und
sowohl der König wie der Papst ließen telegraphisch ihre Sym-

pathien ausdrücken. Auch vom Präsidenten *Roosevelt* kam spontan
eine Begrüßungsdepesche. Die Hauptarbeit des Kongresses bezog
sich natürlich auf die II. Haager Konferenz, deren Zusammentritt
infolge der in Rußland ausgebrochnen Unruhen noch immer nicht
feststand.

Man forderte, daß die Konferenz ihre ganze Aufmerksamkeit auf
die Gründung einer Rechtsunion der Kulturstaaten und auf die
Frage der Rüstungsverminderung lege, daß die Beratungen über
das Rüstungsproblem nicht ausschließlich von Berufsmilitärs ge-
pflogen werden, daß eine Union der Kulturstaaten zwecks wechselseitiger Garantie ihrer Unabhängigkeit errichtet werde, daß man zu
einem allgemeinen obligatorischen Schiedsvertrag nach dem Muster der von Dänemark mit den Niederlanden und Italien geschlossenen gelange. Es wurden Vorschläge für eine Sanktion der Schieds-
urteile gemacht, die Neutralisierung aller großen Seewege gefordert, die Bedingungen eines zeitlich begrenzten Rüstungsstillstandes klargelegt und schließlich der Wunsch ausgedrückt, daß Präsident Roosevelt seine Initiative zur Verwirklichung der Haager Konferenz wieder aufnehme, falls sich deren Zusammentritt abermals
verzögern sollte. Es wurden überdies wichtige Beschlüsse für die
Propaganda in den Schulen gefaßt und ein eingehender Bericht über
die Annäherung des Pazifismus an die Arbeiterbewegung zur
Kenntnis genommen.

Nationale Friedenskongresse

Im Laufe der Jahre hatte sich die Notwendigkeit ergeben, die pazifistischen Tagesfragen außer auf den internationalen Kongressen
auch im engeren nationalen Kreise zu erörtern. Die *Franzosen* gingen
mit der Abhaltung nationaler Friedenskongresse voran, deren erster
im Jahre 1902 in Toulouse stattfand. Es folgte dann 1904 der Kongreß zu Nimes, auf dem die deutsch-französische Annäherung beraten wurde (siehe oben S. 156). In Lille fand 1905 der III., in Lyon
1906 der IV. dieser Kongresse statt. (1908 La Rochelle, 1909 Reimes,
1911 Clermont-Ferrand.) In *England* fand der erste nationale Kongreß 1904 in Manchester statt. Es folgten weitere 1905 in Bristol, 1906
in Birmingham, 1907 Scarborough, 1909 Cardiff, 1910 Leicester, 1911
Edinburgh, 1912 London. In *Italien* begann man 1904 in Turin mit

der Abhaltung nationaler Kongresse. *Deutschland* trat erst 1908 zu Jena (es folgten 1909 Stuttgart, 1910 Wiesbaden, 1911 Frankfurt a.M., 1912 Berlin) mit solchen Veranstaltungen hervor. In *Amerika*, wo seit 1895 die *Lake Mohonk-Konferenzen* einen großen Einfluß auf die pazifistische Bewegung ausübten, fand 1907 zu Neuyork ein großzügiger nationaler Schieds- und Friedenskongreß statt, dem später noch Veranstaltungen dieser Art in Chicago (1909) und Baltimore (1911) folgten. Die skandinavischen Staaten hatten schon seit 1885 solche Sonderveranstaltungen (siehe oben S. 129 f). Erwähnt sei hier noch ein *Kongreß der Friedensorganisationen der Dreibundstaaten*, der im Mai 1907 unter dem Vorsitz der *Baronin Suttner* in Wien zusammentrat und dessen Zweck es war, die Regierungen Deutschlands, Österreich-Ungarns und Italiens zu einer im friedensrechtlichen Sinne entgegenkommenden Haltung auf der Haager Konferenz zu veranlassen.

Andere Kongresse

Der Friedensgedanke blieb aber seit langem nicht mehr auf die Vertretung durch die Friedenskongresse und Interparlamentarischen Konferenzen beschränkt. Er beschäftigt nicht nur die beiden großen völkerrechtlichen Einrichtungen, das *„Institut de Droit International"* und die *„International Law Association"*, die sich auf ihren jährlichen Kongressen immer mehr mit friedensrechtlichen Fragen befaßten, sondern auch die an Zahl und Bedeutung stets wachsenden internationalen Versammlungen beruflicher Art. So haben allein im Jahre 1905 der *internationale Bergarbeiter-Kongreß*, der *internationale Sozialistenkongreß*, der *internationale Studentenkongreß* in Lüttich, der VI. *internationale Kongreß für freies und fortschrittliches Christentum* in Genf, der über 150.000 Mitglieder zählende *Kongreß der französischen Volksschullehrer* zu Lille, der *maurische Konvent* zu Paris, u. v. a. in mehr oder weniger entschiedener Weise gegen den Krieg und für die Friedensidee Stellung genommen. Es ist dies eine Erscheinung, die sich in den letzten Jahren immer häufiger und umfangreicher eingestellt hat. Für die Entwicklung in Südamerika von hoher Bedeutung war der im November 1901 zu Madrid abgehaltene sozialwirtschaftliche Kongreß der *„spanisch- amerikanischen Union"*, auf dem 15 lateinisch-amerikanische Staaten vertreten waren, der sich einstimmig für die ständige und obligatorische Schiedsgerichtsbarkeit aussprach.

Die Organisationen

Auch die Organisationen des Pazifismus mehrten sich. *Johann von Bloch*, der im Januar 1902 starb, war mit der Einrichtung eines *Kriegs- und Friedensmuseums* in Luzern befaßt, das seine Lehre hätte zur Anschauung bringen sollen. Das Museum wurde nach seinem Tode ausgeführt und im Sommer 1902 eröffnet. Der von *Bloch* hinterlassene Fonds von 50.000 Rubel, der als „Bloch-Fonds" der Verwaltung des Berner Bureaus übergeben wurde, sollte bestimmungsgemäß in zehn Jahren verbraucht werden. Er erlischt daher mit dem Jahre 1912. Das Jahr 1903 brachte die *Gründung des Internationalen Friedens-Instituts* in Monako, das von dem eifrig für den Pazifismus eintretenden Fürsten *Albert von Monako* unter Mitwirkung *Gaston Mochs* ins Lebens gerufen wurde. Das Institut ist für eine Mitgliederzahl von höchstens 60 Personen bestimmt; es betrachtet die wissenschaftliche Dokumentierung des Pazifismus als seine Aufgabe. Unter der Ägide dieses Instituts erschien 1905 zum erstenmal das vom Verfasser dieser Schrift herausgegebene *„Annuaire de la Vie Internationale"*, das seit 1908 in den Verlag der Brüsseler Zentrale für wissenschaftlichen Internationalismus übergegangen ist. Im Jahre 1905 gründete Baron *d'Estournelles de Constant* in Paris die Gesellschaft *„Conciliation internationale"*, deren Grundsatz in der Förderung der nationalen Entwicklung durch internationale Verständigung beruht. In Neuyork wurde ein Zweig dieser Gesellschaft begründet. Im selben Jahre wurde zu Washington die *„American Society of International Law"* ins Leben gerufen, eine Gelehrtenvereinigung zur Förderung des Völkerrechtes im pazifistischen Sinne. Die *Esperantobewegung* fing zu Beginn des neuen Jahrhunderts an, in weite Kreise zu dringen und seit 1905 internationale Kongresse zu veranstalten (der erste fand 1905 in Boulogne statt), die ihrem ganzen Wesen nach als großartige Friedenskongresse zu bezeichnen sind. Es bildete sich gar bald unter *Mochs* Führung eine Esperanto-Friedensgesellschaft (Mai 1905), die einige Jahre lang ein pazifistisches Fachorgan in Esperanto veröffentlichte. Von den zahlreichen Gesellschaftsgründungen zur Vertretung der Friedensidee in jener zwischen den beiden

Haager Konferenzen gelegenen Periode sei noch auf die im November 1904 erfolgte Gründung eines *deutschen Friedensvereines in Neuyork* und die von Dr. *Rivière* in Paris erfolgte Gründung einer *Friedensgesellschaft der Ärzte* hingewiesen. Im Jahre 1901 wurde das große Erbe Nobels endgültig organisiert und das mit der Verteilung des Friedenspreises beauftragte *Nobel-Komitee des norwegischen Storthing* gebildet. Es hat seinen Sitz in Kristiania. Der Nobel-Friedenspreis gelangte 1901 zum erstenmal zur Verteilung. *Frédéric Passy* und *Henri Dunant* waren die ersten Preisträger. Im Jahre 1904 wurde in Kristiania das Nobelinstitut errichtet, dessen Aufgabe es ist, die Entwicklung der Friedensidee zu verfolgen und das Nobel-Komitee bei der Verteilung des Friedenspreises zu unterstützen.

Andrew Carnegie, der hervorragende Förderer der Friedensidee, der schon seit langem im Dienste der Bewegung wirkte – er war schon auf dem ersten pan-amerikanischen Kongreß einer der wichtigsten Delegierten der Vereinigten Staaten und von Anfang an ein Förderer der Arbeit *Randal Cremers* –, fing damals an, die Friedensbewegung durch seinen großen Reichtum zu unterstützen. Im Jahre 1902 stiftete er, angeregt von *Andrew Dr. White* und *v. Martens*, sechs Millionen Mark für die Errichtung eines Palastes für den Schiedshof im Haag, im Dezember 1906 drei Millionen Mark für den Palast des ständigen Bureaus der pan-amerikanischen Republiken und einige Zeit später eine namhafte Summe für den Bau des ständigen Schiedshofes der zentral-amerikanischen Union in Cartago.

8. Zusammentritt der II. Haager Konferenz

Nach vielen Fährlichkeiten traten die Vertreter von 44 Staaten am 15. Juli 1907 im Haag zur II. Konferenz zusammen. Was sie erstrebt und schließlich erreicht haben, ist oben (TEIL I, S. 240 u. f.) ausführlich geschildert Auch diesmal versammelten sich die Pazifisten aller Länder in großer Zahl in der Friedensstadt, wo ihnen von der „Stiftung für Internationalismus" ein eigenes Klubheim zur Verfügung gestellt wurde. Dort wurde die Fühlung mit dem offiziellen Konferenzwerk durch Vorträge und gesellschaftliche Veranstaltungen gefördert. Bloch fehlte; aber *Bertha von Suttner* war wieder erschienen, und *William T. Stead* übernahm auf eigene Rechnung die Herausgabe einer in französischer Sprache geschriebenen Tageszeitung, des „Courrier de la Conference", der gar bald als Organ der öffentlichen Meinung der Welt und als offiziöses Organ der Konferenz großen Einfluß auf die Beratungen im „Ridderzaal" übte. Vorher hatte Stead eine Rundreise nach allen Hauptstädten Europas unternommen, um die Regierungen zu bewegen, auf der II. Haager Konferenz zu weitgehenden friedensrechtlichen Abkommen zu gelangen und sich über einen Rüstungsstillstand zu einigen. *Anna B. Eckstein*, die unermüdliche deutsch-amerikanische Pazifistin, überreichte dem Präsidenten *Nelidow* eine mit zwei Millionen Unterschriften amerikanischer Bürger und Bürgerinnen versehene Petition, in der die Hoffnung auf das Gelingen des großen Friedenswerkes beredt zum Ausdruck gebracht wurde. Der Verkehr der Pazifisten mit den Konferenzdelegierten gestaltete sich reger als im Jahre 1899. Der Besuch der Vollversammlungen war ihnen zugänglich, zu den Festen der Delegationen und zu den Empfängen der niederländischen Regierung wurden sie eingeladen. Auch sonst entwickelte sich ein reger Verkehr zwischen einzelnen von ihnen und einzelnen Diplomaten und wissenschaftlichen Delegierten, der nicht ohne günstigen Einfluß auf den Verlauf der Arbeiten blieb.

Als die Konferenz am 18. Oktober 1907 geschlossen wurde, herrschte zwar keine volle Befriedigung über ihre Ergebnisse, aber das Bewußtsein, daß hier für die Fortentwicklung der Menschheit Großes vollbracht wurde, und daß das Haager Werk sich als lebensfähig und dauernd erwies, vermochte über die Enttäuschungen des Augenblicks hinweg neuen Mut und neue Hoffnungen für die Weiterarbeit zu erzeugen. Dreizehn Abkommen sind an jenem Tage von den Vertretern fast der gesamten Staatenwelt unterzeichnet worden. Zu einer Magna Charta des Weltverbandes, eines Weltstaatensystems wurde damit der Grund gelegt. Ein neuer Abschnitt der Friedensentwicklung, ein Abschnitt der Kulturentwicklung der Menschheit hatte begonnen.

II. Die letzten fünf Jahre (1908–1912)

1. Die politischen Verhältnisse

Die Politik der Vergewaltigung im nahen Orient,
in Korea, Persien und Marokko

Der jüngste Zeitabschnitt, den wir hier zu übersehen versuchen wollen, trägt die gleichen Merkmale jener Zwiespältigkeit an sich, die oben als das hervorragendste Kennzeichen unserer Übergangszeit bezeichnet wurden. Diese letzten fünf Jahre nach der zweiten Haager Konferenz sind nicht arm an politischen Ereignissen, die den Fortschritten der internationalen Rechtsentwicklung Hohn sprechen; aber es fehlt glücklicherweise auch nicht an Erscheinungen, die hoffnungsfroh in die Zukunft blicken lassen. Auch an kriegerischen Ereignissen hat es in diesem Jahrfünft nicht gefehlt, und eine noch größere Menge von Vergewaltigungen und Rechtsverletzungen ist zu verzeichnen, wo es nur infolge der Schwäche der vergewaltigten Staaten zu einer kriegerischen Auseinandersetzung nicht kam. Im Herbst 1908 begann Österreich-Ungarn durch die Angliederung *Bosniens und der Herzegowina*, jener beiden türkischen Provinzen, auf die der Berliner Vertrag von 1878 der Donaumonarchie unter dem Titel einer Besetzung ein ohnehin unbestritten gebliebenes Besitzrecht gab, die Ruhe Europas zu erschüttern. Es folgte die *Losreißung Bulgariens* vom türkischen Staatsverband. In noch brutalerer Form eignete sich 1910 *Japan Korea* an, und *England* und *Rußland* teilten sich im Jahre 1911 die Oberherrschaft über *Persien. Frankreich*, das schon seit dem Kolonialvertrag mit *England* vom 8. April 1904 seine Ansprüche auf *Marokko* geltend gemacht hatte, brachte das Scheriffenreich nach der Erledigung der Schwierigkeiten mit Deutschland 1912 unter seinen „Schutz".

Die verhinderten Kriege infolge der Orient- und Marokkokrise

Alle diese Fälle führten zu starken Erschütterungen der internationalen Beziehungen, und mehr als einmal schien es, als ob ein bewaffneter Zusammenprall sogar in Europa unvermeidlich wäre. Die

Orientkrise, die von der Angliederung von Bosnien und der Herzegowina ihren Ausgang nahm, schien wiederholt dem Kriege zutreiben zu wollen. Zuerst unmittelbar nach der Angliederung, da sich
die junge Türkei zu widersetzen Miene machte, wie es zur selben
Zeit auch zu einem Kriege zwischen der Türkei und Bulgarien zu
kommen drohte. Dann im Frühjahr 1909, wo Österreich-Ungarn sich
anschickte, in Serbien einzurücken, das Rußland hinter sich fühlte
und die erfolgte Angliederung der beiden türkischen Provinzen mit
Tollkühnheit bekämpfte. Dem Eingreifen Deutschlands wie der europäischen Westmächte gelang es noch im letzten Augenblick, den
Krieg zu verhindern.[76] Am bedrohlichsten wurde die Krise im Sommer 1911. Die Entsendung französischer Truppen nach Fez, die
Miene machten, dauernd dort zu verbleiben, hatte nach Ansicht der
deutschen Regierung den Algecirasvertrag vollständig aufgehoben,
so daß ihr zur Wahrung der Reichsinteressen die Entsendung eines
Kriegsschiffes nach *Agadir* unbedingt nötig erschien. Es begannen
zwar sofort diplomatische Verhandlungen zwischen beiden Regierungen, die aber, namentlich als sich England offenkundig auf die
Seite Frankreichs stellte, manchmal so große Schwierigkeiten boten,
daß man jeden Augenblick ihren Abbruch fürchtete und zu gewissen Zeiten einen Weltkrieg zwischen diesen drei Großmächten vor
Augen sah. Aber am 4. November 1911 wurden unter dem erleich-
terten Aufatmen der ganzen Welt die franko-deutschen Verhandlungen durch den in Berlin unterzeichneten *Marokko-Vertrag* zum
Abschluß gebracht. Die langjährige Marokkokrise wurde dadurch
endgültig erledigt. Daß sie friedlich beigelegt werden konnte, ist ein
Ergebnis des durch den Pazifismus wohltuend beeinflußten Zeit-
geistes. Fehlte es doch in allen drei an der Marokkofrage interessierten Mächten nicht an starken Gruppen, die mit aller Kraft einem
Kriege zutreiben wollten. Aber so sehr die Lage für dieses abscheu-
liche Treiben günstig gewesen wäre, brachen sich alle diese Machen-

---

[76] In dem Augenblicke, wo diese Zeilen zur Presse gehen, haben die Balkanstaa-
ten mobilisiert, hat Montenegro den Krieg gegen die Türkei bereits begonnen.
Der blutige Zusammenprall im Südosten Europas scheint fast unvermeidlich,
und die Angst besteht, daß dieser Krieg in Europa zu einem europäischen Krieg
sich gestalten könne. Schon der bloße Gedanke an diese Möglichkeit hat in der
zweiten Oktoberwoche 1912 das Nationalvermögen der europäischen Haupt-
staaten um viele Milliarden verringert.

schaften an der im kriegsfeindlichen Sinne erstarkten öffentlichen Meinung, an der der Friedenswille der Staatsoberhäupter aller drei Reiche und ihrer verantwortlichen Ratgeber eine mächtige Stütze fand. Es wird das ruhmvollste Lorbeerblatt der Regierung Kaiser Wilhelms II. bleiben, daß er in diesen Jahren ernster Krisen dem deutschen Volke wie Europa den Frieden zu erhalten gewußt hat, aber ein Ruhmestitel auch für jene Staatsmänner, die es verschmähten, sich von den Kriegshetzern beeinflussen zu lassen.

Der durch den Pazifismus hervorgerufene Wandel der internationalen öffentlichen Meinung, ihre Erstarkung und die ebenfalls durch die pazifistische Entwicklung veränderte Psyche der Regierenden haben dahingeführt, daß eine ganze Anzahl schwerer zwischenstaatlicher Streitfälle, die früher unbedingt zu kriegerischen Maßnahmen geführt hätten, durch Ausgleich und Entgegenkommen ihre Lösung fanden (siehe oben TEIL I, S. 96 u. f., die Liste der von 1904–1910 „nichtgeführten Kriege"). Die dadurch erwiesene Möglichkeit einer gewaltlosen Schlichtung auch ernster Völkergegensätze hat die *Technik der Friedensdiplomatie* wieder um ein bedeutendes entwickelt. Es sind die erfreulichen Fortschrittstatsachen, die den hier verzeichneten Rückfällen in die Anarchie gegenüberzustellen sind.

Der Tripoliskrieg und seine Wertung für den Pazifismus

Dieser Fortschritt versagte allerdings im September 1911, als das Königreich Italien unerwartet seine Herrschaft auf *Tripolis* ausdehnte und der Türkei nach einem unannehmbaren Ultimatum den Krieg erklärte. Ein Überfall so brüsker Art seitens einer europäischen Kulturmacht, die obendrein an der Förderung des Haager Werkes regen Anteil genommen hatte, ist als das bedauerlichste Ereignis der letzten Jahre zu bezeichnen. Der Tripoliskrieg ist in der Tat ein Hohn auf das moderne Völkerrecht und auf die durch das Haager Werk verkündeten und befestigten Grundsätze. Noch ist dieser Krieg nicht abgeschlossen und in allen seinen Folgen nicht zu übersehen, doch das eine kann bereits festgestellt werden, daß der neue Friedensgeist sich selbst bei diesem Rückfall in die Anarchie deutlich erkennbar macht. Hat doch dieser Krieg wie kein anderer die öffentliche Meinung aufgerüttelt, eine Weltbewegung gegen Italien hervorgerufen, die den Rechtsbruch bedingungslos verurteilte. Dieser Krieg, bei dem sich Italien leider noch immer auf Vorbilder aus der jüngsten Vergangenheit berufen konnte, hat aber noch ein anderes pazifistisches Ergebnis gezeitigt. Es hat sich gezeigt, daß die neutralen Staaten die Macht besitzen, einen Krieg örtlich einzuschränken. Italien wurde daran gehindert, den Krieg nach jenen Teilen Europas zu tragen, wo er dem Wirtschaftsleben der Neutralen eine Störung brächte. Und unter großen Opfern fügte sich Italien diesem Zwange! So erwies sich hier, daß durch die in steter Zunahme sich befindende gegenseitige Abhängigkeit der Staaten der Krieg immer mehr zu einer Schädigung für die nicht direkt daran Beteiligten wird, und daß diese im eigenen Interesse auf dessen Einschränkung Einfluß zu nehmen gezwungen *und imstande* sind. Wir erlebten zum ersten Mal einen im „reservierten Raum" geführten Krieg; beschränkt in seiner Ausdehnung durch den gemeinsamen Willen Europas. Das hier erreichte Ergebnis muß aber allmählich zu der Erkenntnis führen, *daß eine Macht, die einen Krieg beschränken kann, auch imstande ist, ihn zu verhindern.* Und diese Erkenntnis wird sich um so rascher Bahn brechen, als die gegenseitige wirtschaftliche Abhängigkeit und die Störung, die dadurch jeder neutrale Staat durch einen Krieg erleidet, immer klarer hervortreten wird. Die Friedenskoalition der Neutralen ist im Anzuge.

Der anglo-deutsche Gegensatz und der versuchte Ausgleich

Hingegen scheint ein anderer schwerer Gegensatz, der seit länger als einem Jahrzehnt auf Europa lastet, auf Grund des Ausgleiches und Entgegenkommens, gefördert durch einen festen Friedenswillen auf beiden Seiten, immer mehr der gefährlichen Sphäre entzogen und einer friedlichen Lösung zugeführt zu werden. Es ist dies der *anglo-deutsche Gegensatz*, dessen schon oben gedacht wurde, und der trotz einer kraftvoll einsetzenden Verständigungsaktion auch in den der zweiten Haager Konferenz folgenden Jahren immer wieder noch zu gefährlichen Spannungen führte. Es hat den Anschein, als ob durch die im September 1911 erfolgte Reise des damaligen englischen Kriegsministers, *Viscount Haldane*, nach Berlin Verhandlungen zwischen beiden Regierungen angeknüpft wurden. Die Versetzung des fähigsten deutschen Diplomaten, des Freiherrn *von Marschall*,

von Konstantinopel auf den Londoner Posten, die im Frühjahr 1912
erfolgte, spricht dafür, daß auch auf Seiten der deutschen Regierung
der ernste Wille vorhanden ist, das trostlose jahrelange Ringen
durch einen vernünftigen Zustand des geregelten Nebeneinander-
lebens zum Abschluß zu bringen. Trotz des vorzeitigen Todes des
hervorragenden deutschen Diplomaten (September 1912) dürfte es
die allernächste Zeit hoffentlich lehren, daß der ungeheure pazifistische Aufwand zur Entwaffnung der auf beiden Seiten der Nordsee
aufs höchste erregten Geister nicht umsonst vertan ward. Welch
großer Fortschritt liegt aber schon allein darin, daß die Völker angesichts einer so starken Spannung überhaupt zur Erörterung schrit-
ten. Überall aber, wo man im zwischenstaatlichen Leben über einen
Gegensatz zu erörtern beginnt, werden die Gefahrenelemente ge-
schwächt, siegt die Kultur über das Zoologische.

Weitere Fortschrittstatsachen

Die Reihe der erfreulichen Fortschrittstatsachen, die den Erscheinungen des Rückfalls in die Gewaltära gegenüberzusetzen sind, läßt
sich noch um ein Bedeutendes vermehren. Um nicht ganz in ein
chronologisches Verzeichnen zu verfallen, seien hier nur einige
wichtigere dieser Ereignisse angeführt. Da ist in erster Linie jene
Londoner Seerechtskonferenz zu nennen, von der schon oben gesprochen wurde (siehe TEIL I, S. 260), die vom 4. Dezember 1908 bis 26.
Februar 1909 versammelt war und zu der *„Londoner Seerechtserklä-
rung"* führte. Als eine Fortsetzung des Werkes vom Haag brachte
diese Versammlung der hauptsächlichsten europäischen Seemächte
wie der Regierungen der Vereinigten Staaten und Japans, wenn sie
auch zunächst einer Materie des Kriegsrechtes diente, doch die Kodifizierung zwischenstaatlicher Rechtsbeziehungen, was auch im
friedensrechtlichen Sinne zu begrüßen ist, und außerdem die
Grundlagen für den auf der II. Haager Konferenz beschlossenen Pri-
sengerichtshof, dessen hohe friedensrechtliche Bedeutung oben
(TEIL I, S. 197 und 162) des näheren gekennzeichnet ist. Am 23. April
1908 wurden in Berlin und St. Petersburg die *Nord- und Ostseeabkom-
men* unterzeichnet, in denen sich die Anrainerstaaten jener Seege-
biete ihre an den betreffenden Meeren gelegenen Gebiete wechsel-
seitig garantierten. Es ist dies eine Vertragsform, die nur von ihrer

Teilwirkung, auf die sie hier beschränkt wurde, auf das gesamte Staatsgebiet der Vertragsstaaten zu übertragen werden braucht, um eine Forderung des Pazifismus zu erfüllen, durch die mit Gewißheit jener Zustand der Sicherheit erreicht werden könnte, der heute durch das Wettrüsten vergeblich zu erreichen versucht wird. Das Jahr 1910 brachte noch zwei politische Ereignisse, durch die auf friedlichem Wege das zustande kam, was unter Vermeidung zweier blutiger Kriege auch vorher hätte erreicht werden können, wenn der Gemeinsinn schon stärker gewesen wäre als der egoistische Gewalttrieb. Es ist dies jener am 4. Juli 1910 abgeschlossene Vertrag zwischen *Rußland* und *Japan*, durch den die beiden Regierungen ihr Verhältnis in der Mandschurei ordneten, und die am 31. Mai 1910 erfolgte Bildung der *südafrikanischen Union*, durch die das Burenelement die Regierung über das ganze britische Südafrika in die Hände bekam. Beide Ereignisse bilden einen augenfälligen *Beweis für die Überflüssigkeit des Krieges*. Einen Vorfriedensvertrag bedeutet auch das am 29. November abgeschlossene amerikanisch-japanische Abkommen, worin sich die beiden Regierungen, die nach Ansicht der Kriegsutopisten gezwungen seien, sich wegen der angeblich notwendigen „Herrschaft um den Stillen Ozean" zu bekriegen, den Status quo an jenem Meere garantierten und ihre Interessenkreise absteckten. In Amerika trat im Juli 1910 die *vierte pan-amerikanische Konferenz* zusammen, die den im Jahre 1902 zuerst angenommenen, auf den folgenden Konferenzen von Zeit zu Zeit erneuerten Schiedsvertrag ab 1912 mit unbestimmter Dauer verlängerte und überdies zu zahlreichen Abkommen und Anregungen organisatorischer Natur führte. Das pan-amerikanische Bureau in Washington wurde erweitert; es erhielt die offizielle Bezeichnung *„Panamerikanische Union"*. Ebenso machte die Schiedsgerichtsbarkeit und die Staatenorganisation im Mittelamerika durch die *mittelamerikanische Friedenskonferenz zu Washington* (1907) und durch die seit 1909 alljährlich abgehaltenen mittelamerikanischen Konferenzen Fortschritte. Diese Vereinigungen führten zu der Errichtung eines ständigen *Staatengerichtshofes zu Cartago* (Costa Rica) und eines ständigen *mittelamerikanischen Bureaus* – ein Gegenstück zu dem pan-amerikanischen Bureau – in *Guatemala*[77].

---

[77] Näheres darüber siehe oben: TEIL I, S. 182 und 197 wie in meiner Schrift „Pan-

2. Die Entwicklung der Schiedsgerichtsbarkeit

Die vorbehaltlosen Schiedsverträge des Präsidenten Taft

Zu den Fortschrittstatsachen gehört ein Hinweis auf die Entwicklung der Schiedsvertragspolitik nach der zweiten Haager Konferenz (siehe oben TEIL I, S. 266 u. f.). Als wichtigstes Ereignis auf diesem Gebiet ist der Versuch des Präsidenten *Taft* ins Auge zu fassen, zur Abschließung *vollständig vorbehaltloser Schiedsverträge* zu kommen. Schon am 22. März 1910 vertrat Taft in einer Ansprache an die „New York Peace and Arbitration Society" den Standpunkt, daß auch Angelegenheiten, die die nationale Ehre wie das nationale Eigentum betreffen, der Schiedsgerichtsbarkeit unterbreitet werden können[78]. Auf der Gründungsversammlung der „American Society for Judicial Settlement of international Disputes" am 17. Dezember jenes Jahres trat er noch entschiedener dafür ein. Die Vertreter Englands und Frankreichs in Washington erklärten sich daraufhin bereit, solche vorbehaltlose Verträge mit den Vereinigten Staaten abzuschließen.[79] Im englischen Unterhause erklärte am 12. März 1911 Staatssekretär Sir Edward Grey in einer denkwürdigen Rede seine Zustimmung zu den Anschauungen Tafts und sagte: „Angenommen, daß es ginge; angenommen, daß zwei der größten Staaten der Welt imstande wären, es der ganzen Welt klar zu machen, daß sie mit einem derartigen Abkommen dartun wollen, *daß sie unter keinen Umständen mehr gegeneinander Krieg führen wollen*, dann möchte ich sagen, daß die Wirkung dieses Beispiels die wohltätigsten Folgen nach sich ziehen würde." Er erklärte, das Empfinden zu haben, die öffentliche Meinung habe eine Höhe erreicht, die eine vorhergehende Generation für unmöglich gehalten hat, wie sie vielleicht zur Zeit war, als die Menschheit daran ging, die Sklaverei abzuschaffen. Voll Zuversicht blickte er einem Abkommen entgegen, das die Rüstungslasten erträglich und das dem Krieg für einen großen Raum auf Erden

---

Amerika" S. 219 u. f.

[78] Siehe oben: TEIL I, Anmerkung zu S. 153.

[79] Später hat auch Deutschland seine Bereitschaft zu erkennen gegeben, doch war zu jenem Zeitpunkt der Kampf um die Verträge in der Öffentlichkeit schon so heftig entbrannt, daß es ratsam erschien, erst die Stellungnahme des Senats abzuwarten.

ein Ende machen wollte. Es kam hierauf in England zu großartigen Kundgebungen für den geplanten Schiedsvertrag. Am bedeutendsten war die am 28. April 1911 vom Lordmayor *Sir Vezei Strong* nach der Guild Hall einberufene Versammlung, wo der *Lordmayor* selbst, Ministerpräsident *Asquith*, der Leiter der Konservativen Mr. *Balfour*, der *Erzbischof von Canterbury* und viele andere bedeutende Männer für das große Ziel eintraten, das mit dem Taftschen Vorschlag gezeigt wurde. Es wurde in diesen Reden, namentlich aber durch den Führer der Regierung, Ministerpräsident *Asquith*, die Bedeutung des ins Auge gefaßten Vertrages dahin ausgelegt, „daß zwischen den Vereinigten Staaten und dem Vereinigten Königreich – was immer der Ernst der strittigen Frage sei, wie groß immer die darin enthaltenen Interessen seien, wie tief die dadurch erregten Gefühle erschüttert werden – *fortan der Krieg als mögliche Lösung ausgeschaltet sein muß, und das Argument anstelle der Gewalt und die juristische Methode an Stelle des Gottesurteils der Schlachten zu treten hat.“* Ebenso verkündete der Ministerpräsident, daß der angloamerikanische Friedensakt keinen politischen Zweck birgt, „keine drohende Botschaft für den übrigen oder irgendeinen Teil der Menschheit“ enthält. Dies betonte auch Präsident Taft in einer im Juni 1911 der Generalversammlung der Kirche von Schottland durch Dr. Macdonald von Toronto übermittelten Botschaft. Es heißt darin: „Es ist meine aufrichtige Hoffnung, daß der vorgeschlagene Vertrag zwischen Großbritannien und den Vereinigten Staaten nicht nur das Wohl der englisch sprechenden Rasse bewirken wird, *sondern daß er den Weg vorbereiten wird für umfassende friedliche Beziehungen aller Völker*, daß er von den Nationen die unerträgliche Last der Rüstungen nehmen und in Sicht bringen wird die Tage, von denen die Propheten erzählen, wo keine Nation gegen die andere das Schwert erheben wird.“ Ähnlich wie in England wurde die Anregung Tafts auch in Frankreich begrüßt, und am 3. August 1911 kam es in Washington und Paris zum Abschluß ständiger und vorbehaltloser Schiedsverträge zwischen der Union auf der einen, England und Frankreich auf der anderen Seite.

Diese beiden Verträge sind fast gleichlautend. Nach Artikel 1 werden alle Streitfragen, die zwischen den vertragschließenden Parteien entstehen sollten, sofern ihre diplomatische Beilegung nicht möglich wäre, und die ihrer Natur nach „justiciable“ sind, das heißt, die Eignung besitzen, auf Grund von Recht und Billigkeit beurteilt werden zu können, dem Haager Hof unterbreitet. Der große Fortschritt liegt zunächst darin, daß für die Schiedsfähigkeit der Streitfälle keinerlei Ausnahmen gemacht wurde, wie dies bei der Mehrzahl der bisher abgeschlossenen Schiedsabkommen der Fall war, daß vor allen Dingen die Vorbehalte für solche Fälle, die die Ehre, die „vitalen Interessen" usw. berühren, wegfielen. Die einzige Beschränkung besteht darin, daß die Streitfrage an sich zur Rechtsentscheidung geeignet sein müßte. Um nun über diesen Punkt Zweifel und Streitigkeiten hintanzuhalten, wurde im Artikel 2 die Errichtung einer „Hohen gemischten Untersuchungskommission" vorgesehen, die aus je drei Staatsangehörigen der Vertragsstaaten sich zusammensetzen soll. Diese Kommission soll zunächst auch auf den Wunsch nur einer Partei einen Streitfall untersuchen, ehe er der Schiedsgerichtsbarkeit unterbreitet wird. Sie hat das Recht, ihr Gutachten bis zur Dauer eines Jahres zu verschieben. Diese Bestimmung bezweckt offensichtlich, jeden Einfluß einer erregten öffentlichen Meinung auszuschalten, somit die Hauptgefahr für eine friedliche Beilegung zu beseitigen. Das wichtigste ist aber die in der dritten Klausel des dritten Artikels enthaltene Bestimmung, wonach „in Fällen, in denen die Parteien sich nicht darüber einigen können, ob ein Streitfall der schiedsgerichtlichen Entscheidung unter Artikel 1 dieses Vertrages überwiesen werden soll, d. h. ob er zur Rechtsentscheidung („justiciable") geeignet sei, diese Frage der hohen gemischten Untersuchungskommission vorgelegt werde, und, wenn alle Glieder dieser Kommission oder alle bis auf eines darin übereinstimmen, daß der betreffende Streitfall im Bereich des Artikel 1 liegt, er in Übereinstimmung mit den Bestimmungen dieses Vertrages der Schiedsentscheidung überwiesen werde.

So wie die Verträge unterzeichnet wurden, bedeuteten sie die bedingungslose Abschaffung des Krieges zwischen den vertragschließenden Staaten. Daß solches gewollt wurde, ist ein herrliches Zeichen der Zeit. Auch dann, wenn es nicht sofort erreicht werden konnte. Die Taftschen Schiedsverträge wurden am 4. August 1911 dem Senat der Vereinigten Staaten übersandt, jener Körperschaft, die nach der Verfassung Verträge, die der Präsident schließt, erst zu genehmigen hat. Daß hier eine Klippe für die Rechtskraft jener Friedensinstrumente in Erscheinung treten konnte, wußte man aus früheren Fällen (Siehe oben Teil I, S. 159 und 175); deshalb wurde auch, um den Senat zur bedingungslosen Annahme zu veranlassen, im ganzen Lande eine außerordentliche Agitation entfaltet, an der sich Präsident Taft und Staatssekretär *Knox* und viele der hervorragendsten Persönlichkeiten der Union persönlich beteiligten. Anfangs März 1912 befaßte sich der Senat in mehrtätiger sehr lebhaft geführter Debatte mit diesen Verträgen, die er noch am 7. März ratifizierte, jedoch mit Hinzufügungen, die ihre große pazifistische Bedeutung zwar nicht beseitigten[80], den Propagandawert der Abkommen, der in der bedingungslosen Bindung lag, jedoch etwas verminderten. Der Senat hat das Wort „alle" im ersten Artikel doch etwas eingeschränkt, indem er für fünf Arten von Fällen eine Ausnahme festsetzte. Danach sollen nicht unbedingt der Schiedsgerichtsbarkeit unterworfen sein: 1. Fragen über die Zulassung von Ausländern in den Vereinigten Staaten und über die Zulassung von Ausländern für die Erziehungsinstitute der Einzelstaaten; 2. Fragen über die Gebietsintegrität der Einzelstaaten und der Union; 3. Fragen über die Schulden irgendeines Einzelstaates; 4. Fragen über die als Monroe-Doktrin bezeichnete herkömmliche Haltung der Vereinigten Staaten in amerikanischen Angelegenheiten; 5. Fragen rein innerpolitischer Natur. Ferner hat der Senat die obenerwähnte Klausel 3 des Artikels 3 aus verfassungsmäßigen Bedenken (Umgehung der vertragschließenden Gewalt des Senats) gestrichen. Nur eine Stimme hätte gefehlt und die Annahme jener Klausel wäre durchgesetzt worden. Sie wurde mit 42 gegen 40 Stimmen abgelehnt. Es ist zurzeit noch nicht entschieden, ob der Präsident die Verträge in dieser veränderten Form annehmen und den Regierungen von England und Frankreich zur Ratifizierung überreichen wird. Wie es auch sei; wenn der große Fortschritt auch nicht sofort erreicht wurde. Die Arbeit wird von neuem aufgenommen, und er wird eines Tages voll erreicht werden.

---

[80] Siehe darüber des Verfassers Artikel in der „Friedens-Warte" 1912, S. 121 u. f.

3. Der Kampf um den Rüstungsstillstand

Die Stellungnahme Deutschlands nach der Konferenz

Bei der Behandlung, die dem Rüstungsproblem auf der II. Konferenz zuteil wurde, konnte natürlich ein Ergebnis nicht herauskommen, das nach den von der Konferenz gemachten Andeutungen des Reichskanzlers Fürsten Bülow die deutsche Regierung hätte veranlassen können, eine gewissenhafte Prüfung vorzunehmen und die Handlungen der deutschen Politik danach einzurichten. Es blieb beim alten. Erfreulicherweise aber nicht nur insofern, daß das Überbieten an Rüstungen weiter fortging, sondern auch in jener Weise, daß die Erörterung über das Problem, die Betonung der Verderblichkeit des gegenwärtigen Systems und der Notwendigkeit seiner Abänderung bei jeder Gelegenheit wieder hervorgehoben wurde; ja, sogar noch häufiger und eindringlicher wie vor der Konferenz. Es hat den Anschein, als ob gerade die dort vorgenommene gewaltsame Erdrosselung der Erörterungen des Problems den Widerstand gegen die zunehmenden Rüstungen gestärkt habe.

Jedenfalls ist festzustellen, daß die Frage der Rüstungsbeschränkungen in den deutschen offiziellen Kreisen und bei den Politikern seit 1907 nicht mehr jene bedingungslose, fast schroffe Zurückweisung erfuhr wie vordem, ja daß hier eine, wenn auch kleine Wendung zum Besseren zu verzeichnen ist. Schon in ihrem unmittelbar nach der Konferenz veröffentlichten „Weißbuch" über die Haager Arbeiten betont die Reichsregierung, daß sie „dieses schwerwiegende Problem bereits vor der Konferenz einer eingehenden Prüfung unterzogen hatte", und daß sie *nur wünschen kann*, „daß die Frage bei allen beteiligten Mächten den Gegenstand einer weiteren ernsten Prüfung bilden möge". Sie werde nicht verfehlen, so heißt es weiter, die praktischen Ergebnisse einer solchen Prüfung „in Verbindung mit den Ergebnissen ihrer eigenen Prüfung seinerzeit in sorgfältige und gewissenhafte Erwägung zu nehmen". Über die Haltung der deutschen Delegierten auf der Konferenz, namentlich bei der Behandlung der Rüstungsfragen, von *Bebel* in der Reichstagssitzung vom November 1907 zur Rede gestellt, konnte der Reichskanzler Fürst *Bülow* allerdings nur mit dem verlegenen Hinweis antworten, daß sich die deutschen Delegierten an einer Debatte über Abrüstung aus dem Grunde nicht beteiligt haben, „weil eine solche überhaupt nicht stattgefunden hat". Aber in der Reichstagssitzung vom 10. Dezember 1908 gab Fürst *Bülow* in Beantwortung einer vom Abgeordneten *Haussmann* an ihn gerichteten Frage über die Möglichkeit einer internationalen Beschränkung der Seerüstungen die Erklärung ab, daß die Reichsregierung „eine internationale Beschränkung für eine *an und für sich wünschenswerte Sache halte*", daß sie zwar Zweifel an der Durchführung der bislang gemachten Vorschläge hege, aber „gewiß nicht von vornherein, ohne zu prüfen, jede Möglichkeit von der Hand weisen wolle."

Der Artikel des Grafen Schlieffen

Am Neujahrstag 1909 hat *Kaiser Wilhelm* den bei ihm erschienenen Generalen einen in der „Deutschen Revue" veröffentlichten Artikel des früheren Generalstabchefs Grafen *Schlieffen* vorgelesen und dabei erklärt, daß er mit den darin zum Ausdruck gebrachten Darlegungen vollständig übereinstimme. Der Artikel, der den Titel „Der Krieg in der Gegenwart" trägt, schildert in staunenswerter Ähnlichkeit mit den Darlegungen, wie sie zehn Jahre vorher *Johann von Bloch* in seinem bändereichen Werke gegeben hat, die Veränderungen, die dem Kriege und somit der gesamten internationalen Politik eine gegen früher vollständig veränderte Gestalt geben. Der Graf geht vom Frankfurter Frieden aus und weist auf den Rüstungswettbewerb hin, der von da seinen Anfang nahm, auf die ungeahnte Vollendung der Kriegstechnik, die dadurch veränderte Taktik des Krieges überhaupt und die Folgen eines solchen Krieges für Handel und Wirtschaft. Dann entwirft er ein Bild einer seit 1871 sich entwickelnden technischen und politischen Einkreisung Deutschlands. „In der Mitte stehen ungeschützt Deutschland und Österreich, ringsherum hinter Wall und Graben die übrigen Mächte." Alles so wie Bloch es schildert. Nur in den Folgerungen weicht der General von dem Soziologen ab. Jener findet keinen anderen Ausweg als die Empfehlung des Weiterrüstens. Immerhin hat der vom Kaiser gebilligte Artikel die Lage wahrheitsgetreu geschildert und die Erkenntnis erweckt, daß es so nicht weiter gehen könne, daß mit der Fortsetzung des Wettrüstens der Zustand nicht geändert, sondern eher verschlimmert werde.

Diese Erkenntnis kam schon in den Reichstagssitzungen vom 29. und 30. März 1909 deutlich zum Ausdruck. In jenen Tagen wurde die Möglichkeit einer Verständigung über den Flottenbau mit England von den Rednern der verschiedenen Parteien erörtert. Durch Äußerungen, die kurz vorher der Lord der englischen Admiralität, *Mc. Kenna*, und Premierminister *Asquith* im englischen Unterhause abgegeben hatten, wurde bekannt, daß die englische Regierung wegen eines Arrangements im Flottenbau an Deutschland herangetreten sei, aber von der Reichsregierung zurückgewiesen wurde. Sogar der konservative Redner, der Erbprinz *von und zu Hohenlohe-Langenburg*, gab der Ansicht Ausdruck, daß ein Vorschlag Englands über die Abrüstung zur See, „wenn er an uns herantritt, nicht in schroffer Weise zurückzuweisen ist"; er meinte, man müsse einen solchen Vorschlag reiflich prüfen, und fügte hinzu: *„Ich glaube, man muß die geschichtliche Entwicklung abwarten. Es hat sich schon manches in der Welt vollzogen, was vor zwanzig, dreißig oder fünfzig Jahren als unmöglich galt, und wer weiß, ob nicht dereinst die Tatsachen zu jenem Ergebnis führen werden, das wir jetzt durch einen Vertrag vergeblich zu erreichen bestrebt sind."* Diese Worte, die aus dem Munde eines konservativ gesinnten Mannes kamen, sind als Zeichen der Zeit und des sich vollziehenden Wandels im höchsten Maße bemerkenswert. Der Zentrumsredner *Frhr. v. Hertling* nannte eine Verständigung über den Flottenbau „ein Ziel, aufs innigste zu wünschen". Der freisinnige Redner, Abgeordneter *Schrader*, trat für die Verständigung mit England ein und machte der Regierung den Vorwurf, daß sie die von England dargebotene Hand nicht etwas kräftiger ergriffen habe. Der nationalliberale Redner, Abgeordneter *Bassermann*, gab wieder seinen Zweifeln über die Erreichbarkeit einer Beschränkung der Rüstungen Ausdruck. Er betonte aber doch nicht mehr die Unmöglichkeit einer Lösung, glaubte nur, daß sie „doch nur sehr langsam heranreifen werde." Der Vertreter der Sozialdemokratie, der einen Antrag seiner Partei auf gegenseitige Beschränkung der Seerüstungen und auf Verzicht auf das Prisenrecht eingebracht hatte, trat unter scharfer Kritik der Rüstungspolitik für ein Abkommen auf Verminderung der Rüstungen ein. Der Reichskanzler Fürst *Bülow* bestritt zunächst in seiner Erwiderung, daß von Seiten Englands ein formeller Vorschlag gemacht worden sei; gab aber zu, daß unverbindliche Gespräche" geführt wurden. Er bezog sich auf seine Erklärungen zur Abrüstungssache vom 30. April 1907 und vom 10. Dezember 1908 (siehe oben S. 193 f) und wiederholte, daß, solange keine Formel für die Rüstungsverminderung gefunden sei und die „brauchbare Grundlage" für Verhandlungen fehle, *die Regierung daran festhält, daß Verhandlungen über die Einschränkung des Flottenbaus keine wirklichen Erfolge versprechen*". Die Regierung stand mit ihrer entschieden ablehnenden Haltung ziemlich vereinsamt da.[81] Es dürften aber selbst in ihren eigenen Reihen die Meinungen geteilt gewesen sein, denn noch am 18. März 1909 äußerte sich der preußische Kriegsminister General *von Einem* im Deutschen Reichstag in einem dem Rüstungsstillstand sympathischen Sinne. Er sagte: *„Gewiß, wenn die Dinge so weiter laufen*, daß wirklich ein besseres Verhältnis zu England und eine ‚Entente cordiale' vielleicht sogar mit Frankreich zustande kommt, *kann man ja vielleicht daran denken, das Heer zu vermindern und abzurüsten.*"

England:
Enttäuschung nach der II. Haager Konferenz

Die englische Regierung hat bereits in jener denkwürdigen Vollversammlung der Haager Konferenz am 17. August 1907, in der die Rüstungsfrage zur Sprache kam, in ähnlichem Sinne, wie sie es bereits am 9. März 1899 (siehe oben S. 160) getan, öffentlich die Erklärung abgegeben, daß sie bereit wäre, „alljährlich den Mächten, die das gleiche tun würden, die Pläne zum Bau neuer Kriegsschiffe, sowie die Kosten derselben mitzuteilen", und sie ließ hinzufügen, daß dieser Austausch von Mitteilungen den Austausch von Gesichtspunkten über die Abstriche, die man machen könnte, erleichtern würde. Daß man sich in England in bezug auf diese erneute Ankündigung der Bereitwilligkeit keinen zu großen Hoffnungen auf Erfolg hingab, beweist die Rede, die der Premierminister *Campbell-Bannermann*, der sich so sehr für die Erörterung des Rüstungsproblems im

---

[81] Wenn der erwähnte Antrag der sozialdemokratischen Partei auch abgelehnt wurde, so geschah dies nicht aus Mißbilligung, sondern aus lediglich innerpolitischen Beweggründen.

Haag eingesetzt hatte, am 9. November 1907 am Lord-Mayors-Bankett hielt. Daß die Haager Friedenskonferenz „unseren Hoffnungen nicht entsprochen hat", mußte der todkranke Minister feststellen, der wenige Monate später nicht mehr unter den Lebenden weilte († 22. April 1908). Und er fügte hinzu: „Wir hatten gehofft, daß ein großer Schritt vorwärts in der Richtung gemacht werden würde, dem wachsenden Wetteifer der Rüstungen Einhalt zu tun. *Wir sind enttäuscht worden."* Diese Enttäuschung kam in einer neuen englischen Flottenvorlage zum Ausdruck, die alsbald angekündigt wurde.

Neue Anregung für ein Rüstungsabkommen mit Deutschland

Die englischen Liberalen aber wiesen auf die verbesserten Beziehungen mit Deutschland hin und überreichten dem Premierminister eine von 136 Mitgliedern ihrer Partei unterzeichnete Denkschrift, in der sie eine Herabsetzung der Ausgaben für Heer und Flotte fordern. Wiederholt kam die englische Regierung, an deren Spitze nach *Campbell-Bannermanns* Tod Lord *Asquith* getreten war, wie das Parlament im darauffolgenden Jahre (1908) auf die Rüstungsfrage zurück. Der XVII. Weltfriedenskongreß, der vom 27. Juli bis 1. August in London tagte, wurde von der Regierung mit ganz besonderen Aufmerksamkeiten bedacht (siehe unten). Bei dem großen von der Regierung gegebenen Bankett kam Premierminister *Asquith* auch auf die Rüstungen zu sprechen, deren Anwachsen er beklagte, und deren Verteidigung als Mittel zur Verhinderung von Kriegen ihm nicht besonders überzeugend erschien. Der Finanzminister *Loyd George*, der in einer Versammlung des Kongresses das Wort ergriff, sprach in überzeugender Weise für die anglo-deutsche Verständigung und beklagte es, „daß es im zwanzigsten Jahrhundert der christlichen Zeitrechnung notwendig sein soll, in einem zivilisierten Lande eine Versammlung abzuhalten, um dagegen zu protestieren, daß die christlichen Staaten jährlich gegen 400 Millionen Pfund (acht Milliarden Mark) zu dem Zwecke ausgeben, um die eine Nation zur Tötung der anderen vorzubereiten". Noch während der Tagung des Kongresses hatten wieder 144 Mitglieder der liberalen Parlamentsmehrheit an den Premierminister eine Eingabe gerichtet, in der zum Ausdruck gebracht wurde, das Wohl des Landes erfordere es, Maßnahmen vorzubereiten, die verhindern könnten, „daß Englands

Kraft und Gedeihen noch weiter der Aufrechterhaltung einer starken Militärmacht und der Unterhaltung der Kriegsmarine geopfert
würden". Derartige Kundgebungen von politischen und berufli-
chen Gruppen mehrten sich im Laufe der Jahre in England derart,
daß ihre Verzeichnung der Fülle wegen hier untunlich erscheint.
Wiederum wurde das Lord-Mayorsfest vom verantwortlichen
Staatsmann dazu benützt, dem Wunsche Englands nach Rüstungs-
vereinbarungen Ausdruck zu verleihen. „Wir würden nicht wider-
streben," so sagte Lord *Asquith*, „*eine Hand zu ergreifen, die uns in gu-
ter Absicht und in Treue entgegengestreckt würde*." Im Jahre 1909 kam
es in den Parlamenten beider Länder sehr oft zu Hinweisen auf die
Flottenrüstungen des andern. Es wurde dabei auf beiden Seiten festgestellt und anerkannt, daß die Rüstungen sich nicht gegeneinander
kehren, sondern nur den verschiedenen eigenen Bedürfnissen eines
jeden Landes dienen sollen. Dies ist ein Standpunkt, der falsch ist
und den wahren Kern des Problems verhüllt, dessen gegenseitige
Anerkennung nur dazu führte, den verderblichen Wettbewerb in
höfliche Form zu kleiden. Am 16. März machte Lord *Asquith* im Unterhause die Mitteilung, daß Deutschland von englischer Seite
„mehr als einmal" Vorschläge auf gegenseitige Beschränkung der
Flottenausgaben gemacht wurden, ein Hinweis, der in den oben geschilderten Verhandlungen des Deutschen Reichstags vom 28. und
30. März 1908 die Grundlage der Erörterungen bildete. Gleichzeitig
mit jenen Verhandlungen im Reichstag fand auch im englischen Unterhause eine Erörterung der Rüstungsfrage statt. Lord *Asquith* erwiderte auf des Fürsten *Bülow* Ausführungen, wonach England einen formalen Vorschlag nicht gemacht hätte, daß England auch zu
solchem bereit sei, wenn es wüßte, daß dieser willkommen wäre. In
derselben Sitzung versuchte nun der Staatssekretär *Grey* nicht nur
das Wünschenswerte einer Abnahme der Flottenausgaben darzulegen, „die sofort das Gefühl erhöhter Friedenssicherheit hervorrufen
würde", sondern auch die verschiedenen Wege ins Auge zu fassen,
die dazu führen würden. Diese Rede gehört wohl zu den bedeutendsten Äußerungen, die im Hinblick auf den anglo-deutschen
Flottenwettbewerb getan wurden. Der Staatssekretär betonte darin
die seitdem von England festgehaltene Anschauung, daß eine Verständigung mit Deutschland nur auf Grund der Überlegenheit der
englischen Flotte über die deutsche durchgeführt werden könnte, da

die Flotte für England dasselbe Lebensbedürfnis ist, wie für Deutschland sein Heer. Er ließ aber durchblicken, daß England seine Stellung in der Frage der Neutralisierung des Privateigentums zur See vielleicht ändern würde, wenn dies als Ausgang für eine Verminderung der Flottenrüstungen genommen werden würde, ein Hinweis, den Mc. *Kenna*, damals erster Lord der Admiralität, Ende April noch deutlicher zum Ausdruck brachte. Im Sommer jenes Jahres befaßte sich das englische Parlament abermals mit der Frage. Mc. *Kenna* machte am 26. Juli anläßlich seiner Begründung der Notwendigkeit des weiteren Ausbaues der englischen Flotte die Mitteilung, daß die Regierung seit drei Jahren nicht nur wiederholt ihren Entschluß zum Ausdruck gebracht habe, sich über den Rüstungsstillstand mit anderen Mächten zu verständigen, „sie zeigte auch durch mehr als Worte ihren Entschluß, in der Beschränkung der Rüstungen die Führung zu übernehmen, und drei Jahre tat sie ihr Äußerstes, die Welt von der Nutzlosigkeit dieses Wettlaufs in den Rüstungen zu überzeugen". Und Premierminister Asquith, der ebenfalls die einschlägigen Bemühungen Englands der letzten drei Jahre aufzählte, benützte wieder die Gelegenheit, um Englands Bereitwilligkeit zu einer Vereinbarung zu betonen. *„Auch jetzt noch"*, sagte er, *„steht nicht nur einem nationalen Abkommen die Tür offen, die Regierung sei sogar eifrig bestrebt, mit den anderen Mächten zu einer Verständigung zu kommen."* Und als am 7. September der Liberale *Byles* auf die Möglichkeit hinwies, jetzt zu einem Abkommen mit Deutschland zu gelangen, und *Allen Baker* die Frage stellte, ob der Minister Deutschland Vorschläge zu machen geneigt sei, erwiderte Lord *Asquith, „daß jede Andeutung, daß die deutsche Regierung ein solches Übereinkommen zu treffen wünsche, das herzlichste Entgegenkommen der britischen Regierung finden wird"*. Und als *Byles* darauf die weitere Frage stellte, ob es nicht möglich wäre, daß britischerseits die Initiative ergriffen würde, antwortete *Asquith* darauf kurz: *„Wir haben die Initiative ergriffen."*

Die öffentliche Meinung in Deutschland und England

Diese hochwichtigen Auseinandersetzungen zwischen den Regierungen beider Reiche fanden in der Öffentlichkeit ein lebhaftes Echo. Wohl fehlte es hüben wie drüben an Hetzern nicht, die das

Verständigungswerk zu stören suchten, und Lord *Churchill* hatte recht, wenn er in einem an den Vorsitzenden des Liberalen Klubs in *Dundee* gerichteten Schreiben „auf die verbrecherische Tätigkeit einer verhältnismäßig kleinen Anzahl von Persönlichkeiten in beiden Ländern und auf die sträfliche Leichtgläubigkeit der breiten Volksschichten" hinwies, durch die der allmählich ernst gewordene Gegensatz zwischen den beiden Völkern hervorgerufen wurde, auf dessen glückliche Überwindung er anspielte. In einem gewissen Teil der deutschen Presse mehrten sich die Verdächtigungen gegen England, je lebhafter dort der Wunsch zutage trat, zu einer Rüstungsverständigung zu gelangen. Doch fehlte es hier keineswegs an gewichtigen Stimmen, die zu einer vernünftigen Regelung des Rüstungsmaßstabes mit England rieten. Sogar das führende Blatt der Konservativen, die „Kreuzzeitung", empfahl in ihrer Wochenrundschau zu Ostern 1909, „gegenüber den immer lauter werdenden Wünschen Englands nach einer gewissen Verständigung über den Flottenbau nicht zurückhaltend zu sein", und gab der Hoffnung Ausdruck, der Reichskanzler werde doch noch eines Tages und „hoffentlich recht bald die Formel finden", die eine Verhandlungsbasis mit England biete. Sie erblickte sogar in einem Vertrag mit England den besten Schutz der überseeischen Interessen Deutschlands. Stark national gesinnte Männer, wie *Maximilian Harden*, Legationsrat *vom Rat*, Dr. *von Holleben* u. a., wiesen auf die Notwendigkeit einer Flottenverständigung mit England hin und *Harden* sogar unter Hinweis auf den langjährigen Leiter des auswärtigen Amtes, Geheimrat von *Hollstein*, der immer zu Verständigungen mit England geraten habe.

Die anglo-deutschen Rüstungserörterungen 1910–1911.
Vor Agadir

In den Jahren 1910 und 1911 nahm die Erörterung der großen Frage in beiden Ländern nur noch zu. Am 14. Juli 1910 beklagte Lord *Asquith*, in Erwiderung der Forderung des Abgeordneten *Dillon*, das Flottenbudget um zwei Millionen Pfund jährlich zu vermindern, die Vergeudung durch die Rüstungsausgaben, durch die das soziale Reformwerk hintangesetzt werde, und wünschte, daß es zu irgendeiner Art Abkommen zwischen den Staaten der Erde und namentlich zwischen England und „dem großen befreundeten Reiche Deutschland" kommen möge. Dabei wies der Premierminister daraufhin, daß die deutsche Regierung auf weitere Sondierungen erklärt habe, daß sie durch ein Gesetz gebunden sei, und daß eine Abänderung dieses Gesetzes *nicht die Unterstützung der Öffentlichen Meinung in Deutschland haben würde*. Tags darauf, am 15. Juli, schleuderte der Schatzkanzler *Lloyd George* auf einem vom *Lord-Mayor* veranstalteten Bankett, an welchem die hervorragendsten Finanzleute teilnahmen, erneut einen Bannfluch gegen jene *„Epidemie der Verschwendung, die die ganze Welt verheert bis zum Untergang"*. Anknüpfend an die Äußerung des Lord *Asquith*, wonach sich die Reichsregierung auf die ablehnende Haltung der öffentlichen Meinung in Deutschland berufen habe, entstand ein Sturm in der gesamten deutschen Presse, die mit einer seltenen Einstimmigkeit gegen diese Behauptung zu Felde zog und dringend nach Verhandlungen mit England rief.

Am 10. Dezember 1910 äußerte sich der Reichskanzler *v. Bethmann-Hollweg* zur Frage. Er gab zu, daß England den Gedanken einer gemeinsamen Rüstungsverminderung wiederholt angeregt habe, jedoch ohne positive Anträge zu stellen, und fügte hinzu: „Auch wir begegnen uns mit England in dem Wunsche, Rivalitäten in Beziehung auf die Rüstungen zu vermeiden, haben aber in den ab und zu stattgehabten, unverbindlichen, vom gegenseitigen freundschaftlichen Geiste getragenen Pourparlers stets den Gedanken vorangestellt, daß eine offene und vertrauensvolle Aussprache und darauffolgende Verständigung über die beiderseitigen wirtschaftlichen und politischen Interessen das sicherste Mittel zur Beseitigung jeglichen Mißtrauens wegen des gegenseitigen Kräfteverhältnisses zu Wasser und zu Lande sei. Schon die Fortdauer eines zwanglosen und vertrauensvollen Gedankenaustausches über alle mit diesen Dingen zusammenhängenden Fragen ist eine Garantie für die freundliche Absicht auf beiden Seiten, und dürfte allmählich aber sicher zur Beseitigung des Mißtrauens führen, das nicht bei den Regierungen, wohl aber in der öffentlichen Meinung sich leider vielfach geltend gemacht hat" Diese Feststellungen bedeuteten zwar kein großes Entgegenkommen, zeigten aber immerhin ein leises Abweichen von dem bisher seitens der Reichsregierung angenommenen Standpunkt an. Es wird die Möglichkeit einer Verminderung der Rüstungen zwar nicht zugegeben, wohl aber die Vorteile von „Pourparlers" darüber. In der Reichstagssitzung vom 23. Februar 1911 kam es bei Beratung der Heeresvorlage wieder zu einem lebhaften Verlangen der Abgeordneten verschiedener Parteien nach einer Verständigung über die Rüstungen. *„Sie müssen endlich Maß und Ziel bekommen!"* rief der Zentrumsabgeordnete Speck, und der freisinnige Abgeordnete Dr. Wiemer protestierte lebhaft gegen die Ablehnung von Vorschlägen zur Lösung der Abrüstungsfrage und gab dem Wunsche Ausdruck, „daß die Reichsregierung sich das wohl überlegen und künftige Anregungen *nicht mit einem kühlen Lächeln abweisen sollte"*.

Am 12. März 1911 fand im englischen Unterhause eine Sitzung statt, in der Staatssekretär *Grey* die Hoffnung zum Ausdruck brachte, daß nach Mc. *Kennas* Ausspruch mit dem vorgelegten Flottenbudget die „Hochwassermarke" erreicht sei und, vorausgesetzt, daß die Programme der anderen Mächte ihren normalen Verlauf nehmen, Verminderungen eintreten werden. In einer denkwürdigen Rede wies er auf den Zusammenbruch *der Kultur* hin, der eintreten müßte, wenn es nicht gelinge, die Zunahme der Rüstungsausgaben zu beschränken und mit Deutschland zu einem Abkommen zu gelangen.

Diese Rede lag den hochwichtigen Erörterungen zugrunde, die sich am 30. März 1911 bei der Beratung des Etats des Reichskanzlers über die Verminderung der Rüstungslasten im deutschen Reichstag entspannen. Der Führer des Zentrums, Dr. *Spahn*, wiederholte dabei das seitens seiner Partei so oft gestellte Verlangen, Verhandlungen über eine Verminderung der Flottenrüstungen *nicht abzulehnen*, und sogar der konservative Redner *Graf v. Kanitz* schloß sich diesen Ausführungen an und sagte: „Mit den Grundsätzen, welche der Minister *Grey* formulierte, können wir uns wohl einverstanden erklären. Wenn er sagt: *,Die Bürde der Rüstung ist eine größere Gefahr als der Krieg selbst; sie bedeutet ein Verbluten in Friedenszeiten', so wird die darin liegende Wahrheit wohl von niemand verkannt werden."* Die Sozialdemokraten brachten wieder einen Antrag ein, der den Reichskanzler, im Hinblick auf die erklärte Bereitwilligkeit in anderen Parlamenten, aufforderte, sofort Schritte zu tun, um eine internationale Verständigung über die allgemeine Erleichterung der Rüstungen herbeizuführen. Von der Fortschrittlichen Volkspartei wurde ein ähnlicher Antrag eingebracht. Der Reichskanzler *v. Bethmann-Hollweg* sprach sich in einer langen Rede über das Friedensproblem aus, schilderte die Schwierigkeiten eines Abrüstungsübereinkommens und erklärte die Frage für *„unlösbar, solange die Menschen Menschen und die Staaten Staaten sind"*; teilte aber mit, daß Deutschland der englischen Anregung über einen Nachrichtenaustausch über die gegenseitigen Schiffsbauten beigetreten sei. Nach einer sehr lebhaften und interessanten Debatte, die zwei Tage währte, wurde am 31. März die sozialdemokratische Resolution abgelehnt, hingegen die der fortschrittlichen Volkspartei angenommen. Diese Resolution lautet: *„Der Reichstag wolle beschließen, den Reichskanzler zu ersuchen, die Bereitwilligkeit zu erklären, in gemeinsame Verhandlungen mit anderen Großmächten einzutreten, sobald von einer Großmacht Vorschläge über eine gleichzeitige und gleichmäßige Begrenzung der Rüstungsausgaben gemacht werden."* Damit gab das deutsche Volk in seiner Mehrheit zu erkennen, daß es einer Erörterung über die Begrenzung der Rüstungen nicht ablehnend gegenüber steht.

Nach Agadir

Es kamen die Tage von Agadir mit der oben geschilderten Trübung des anglo-deutschen Verhältnisses, und die Kriegshetzer bekamen eine Zeitlang wieder die Oberhand. Doch konnten sie zu ihrem Ziele nicht mehr gelangen. Auch der Prozeß, der einer anglo-deutschen Einigung zustrebte, konnte durch jene Verstimmung nicht aufgehalten werden. Als der Marokkovertrag zwischen Deutschland und Frankreich abgeschlossen und die Gefahr eines kriegerischen Zusammenpralls beseitigt war, erschien der englische Kriegsminister *Haldane* in Berlin, um das Werk der Verständigung mit erhöhtem Nachdruck fortzusetzen. Zur Stunde, wo diese Zeilen geschrieben werden, ist das Verständigungswerk noch nicht zum Abschluß gelangt. Es ist zu hoffen, daß seine Vollendung nicht lange mehr auf sich wird warten lassen. Die Bereitschaft dazu ist bei beiden Völkern vorhanden.

Es ist der Schilderung des Rüstungswettkampfes zwischen Deutschland und England ein größerer Raum gewidmet, entsprechend der hohen Wichtigkeit, die diesem weltgeschichtlichen Prozeß zukommt. Nicht geringer war aber der Ansturm gegen die Rüstungen in den anderen Ländern und in den Parlamenten, auf den hier nur hingedeutet werden kann.

Die Vereinigten Staaten

In den Vereinigten Staaten hat Präsident *Roosevelt* in seiner Botschaft an den Kongreß vom 3. Dezember 1907 aus dem Scheitern der Rüstungserörterung im Haag den logischen Schluß gezogen, daß in erhöhtem Maße weitergerüstet werden müsse. Aber in der Sitzung des Repräsentantenhauses vom 11. April 1909 zeigte sich der Widerstand, der sich in den Vereinigten Staaten gegen das Wettrüsten entwickelt hat, indem mit 199 gegen 75 Stimmen von den von der Regierung geforderten vier Schlachtschiffen nur zwei bewilligt wurden. Dieser Widerstand setzte sich fort und trat in wiederholten Anträgen und großzügigen Reden im Senat und Repräsentantenhaus, wobei sich namentlich die Abgeordneten *Bartholdt* und *Tawnay* und Senator *Burton* hervortaten, zutage. Er verdichtete sich in der öffentlichen Meinung derart, daß im Juni 1910 durch Gesetz (die sogenannte *Bennett-Bill*) beschlossen wurde, eine Kommission von fünf Mitgliedern einzusetzen, „die erwägen soll über die Möglichkeit der Ausnützung vorhandener internationaler Behelfe zum Zwecke der Beschränkung der Rüstungen aller Staaten der Welt auf dem Wege internationaler Abkommen, und über die Gestaltung der kombinierten Flotten der Welt zu einer internationalen Gewalt zum Schutze des allgemeinen Friedens; und die die etwaigen anderen Mittel zur Verminderung der Regierungsausgaben für Militärzwecke und zur Verringerung der Kriegswahrscheinlichkeit in Betracht ziehen und darüber berichten soll". Es wurden als Kosten für diese Kommission 10.000 Dollars bewilligt und bestimmt, daß die Kommission binnen zwei Jahren ihren Schlußbericht zu erstatten habe. Es kam aber nicht zur Ernennung dieser Kommission, *da Europa sie nicht wünschte*. Präsident *Taft* hatte die europäischen Regierungen eingeladen, ähnliche

Kommissionen einzusetzen, die mit der amerikanischen zusammenarbeiten sollten. Die Einladung wurde durch Zirkularnote vom 16. November 1910 an die Regierungen von Deutschland, Österreich-Ungarn, Belgien, Frankreich, Großbritannien, Japan, der Niederlande, Rußland und der Türkei zugesandt. Über die eingelaufenen Antworten wurde im Sommer 1911 offiziell mitgeteilt, daß, „während einige dieser Mächte sich geneigt zeigten, bestimmte Vorschläge in Erwägung zu ziehen, die wir ihnen als Ergebnis der Untersuchungen der Kommission unterbreiten könnten, sind andere der Ansicht, daß es jetzt nicht angebracht sei, eine von der erwähnten Resolution (gemeint ist die *Bennet-Bill*) vorgesehenen internationalen Aktion zu unternehmen, und sind anscheinend der Meinung, daß es *augenblicklich nicht gelegen wäre*, das Studium dieser Frage zu erneuern."

Österreich und Ungarn

Es ist nicht bekannt, welche Staaten ein Studium des Rüstungsproblems in jenem Augenblicke, wo die ganze Welt unter der Riesenlast keuchte, für „ungelegen" erachteten. In den österreichischen Delegationen wurde der Minister des Äußern Graf *Aehrenthal* am 30. Januar 1911 von dem Delegierten *Exner* über die Stellungnahme der Regierung zu der Anregung des Präsidenten *Taft* befragt. Der Minister äußerte seine Sympathie für „alle Bestrebungen, welche auf eine Verminderung der immer steigenden, auf den Völkern Europas schwer lastenden Rüstungsauslagen gerichtet sind", und gab die Absicht kund, sich zu vergewissern, welche Stellung die anderen europäischen Regierungen zu jener Anregung einnehmen werden. In einer Resolution wurde die gemeinsame Regierung eingeladen, „alle geeigneten Mittel zu ergreifen, die die Erreichung dieses großen Zieles (das sich Präsident *Taft* gesteckt hatte) fördern könnten". Auch während der Delegationstagung im Oktober-November 1909, wo die Regierung Österreich-Ungarns die Rechnung ihrer bosnischen Politik vorlegte, kam es zu einer heftigen Opposition gegen die Rüstungen. Am 26. Oktober hielt der tschechische Abgeordnete *Mazaryk* eine Rede gegen „die Wahnidee der Rüstungen", wobei er eine sich gegen das Wettrüsten wendende Resolution der österreichischen Friedensgesellschaft vorbrachte. Ein namens der sozialistischen Partei durch den Abgeordneten *Seitz* eingebrachter Antrag auf Anbahnung von Verhandlungen mit der italienischen Regierung zwecks beiderseitiger Einstellung der Flottenrüstungen wurde zwar abgelehnt, doch brachte der Berichterstatter für Äußeres zum Ausdruck, daß die Regierung Osterreich-Ungarns bereit sei, bei jedem entsprechenden Anlaß Verhandlungen über eine derartige Abrüstung einzugehen. In der Sitzung der österreichischen Delegationen gab der Delegierte *Soukup* angesichts der immer erneuten Militärforderungen seiner Überzeugung Ausdruck, daß das Abrüstungsproblem doch auf dem Marsche sei, und der Delegierte *Delugan* äußerte die Ansicht, „daß eine von Österreich-Ungarn, Deutschland und Italien ausgehende Anregung zur Einberufung einer internationalen Konferenz sicherlich überall tatkräftige Unterstützung finden werde". Am 24. Februar warnte der tschechische Delegierte Dr. *Kramarz* vor den Rüstungen, die in allen europäischen Staaten entschieden zu einer Katastrophe führen müßten. Der Minister *Graf Aehrenthal* gab abermals die Versicherung, „daß man jede Anregung, welche auf eine Einschränkung hinziele, seitens der österreichisch-ungarischen Regierung nicht nur sympathisch aufnimmt, sondern auch unterstützt".

In *Ungarn* trat der Landesverteidigungsminister *Samuel Hazai* am 17. Juli für die neue große Wehrvorlage ein, wobei er es nicht unterließ, der Friedensbewegung eine höfliche Verbeugung zu machen, und zu erklären, *daß er weit davon entfernt sei, die Möglichkeit einer Lösung des Rüstungsproblems in Frage zu stellen,* während der Minister-Präsident *Khuen-Hedervary* sich bei der Begründung der neuen Wehrvorlage (15. Februar 1912) auf die Nachbarn berief und die Rüstungen als Mittel zur Bündnisfähigkeit und als „Basis der Politik der Bündnisse" bezeichnete. Eine Begründung, die durch die Wissenschaft des Pazifismus schon längst in ihrer Haltlosigkeit dargestellt ist. Am 21. März 1911 stellte der Abgeordnete Domherr *Gießwein*, der Präsident der ungarischen Friedensgesellschaft, im ungarischen Parlament den Antrag, die Regierung möge dahinwirken, daß in das Programm der nächsten Haager Konferenz die gleichzeitige internationale Beschränkung der Rüstungen mit aufgenommen werde. Dieser vom Antragsteller und vom Grafen *Albert Apponyi* warm unterstützte Antrag fand die Billigung des Ministers und die einstimmige Annahme des Hauses.

Wiederholt kam es in der französischen Kammer zu Rüstungsdebatten. Am 27. Dezember 1909 wurde das Problem dort mit besonderer Ausführlichkeit behandelt *Pressensé* verlangte, daß sich die französische Regierung der Bewegung für die Abrüstung anschließe; *„die Stunde sei gekommen*, eine internationale Friedensorganisation zu bilden"*, und Lucien *Le Foyer* trat für die energische Vertretung dieser Frage ein. „Es gibt keine Frage, die sich gebieterischer auf drängt und dabei immer weniger gelöst zu werden versucht wird." Nach dieser stillschweigenden Verständigung zugunsten der Vermehrung der Rüstungen, meinte *Le Foyer* mit Recht, könne wohl eine ausdrückliche internationale Verständigung zum Zweck ihrer Verminderung folgen. Am 23. Februar 1911 brachte der Sozialist *Sembat* in der Kammer den Antrag ein, „mit den anderen Mächten, besonders mit Deutschland und England, Verhandlungen einzuleiten, die eine gleichzeitige Beschränkung der Rüstungen zum Ziel haben". Der Minister des Äußern *Pichon* erklärte zwar, den Antrag Sembats nicht annehmen zu können, dieser wurde auch von der Kammer abgelehnt, hingegen ereignete es sich, daß ein Antrag des Abgeordneten *Dumont*, der die Regierung aufforderte, *dahin zu wirken, daß auf die Tagesordnung der nächsten Haager Konferenz die Frage einer gleichzeitigen* Einschränkung der Rüstungen gesetzt werde, dem die Regierung auch ihre Zustimmung gab, mit der *erdrückenden Mehrheit von 476 gegen 56 Stimmen zur Annahme gelangte.* Im Senat ließ der große Friedenstechniker *Baron d'Estournelles de Constant* bei jeder sich bietenden Gelegenheit seine warnende Stimme vernehmen. Eindringlichst mahnte er zur Vernunft und Mäßigung. So sprach er am 5. April 1910 gegen die Bewilligung von zwei neuen Panzern, die er als die Vorläufer eines neuen Flottenprogramms bezeichnete. Er sollte nur zu sehr Recht behalten.

Italien

In *Italien* hatte am 1. Dezember 1910 der Abgeordnete *Bissolati* einen Antrag eingebracht und begründet, wonach die Regierung aufgefordert wurde, „sich mit der Regierung Österreich-Ungarns zu verständigen, zum Zwecke der Vereinigung einer internationalen Konferenz zur Beschränkung der Rüstungen". Der Minister des Äußern *San Giuliano* gab eine ausweichende Antwort und tat dem Problem Gewalt an, indem er sich zu der Äußerung verstieg, daß bisher „jedesmal, wenn man versucht habe, sich über die Abrüstung zu verständigen, die Beziehungen zwischen den Mächten *eine Abkühlung* erfahren" hätten. Trotzdem soll nach einem vom französischen Senator *Gervais* am 26. Juli 1910 im „Matin" veröffentlichten Artikel König *Victor Emanuel* einen Plan entworfen haben, der darauf abgezielt haben sollte, der Vergrößerung der Kriegsflotte Halt zu gebieten. Der König soll geäußert haben, daß diejenige Persönlichkeit, der er den Plan vorgelegt habe, die durch ihre Stellung seiner Idee Kraft hätte geben können, *ihn* (den König) *nicht verstehen wollte.*

Schweden, Japan, usw.

Am 21. März 1911 wurde die *schwedische* Regierung über ihre Stellungnahme zu der oben erwähnten amerikanischen Anregung befragt. Der Minister des Äußern Graf *Taube* konnte erklären, daß ihm eine Einladung seitens der amerikanischen Regierung nicht zugekommen sei. Über einen gleichzeitig von sozialdemokratischer Seite unterbreiteten Antrag auf Herstellung eines Rüstungsübereinkommens entwickelte sich in der schwedischen Kammer eine lebhafte Debatte, in der der Wunsch nach Erleichterung der Rüstungen in entschiedener Weise zum Ausdruck gebracht wurde. So ging es ohne Stillstand in den Parlamenten fast aller Länder. Sogar in Japan fand am 25. Januar 1909 eine Interpellation in der Kammer auf Herabsetzung der Rüstungen statt, auf der die Regierung ebenfalls eine sympathische Antwort hatte, und der japanische Staatsmann Graf *Okuma* hat sich 1910 dahin geäußert, daß die Lasten, die durch die Rüstungen zu Wasser und zu Lande den Völkern aufgelegt werden, kein Volk – auch das reiche England nicht – dauernd ertragen kann.

Die Stellungnahme der Regierungen
gegenüber dem allgemeinen Ansturm

Wir sehen aus den vorhergegangenen Schilderungen, wie sich seit den Tagen der ersten Haager Konferenz die öffentliche Meinung gegenüber den Rüstungen in rascher Steigerung gewandelt hat. Vorher wurden die Rüstungslasten beinahe mit fatalistischem Gleichmut stumm ertragen und ein Politiker, der seinen Ruf als ernster Mensch nicht in Gefahr bringen wollte, durfte es nicht wagen, seine Stimme dagegen zu erheben. Man überließ die Kritik des Rüstungswesens den Sozialdemokraten, auf deren Meinung man glaubte, kein Gewicht legen zu müssen, und den Pazifisten, die man noch weniger ernst nahm. Das Zarenmanifest, das zum ersten Mal von der anderen Seite her eine Kritik der großen Frage zu Gehör brachte, wurde mehr oder weniger offen verlacht, und die Erörterung des Rüstungsproblems auf der ersten Haager Konferenz wurde seitens der dazu eingesetzten Militärpersonen mit einer von einzelnen Seiten an den Tag gelegten souveränen Verachtung abgetan. Aber schon auf dieser Konferenz wurden Töne vernommen, die zumindest neu waren, Anschauungen geäußert, die verblüfften, und die nicht wenig dazu beitrugen, daß das bis dahin als unberührbar angesehene Problem der öffentlichen Erörterung überantwortet wurde. Seitdem hat diese Erörterung niemals aufgehört, wenn es auch versucht wurde, sie auf der zweiten Haager Konferenz zu erdrosseln. Gar bald erhob sich die Rede zu einem Sturm. In allen Ländern bildeten die Rüstungen den am meisten in Erwägung gezogenen Gegenstand, und zwischen einzelnen Parlamenten und Staatsmännern entwickelten sich vor der ganzen Kulturwelt regelrechte Zwiegespräche von Land zu Land. Sogar in Deutschland vollzog sich der Wandel, daß der Reichstag, der vor der zweiten Konferenz jede Erörterung der Rüstungsfrage als eine Gefahr ansah und ihr bis in die liberalen Kreise hinein ablehnend gegenüberstand, schließlich fast einstimmig für eine Erörterung des Problems eintrat und sich nicht scheute, sich dadurch zur Reichsregierung in einen Gegensatz zu stellen. Abgesehen von England, dessen liberale Regierung in wahrhaft großzügiger Weise und ohne sich von ihren Mißerfolgen abschrecken zu lassen, immer wieder zugunsten einer gleichzeitigen vertragsmäßigen Beschränkung der Rüstungen offen und unumwunden eintrat, hörte man von den Regierungsvertretern in allen anderen Ländern immer nur verlegene Ausflüchte; ihre Stellungnahme beschränkte sich den immer dringender werdenden Forderungen der Parlamentsmehrheiten gegenüber auf allgemeine Sympathiebezeugungen für die große Sache bei gleichzeitiger Einbekennung ihrer Ohnmacht zur Herbeiführung einer Änderung. Es unterliegt keinem Zweifel, daß bei entschiedener Weiterführung des Ansturmes die Regierungen schließlich doch gezwungen sein werden, ihre für die Dauer unhaltbare Stellungnahme zu ändern und eines Tages wenigstens den Versuch zu einer Lösung der Rüstungsfrage zu unternehmen. Sie werden an jenem Tage zugeben müssen, daß das Problem von einem einzelnen Staate nicht gelöst werden kann und unbedingt durch ein Zusammenwirken aller in Betracht kommenden Staaten oder einer Anzahl von ihnen ins Auge gefaßt werden muß. Dann werden alle heute so landläufigen Einwände, die, vom Standpunkte des einzelnen Staates betrachtet, einen Schein von Folgerichtigkeit besitzen, in sich zusammenfallen und so den Weg frei machen zur wahren Befreiung der Völker von ihrer eigenen Tyrannei. Diese werden alsdann entdecken, wie Sir *Edward Grey* in jener denkwürdigen Unterhausrede vom 12. März 1911 so richtig gesagt hat, „daß während der Zeit, in der sie sich in der Knechtschaft dieser ungeheuerlichen Ausgaben befanden, *die Gefängnistür von der Innenseite verschlossen war*".

4. Die Friedenspropaganda.
Weltfriedenskongresse und Interparlamentarische Konferenzen

XVI. Weltfriedenskongreß zu München

Noch waren im Haag die mehrmonatigen Verhandlungen nicht zur vollen Höhe des Kampfes um den allgemeinen obligatorischen Schiedsvertrag gediehen, als sich die Pazifisten, der 1906 in Mailand bereits in sichere Aussicht gestellten Einladung Folge leistend, wiederum einmal – nach neunjähriger Pause – auf deutschem Boden versammelten. Zwar nicht in der Reichshauptstadt, wie man es gern gesehen hätte, aber in *München*, der süddeutschen Metropole, wo *Quiddes* Organisationstalent die Abhaltung des XVI. *Weltfriedenskongresses* möglich gemacht hatte, der vom bayrischen Ministerpräsidium, der Provinzialregierung und der Stadt offiziell begrüßt wurde. Vom 9. bis 14. September 1907 währte unter *Quiddes* Vorsitz die Arbeit, die sich naturgemäß ihrer Hauptsache nach mit den Vorgängen im Haag befaßte. In einem an das Präsidium der Konferenz

gerichteten Schreiben wurden die darauf bezughabenden Beschlüsse des Weltfriedenskongresses zusammengefaßt. Daß das Werk der
Kriegsreglementierung nicht das wichtigste, daß aber eine vollstän-
dige Organisation der Völkerrechte das von der Menschheit er-
sehnte Ziel, daß ein allgemeiner Schiedsvertrag erwünscht wäre,
auch wenn ihn vorläufig nur die dazu bereiten Abordnungen ab-
schließen würden, daß der Zusammentritt einer dritten Konferenz
vorgesehen werden soll u. a. m., wurde dort zum Ausdruck gebracht. Es wurde ferner eine Kommission eingesetzt, die die Frage
der Rüstungsbegrenzung studieren solle und der Wunsch ausgedrückt, daß einzelne Staaten, „die am wenigsten einen Angriff auf
ihre Unabhängigkeit und nationale Zusammengehörigkeit zu be-
fürchten haben", den anderen Nationen mit dem Beispiele der Rüs-
tungseinschränkungen vorangehen möge. Über das Verbot von Anleihen kriegführender Staaten, gegen den Antimilitarismus, zur Marokkofrage usw. wurden Beschlüsse gefaßt. Die anderen zahlreichen Resolutionen bezogen sich auf die Propaganda, namentlich im
Hinblick auf den Schulunterricht und die Jugenderziehung.

XV. Interparlamentarische Konferenz in Berlin

Was dem Weltfriedenskongreß noch nicht möglich gewesen – eine
Tagung in der deutschen Reichshauptstadt zu erreichen –, wurde
1908 der Interparlamentarischen Union zuteil. Seit dem Jahre 1905,
wo *Richard Eickhoff* nach Hirschs Tod die Führung der deutschen Interparlamentarischen Gruppe übernahm, hatte sich in der Anteilnahme Deutschlands an dem Werke der Interparlamentarischen
Union eine große Wandlung vollzogen. Schon auf der Londoner
Konferenz des Jahres 1906 nahmen 30 deutsche Abgeordnete teil,
was nach der früheren Teilnahme der deutschen Parlamentarier an
jenen Konferenzen, wo sie oft kaum das halbe Dutzend überschrit-
ten (in St. Louis waren nur vier!), einen großen Fortschritt bedeutete.
Richard Eickhoff verstand es, die deutsche Gruppe auf 157 Mitglieder
zu bringen und das Interesse für die Union in Deutschland so zu
entwickeln, daß die Abhaltung einer Konferenz in Berlin unter dem
Protektorate der höchsten Reichsstellen möglich wurde. Zwischen
dem 17. und 20. September versammelte sich diese XV. Konferenz
der Interparlamentarischen Union im großen Sitzungssaale des

deutschen Reichstags unter dem Vorsitz des *Prinzen Emil Schoenaich-Carolath*; sie wurde vom Reichskanzler *Fürsten Bülow* in einer warmherzigen Eröffnungsrede aufs feierlichste begrüßt. Der Fürst-Reichskanzler anerkannte bei dieser Gelegenheit das große Verdienst der Union: „Mit der zivilisierten Welt" sagte er, „weiß Deutschland die Dienste zu würdigen, die Sie einer edlen Sache leisten". Es hat lange gedauert bis solche Worte von dieser Stelle aus gesprochen wurden, und daß sie endlich gesprochen worden ist einer der schönsten Erfolge des Pazifismus in den letzten Jahren. Auch Kaiser *Wilhelm* begrüßte die versammelten Interparlamentarier durch eine Depesche, worin er die Versammlung ermahnte, daß sie *„an ihrem Teile wirken möge für die Erhaltung der Mir so ganz besonders am Herzen liegenden Segnungen des Weltfriedens"*. Der Kronprinz des Deutschen Reiches, der eine Abordnung der Konferenz in Vertretung seines Vaters im Potsdamer Schloß empfing, bezeichnete das Werk, an dem sie arbeitet, „wert, *daß die edelsten Geister aller Nationen* ihre ganze Kraft dafür einsetzen". War schon die Abhaltung der Konferenz in Berlin, namentlich unter den erhebenden Begleitumständen, die in der warmen Teilnahme des offiziellen Deutschland zu finden sind, an sich ein großer Erfolg, trugen nicht minder dazu die Beschlüsse bei, die in Berlin gefaßt wurden. Auch diesmal war es, wie 1899, die erste Sorge der Interparlamentarier, einer neuen – dritten – Haager Konferenz vorzuarbeiten, obwohl noch kein Jahr vergangen war seit Schluß der Arbeiten der zweiten Versammlung jenes Völkerareopages. So wurde nach einem ausführlichen Referat *Fred. Bajers* einstimmig beschlossen, das Studium jener Fragen seitens der interparlamentarischen Gruppen zu empfehlen, die vor die III. Haager Konferenz kommen sollen, „namentlich jener von der Interparlamentarischen Konferenz zu London von 1906 behandelten, mit denen sich die II. Haager Konferenz nicht genügend befassen konnte". Gemeint war damit das Studium des Rüstungsproblems, das hier durch ein Gebot der Taktik umschrieben wurde. (Man wagte noch nicht, das Kind beim rechten Namen zu nennen!) Daß der allgemeine obligatorische Schiedsvertrag zu einem allgemeinen Verständigungsakte der Mächte führen möge, und daß jene 34 Staaten, die 1907 im Haag bereit gewesen waren, für einen solchen Vertrag zu stimmen, ihn zu einem Definitivvertrag umwandeln mögen, kam einstimmig zur Annahme. Ebenso Anträge auf Einführung der obligatorischen Vermittlung, auf Erklärung der Unverletzlichkeit des Privateigentums im Seekriege, auf Kodifikation des internationalen öffentlichen Rechts usw. *Richard Bartholdts* Antrag auf gegenseitige Garantie des Territorialbesitzes wurde dem Interparlamentarischen Rat zum Studium überwiesen. Einer der wichtigsten Beschlüsse der Berliner Tagung lag in einer grundlegenden Statutenänderung der Union, die die Verlegung des Interparlamentarischen Amtes nach Brüssel, die Anstellung eines besoldeten Internationalen Sekretärs und die Unterstützung der Union durch Beiträge der Regierungen zur Folge hatte. Auf Antrag des Abgeordneten Eickhoff im Reichstag unterstützt die Reichsregierung die Interparlamentarische Union seit 1911 mit jährlich Mark 6000. (Über die Beiträge der anderen Regierungen siehe im VII. Abschnitt.)

VII. Weltfriedenskongreß in London

Auch der Weltfriedenskongreß, der XVII. in der Reihe, versammelte sich in jenem Jahre unter ganz außergewöhnlichen Umständen. Vom 27. Juli bis 1. August 1908 tagte er in der Londoner Caxton-Hall unter dem Vorsitz des liberalen Oberhausmitgliedes *Lord Courtney of Pennwith* und *Josef G. Alexanders*, des bekannten Mitglieds des Berner Bureaus, und unter ganz besonderen Aufmerksamkeitsbeweisen des *Königs Eduard VII.*, der im Buckingham Palace eine Deputation des Kongresses empfing, wie der Regierung, die den Kongreß in freigebigster Weise unterstützte und sich durch den Ministerpräsidenten *Asquith*, den Lord des Schatzes *Lloyd George* und *Sir Harcourt* vertreten ließ. Die beiden erstgenannten Minister hielten bei dieser Gelegenheit politische Reden von großer Bedeutung. Der König las in der der Kongreßdeputation gewährten Audienz eine Rede, in der er unter anderem sagte: „Nichts gibt es, das mir eine größere Freude bereitet, als zu wissen, daß meine Bemühungen für die Sache des Friedens und der internationalen Brüderlichkeit nicht ohne Ergebnis geblieben sind, und daß sie von meinem Volke und den anderen Völkern gebilligt werden ... Ich habe diesem Ziele stets meine ganze Aufmerksamkeit zugewendet. Ich freue mich zu sehen, daß Ihre internationale Organisation, in der alle Nationen der Welt vertreten sind, auf dem gleichen Wege arbeitet, und ich bete, daß Gottes Segen Sie in ihren Arbeiten unterstütze." Neben den eigentlichen

Kongreßarbeiten fanden allabendlich Versammlungen in den größten Sälen Londons statt, die oft von 5000 und mehr Personen besucht
waren, während bei einer unter freiem Himmel am Trafalgar Square
stattgehabten Versammlung, an der sich die Arbeiter beteiligten, die
Teilnahme auf über 10.000 Personen geschätzt wurde. Vom Könige
an wetteiferten die Regierung, die Presse, die Kreise der besten Gesellschaft und des Mittelstandes wie der Arbeiter in ihrer Sympa-
thie- und Beifallsbezeugung für das Kongreßwerk. Dessen Ergebnis
wurde in zahlreichen Resolutionen niedergelegt. Den Hauptteil der
Arbeiten nahmen die Beratungen des Rüstungsproblems ein, die zu
lebhaften Erörterungen und zu einer entschiedenen allgemeinen
Verurteilung des herrschenden Rüstungssystems führten. In einer
darauf bezugnehmenden Resolution wurde die Regierung Großbritanniens ersucht, eine allgemeine Abrüstungskonferenz einzuberufen mit der Aufgabe, für eine Reihe von Jahren einen Stillstand der
Rüstungen herbeizuführen. Mit großer Energie protestierte der
Kongreß gegen die Verwertung der Luftschiffahrt zu kriegerischen
Zwecken, nahm er Stellung zur Marokkokrise, zu den Haager Abmachungen, und äußerte er seine Wünsche bezüglich einer dritten
Haager Konferenz. Ein Dankesvotum an König Eduard VII. für
seine dem Kongreß erwiesenen Sympathien, wie eine Resolution,
die die Mitarbeit der Arbeiterkreise an der pazifistischen Propa-
ganda erstrebt, beweist, in welch universeller Weise in London die
Friedensagitation zu fördern unternommen wurde.

Brüsseler Generalversammlung
des Internationalen Friedensbureaus

Im Jahre 1909 fand keine Interparlamentarische Konferenz statt;
auch der Weltfriedenskongreß, der für Stockholm bereits vorberei-
tet war, mußte in letzter Stunde infolge eines in der schwedischen
Hauptstadt ausgebrochenen Generalstreiks abgesagt werden. Als
Ersatz für den ausgefallenen Kongreß fand am 8. und 9. Oktober in
Brüssel eine *erweiterte Generalversammlung des Berner internationalen
Friedensbureaus* statt. Neben den geschäftlichen Angelegenheiten
des Bureaus faßte man eine Resolution, die eine Erneuerung des
Verbotes des Werfens von Wurfgeschossen aus Luftfahrzeugen for-
derte, das auf der Haager Konferenz 1899 bereits angenommen, 1907

wieder fallen gelassen wurde. Man äußerte den Wunsch auf Neutralerklärung des Luftraums, nach Schaffung eines pan-europäischen Bureaus nach dem Muster des pan-amerikanischen, trat gegen die Kongogreuel und für die anglo-deutsche Verständigung ein. Der Entwurf zwecks Gründung einer *internationalen Union der Friedenspresse*, deren Bildung am 11. Oktober zu Brüssel stattfand, wurde beifälligst begrüßt.

XVIII. Weltfriedenskongreß in Stockholm

Das im Jahre 1909 versäumte wurde 1910 wieder gutgemacht Unter ganz besonderem Glanze und starker Teilnahme von Pazifisten aller Länder fand in den Tagen vom 1.–5. August der XVIII. Weltfriedenskongreß in Stockholm statt, der von dem Kammermitglied Baron *Carl Carlson Bonde* präsidiert und vom Minister des Auswärtigen Grafen *Taube* in den ehrwürdigen Sälen des Riddarhuset eröffnet wurde. Der *König* empfing die Mitglieder des Kongresses im altehrwürdigen Stadtschloß, wobei er sich, da er erkrankt war, von seinem Bruder, *Prinzen Carl*, vertreten ließ. In einer Depesche, die der König an den Kongreß richtete, sagte er: *„Sie können immer auf mein lebhaftestes Interesse und auf meine wohlwollendste Mithilfe bei Ihren im Interesse der Menschheit gelegenen Arbeiten für den Weltfrieden rechnen.“* Im Mittelpunkte der Verhandlungen stand auch hier das Rüstungsproblem. Es wurde festgestellt, daß für die Regierungen kein Hindernis für ein offizielles internationales Studium mehr bestehe, da in den von zahlreichen Regierungen erlassenen Kundgebungen eine Grundlage für die internationale Erörterung zu finden ist. Es wurde der Wunsch ausgedrückt, daß der durch die amerikanische Bennet-Bill (siehe darüber oben S. 204-205) gegebenen Anregung Folge geleistet und ähnliche Studienkommissionen in Europa errichtet werden. Es wurde den Regierungen die Herstellung eines „Systems von Gegenseitigkeitsverträgen“ als Grundlage einer späteren Rüstungsverminderung empfohlen und der Wunsch wiederholt, daß die eine oder die andere Großmacht die Initiative zu einem Rüstungsstillstand ergreifen möchte. In ausführlicher Weise befaßte sich der Kongreß mit dem von *Gaston Moch* vertretenen Problem des *„Rechtes der staatlichen Notwehr“*, mit verschiedenen Forderungen für das Programm der dritten Haager Konferenz und mit einer Anregung bezüglich des Studiums der Ursachen der seit 1815 stattgehabten Kriege, das einer Kommission überwiesen wurde. Zahlreiche Resolutionen befaßten sich mit „politischen Aktualitäten", so mit der akuten Marokkokrise und mit Propagandavorschlägen. Auch der Stockholmer Kongreß war reich an volkstümlichen Veranstaltungen, die allabendlich Tausende von Hörern zu den Versammlungen führten.

Die Interparlamentarier versammelten sich vom 30. August bis 1. September 1910 in *Brüssel* zur XVI. *Konferenz,* die unter dem Vorsitz des Staatsministers *Beernaert* stattfand. Die in Berlin vorgeschlagene Statutenänderung und die damit verbundene Neuorganisation der Union wurden bestätigt und eine Kommission eingesetzt, die für die Gruppen ein Repräsentativsystem ausarbeiten solle. Die Konferenz empfahl ebenfalls den Regierungen, der durch die Bennett-Bill gegebenen Anregung Folge zu geben, lehnte aber den von Amerika ausgehenden Vorschlag, den von der II. Haager Konferenz beschlossenen Prisenhof mit dem dort ebenfalls beschlossenen wirklich ständigen Schiedshofe zu verbinden, ab. Im übrigen befaßte sich die Konferenz in hohem Maße mit der Empfehlung mehr kriegsrechtlicher Einrichtungen, so mit der Neutralisierung der Meerengen, Ratifizierung der Londoner Erklärung usw.

Rom im Jahre 1911

Für das Jahr 1911 wurde die Interparlamentarische Konferenz und der Weltfriedenskongreß von der italienischen Regierung zur Abhaltung ihrer Versammlungen nach Rom geladen. Im September sollten unter großem Pomp und unter Anwesenheit der Vertreter des Königs und der Mitglieder der Regierung beide Friedensveranstaltungen eröffnet werden. Die Cholera, die im Sommer jenes Jahres in Italien auftrat, ließ es angezeigt erscheinen, zu einer Vertagung der Veranstaltungen zu schreiten, zu der die Italiener erst nach heftiger Gegenwehr ihre Zustimmung gaben. Wäre es anders gekommen, so hätten die Teilnehmer der Friedenskongresse Zeugen jener chauvinistischen Begeisterungsausbrüche sein können, die aus

Anlaß des unerwarteten Beginnes des Tripoliskrieges sich ereigneten. Die Mitglieder der Friedensgesellschaften versammelten sich wieder zu einer *erweiterten Generalversammlung* des Friedensbureaus in Bern, die Mitglieder des interparlamentarischen Rats in *Paris*. Bei beiden Vereinigungen wurden Resolutionen gefaßt, die ihr Bedauern über das Vorgehen Italiens zum Ausdruck brachten, und auch das Bedauern darüber, daß die Haager Bestimmungen seitens der neutralen Mächte nicht zur Anwendung gelangten.

Genf 1912

Die beiden im Jahre 1911 verhinderten Veranstaltungen fanden im September 1912 in Genf statt. Vom 18. bis 20. September tagte dort unter dem Vorsitz des Dr. *Gobat* die XVII. Interparlamentarische Konferenz, an der ungefähr 200 Parlamentarier aus 16 verschiedenen Parlamenten teilnahmen. Die Italiener, die sich durch die in Paris gefaßte, auf den Tripoliskrieg Bezug nehmende Resolution beleidigt fühlten, waren nicht erschienen. Ebenso die Ungarn nicht, die durch die politische Krise in ihrer Heimat am Erscheinen verhindert waren. Die Konferenz erneuerte nach einem denkwürdigen Bericht des Baron *d'Estournelles de Constant* ihre 1906 in London gefaßte Resolution zugunsten eines internationalen Studiums des Rüstungsproblems; sie sprach sich mit übergroßer Mehrheit für das Verbot des Luftkrieges aus und forderte nach einem Bericht des Professors Zorn, daß auf der nächsten Haager Konferenz ein allgemeiner obligatorischer Schiedsvertrag zum Abschlüsse gelange. Wenige Tage nach Schluß der Konferenz trat (am 22. September) zu Genf der XIX. Weltfriedenskongreß zusammen, dem der Schweizer Nationalrat *Quartier-La-Tente* präsidierte. Es waren 600 Teilnehmer erschienen. Der Kongreß befaßte sich mit zahlreichen aktuellen Fragen der internationalen Politik, so mit dem Tripoliskrieg, der Balkankrisis und der Ägyptischen Frage, wobei er zu einer geharnischten Verurteilung der europäischen Gewaltpolitik gelangte. Der finnische Senator *Michelin* erstattete einen Bericht über die „Wahren Ursachen des Krieges". In zahlreichen Resolutionen wurde Stellung genommen zu den Fragen, die die künftige Haager Konferenz zu beschäftigen haben, wobei namentlich auf die Beschränkung des Wettrüstens und auf das Verbot des Luftkrieges Gewicht gelegt wurde.

Auch zahlreiche andere Kongresse, darunter solche von großer Bedeutung, befaßten sich in dem hier ins Auge gefaßten Zeitraum entweder direkt oder indirekt mit den den Pazifismus berührenden Fragen. Im Mai 1910 versammelte sich unter dem Vorsitz des Staatsministers *Beernaert* in Brüssel der erste *Kongreß der internationalen Vereinigungen*, der den Grund legte zu einer *„Union der internationalen Gesellschaften"* und ausging von dem von *Henri Lafontaine* und *P. Otlet* ins Leben gerufenen „Zentralamt der internationalen Einrichtungen", einer Vermittlungsstelle des gesamten Internationalismus. In London trat unter Teilnahme vieler hundert Abgeordneter aus allen Weltteilen im Juli 1911 der erste *Weltrassenkongreß* zusammen, dessen Ziel es war, die Verständigung zwischen den verschiedenen Rassen anzubahnen und so die Weltorganisation im weitesten Sinne vorzubereiten. In den Vereinigten Staaten erlangten die alljährlich abgehaltenen *Lake-Mohonk Konferenzen* immer größere Bedeutung. Das gastliche Haus des Mr. *Smiley* am Mohonksee in der Nähe von Neuyork vereinigt im Mai eines jeden Jahres die hervorragendsten Bürger der Vereinigten Staaten, darunter aktive Staatsmänner, hohe Richter, hervorragende Kaufleute, Gelehrte und Geistliche zu wechselseitiger Aussprache über die Fortschritt der Friedensidee, des internationalen Rechtes und der Tagesfragen der internationalen Politik. Auch europäische und amerikanische Diplomaten wie stets eine Anzahl hervorragender Pazifisten aus Europa nehmen an diesen Versammlungen teil, deren Verhandlungen auch in Europa Beachtung geschenkt wird. Dem großen I. national-amerikanischen Kongreß, der kurz vor der II. Haager Versammlung 1907 in Neuyork abgehalten wurde, folgte 1909 in *Chicago* unter *Robert Trait Paines* Vorsitz der II., 1911 in *Baltimore* der III. Nationalkongreß. Dieser letztere, dem *Hamilton Holt* präsidierte, wurde durch den Präsidenten *Taft* persönlich mit einer denkwürdigen Rede eröffnet. Im Jahre 1910 fand als Ersatz des ausfallenden Nationalkongresses unter dem Vorsitz von *Henry Wade Rogers* der *„New England Arbitration and Peace Congress"* zu Hartford statt, der in New-Britain, jener Stadt wo *Elihu Burrit* geboren wurde und auch begraben liegt, aus Anlaß des hundertsten Geburtstages des großen Vorkämpfers eine würdige und eindrucksvolle Feier beging. Mit großer Entschiedenheit traten die internationalen Arbeiterkongresse gegen den Krieg ein. So der *internationale Bergarbeiterkongreß* 1910 in Brüssel, 1911 in London und 1912 in Amsterdam. Er sprach sich in den Resolutionen für die Entwicklung des Schiedsverfahrens aus. Ebenso die *Internationale Metallarbeiter Föderation* die im November 1910 in Birmingham zusammentrat. Auch der *internationale Textilarbeiterkongreß* der 1911 in Amsterdam tagte, nahm eine die schiedliche Beilegung der internationalen Konflikte und die Herabsetzung der Rüstungslasten fordernde Resolution an. Der *internationale Sozialistenkongreß* in Kopenhagen (September 1910) kam nach einer langen, mitunter sehr heftigen Debatte zu einer Resolution, die die steigenden Lasten der Rüstungen verurteilt und den finanziellen Ruin beklagt, der dadurch herbeigeführt wird. Es wurde daher die Forderung ausgesprochen, daß die sozialistischen Vertreter in den Parlamenten beständig die Einführung obligatorischer Schiedsgerichte , die Beschränkung der Rüstungen, Abschaffung des Seebeuterechts, Abschaffung der geheimen Diplomatie und das Selbstbestimmungsrecht der Völker gegen kriegerischen Angriff und gewaltsame Unterdrückung fordern sollen. Es wurden ferner für die Drohung eines Kriegsausbruches wie für den Ausbruch an sich, dringliche Maßnahmen empfohlen. Auch auf die alljährlichen Kongresse der *International Law Association*, die sich regelmäßig mit der Schiedsgerichtsbarkeit befassen, und auf die Versammlungen *des Institut du droit international* sei hier hingewiesen. Das Institut hat sich auf seiner Madrider Tagung (1911) ausführlich mit der Reglementierung des Luftkrieges befaßt und sich in einer allerdings nicht sehr deutlichen Resolution praktisch gegen diesen ausgesprochen. (Der Luftkrieg soll *erlaubt sein*, soferne er für die friedliche Bevölkerung oder deren Eigentum nicht größere Gefahren in sich schließt als der Land- und Seekrieg!)

5. Neue Gesellschaften und sonstige Institutionen

Office centrale des Institutions internationales

Der befruchtende Einfluß der Haager Konferenz gelangte auch in der Gründung neuer großer Vereinigungen zum Ausdruck, die sich entweder die Fortentwicklung des Völkerrechts oder die allgemeine

Propaganda für internationale Verständigung, die Förderung der dem Frieden dienenden Wissenschaften usw. zur Aufgabe stellten. Das bereits oben erwähnte *Office centrale des Institutions internationales* (Zentralamt der internationalen Einrichtungen) wurde 1907 in *Brüssel* mit der Aufgabe begründet, das stets an Umfang zunehmende internationale Leben in einer wissenschaftlich geleiteten Stelle zu zentralisieren. Das Institut veranstaltet die Kongresse der internationalen Einrichtungen, es gibt eine Zeitschrift „La Vie internationale" heraus und registriert in dem 1905 von A. H. Fried begründeten „Annuaire de la vie internationale" die Fortschritte des Internationalismus. Ähnliche Zwecke verfolgt das von *P.H. Eijkman* und *Horrix* im Haag begründete „Vorbereitende Bureau der Stiftung für Internationalismus".

Der „Verband für
Internationale Verständigung"

In Deutschland traten im April 1910 eine Anzahl Völkerrechtsgelehrter mit einem Aufruf in die Öffentlichkeit, zwecks Gründung eines Verbandes, der es sich solle angelegen sein lassen „ein Zeitalter der internationalen Verständigung in der Politik herbeizuführen". Der *„Verband für internationale Verständigung"*, der infolge jenes Aufrufes am 11. Juni 1911 begründet wurde, hat den ausgesprochenen Zweck, in Deutschland neben den Friedensgesellschaften jene Kreise um sich zu sammeln, die dem großen Problem des Pazifismus näher getreten sind, ohne sich infolge ihrer Anschauungen, ihrer Stellung usw. mit den Alt-Pazifisten direkt identifizieren zu wollen. Eine ganze Reihe hervorragender Personen der Wissenschaft, des Hochhandels, der Verwaltung usw., fanden in jenem Verband ihre Organisation. Der erste Verbandstag der neuen Organisation, der vom 5. bis 8. Oktober 1912 in Heidelberg stattfand, an dem sich eine auserlesene Zahl von Vertretern der deutschen Wissenschaft und anderer Berufskreise, wie zahlreiche hervorragende ausländische Pazifisten (Baron d'Estournelles, Henri Lafontaine, Prof. Ruyssen usw.) beteiligten, bildete einen vollen Erfolg und ein erfreuliches Zeichen des Fortschrittes der Verständigungsidee in Deutschland.

Dem im Jahre 1905 begründeten internationalen Bureau der Lehrervereine schloß sich 1909 der große deutsche Lehrerverein mit seinen 120.000 Mitgliedern an, dem 1910 der deutsch-österreichische Lehrerbund folgte, so daß jetzt 403.000 Lehrer aus 16 Ländern ihren Mittelpunkt in jenem Bureau besitzen, das sich die Förderung der friedlichen Annäherung der Völker zur Aufgabe gemacht hat.

Weltenbund des Jugendverbandes
für entschiedenes Christentum

Eine noch umfangreichere Einrichtung mit pazifistischem Hintergrund bildet der *„Weltenbund des Jugendverbandes für entschiedenes Christentum"*, der 79.077 Vereine mit 3.953.850 Mitglieder umfaßt. Der Verband hat auf seinen letzten internationalen Tagungen sich wiederholt mit der Friedenspolitik befaßt und auf seiner 24. Konferenz eine Resolution gegen den Krieg angenommen. („Als Nachfolger des Friedensfürsten unterstütze er eine jede Bemühung, die gemacht wird, den Krieg zu unterdrücken. Die ungeheuren und immer anwachsenden Steuern, welche der Krieg und seine Rüstungen der friedlichen Industrie auferlegen, und die furchtbaren Schrecken des Krieges selbst fordern, daß alle, die Gott und die Menschheit lieben, sich vereinigen zur Unterdrückung des Krieges.") Auf diese Resolution bezog sich *Präsident Taft*, als er auf der 25. Konferenz des Weltverbandes, die in den Vereinigten Staaten abgehalten wurde, einen Vortrag hielt über „Die Vermeidung des Krieges".

Ligue internationale des pacifistes catholiques

Ebenfalls auf religiöser Grundlage beruht die vor einigen Jahren von *Alfred Vanderpol* begründete *„Ligue des Catholiques français"*, die in Lyon ihren Litz hat und sich die Aufgabe stellt, unter den Nationen einen den Vorschriften des Evangeliums entsprechenden Zustand des Rechtes und der Eintracht zu fördern. Die Ligue beginnt jetzt auch in anderen Ländern Gruppen zu gründen und hat sich neuerdings zu einer *„Ligue internationale des Pacifistes catholiques"* umgewandelt. Von dieser Ligue angeregt, bildete sich in Paris im Juni

1912 ein „*Völkerrechtsinstitut auf christlicher Grundlage*" mit dem Sitz
in Löwen (Belgien).

American Society for judicial Settlement of international Disputes

In Amerika wurde im Dezember 1909 die „*American Society for judicial Settlement of international disputes*" mit dem Sitz in Baltimore ins
Leben gerufen, deren Wirksamkeit auf jenen Beschlüssen der II.
Haager Konferenz beruht, die jenen wirklich ständigen Schiedshof
schufen, dem die Aufgabe obliegt, eine ordentliche Staatengerichtsbarkeit im Völkerleben einzuführen. Das Ehrenpräsidium hat Präsident Taft übernommen. Welches Ansehen diese Gesellschaft in
Amerika genießt, geht daraus hervor, daß bei ihrer ersten Jahresversammlung im Dezember 1910 der Präsident der Vereinigten Staaten,
zwei frühere Staatssekretäre, die Präsidenten der drei führenden anerkannten Universitäten, aktive und inaktive Staatengouverneure,
zahlreiche Diplomaten und Mitglieder des Vereinigten-Staaten-
Kongresses das Wort ergriffen.

World Peace Foundation

Der amerikanische Verleger *Ed. Ginn*, der sich seit 1897 für die Friedenssache interessierte und diese zeitweilig mit größeren Geldbe-
trägen unterstützte, stiftete 1910 ein Kapital von einer Million Dollar
zur Schaffung einer die Friedensbewegung fördernden Körperschaft, die er erst „International School of Peace" benannte, und die
dann den Namen „*World Peace Foundation*" annahm. Diese Weltfrie-
denstiftung arbeitet in den Vereinigten Staaten wie auch in Europa
und Ostasien für die Verbreitung der pazifistischen Weltanschauung. Sie wird von einem Direktorenkollegium geleitet, an dessen
Spitze der Präsident der Leland Stanford Universität, *David Starr Jor-
dan*, steht. Der Sitz ist in Boston, wo *Edwin D. Mead* die umfangreichen Geschäfte führt.

Association of Cosmopolitan Clubs

Durch *Ginn* unterstützt, traten noch zwei andere Gesellschaften ins
Leben, deren Einfluß auf die pazifistische Entwicklung von höchster

Bedeutung ist. Die eine ist die von *D. P. Lochner*, einem Studenten der Universität *Maddison Wisc.*, im Jahre 1907 begründete *„Association of Cosmopolitan Clubs"*, die eine Vereinigung aller jener seit ungefähr 1902 an amerikanischen Universitäten ins Leben gerufenen Klubs ausländischer Studenten darstellt. Diese Klubs, deren es jetzt in Amerika gegen 30 gibt, haben den ausgesprochenen Zweck, gegenseitige Kenntnis der verschiedenen Nationalitäten zu vermitteln, um auf diese Weise internationale Verständigung und gegenseitigen Anschluß der verschiedenen Nationalitäten herbeizuführen. Die Cosmopolitan-Club Bewegung wurde 1911 nach Deutschland verpflanzt, wo Professor *Münsterberg* von der Harvard-Universität anläßlich seiner Roosevelt-Professur in Berlin den *ersten internationalen Studentenverein in Berlin* begründete, dem bald solche Vereinigungen in *Leipzig*, *München* und *Göttingen* folgten, die im Juli 1912 in Göttingen den ersten Verbandstag der internationalen Studentenvereine in Deutschland abhielten.

American School Peace League

Eine andere Gründung, die ebenfalls *Ginn* ihre Entwicklung verdankt, ist die von Frau *Fanny Fern Andrews* 1908 organisierte *American School Peace League* mit dem Sitz in Boston, deren Aufgabe schon durch ihren Namen gegeben ist. Welchen Einfluß diese über das ganze Gebiet der Vereinigten Staaten verbreitete Gesellschaft in der kurzen Zeit ihrer Wirksamkeit erreicht hat, geht daraus hervor, daß auf ihre Veranlassung hin der Chef des Erziehungsdepartements der Vereinigten Staaten im März 1912 offiziell die ihm unterstehenden Schulanstalten zur feierlichen Begehung des Friedensfeiertages am 18. Mai aufgefordert und zu diesem Zweck amtlich Material zur Verfügung gestellt hat. Frau Andrews hat auch wiederholt Europa bereist, um die Vorarbeiten für eine internationale Gestaltung dieses Schulfriedenstages zu treffen.

Die Ecksteinsche Weltpetition für die III. Haager Konferenz

Eine dritte Einrichtung, die durch *Ginn* ermöglicht wurde und durch ihn gefördert wird, ist das Werk der *Weltpetition für die III. Haager Konferenz*, das eine Deutsch-Amerikanerin, Miß *Anna B.*

Eckstein, ins Leben rief. Schon auf der II. Haager Konferenz überreichte *Anna B. Eckstein*, wie oben berichtet wurde (siehe oben S. 182), dem Präsidenten *Nelidow* eine mit ungefähr zwei Millionen Unterschriften amerikanischer Frauen und Männer bedeckte Petition, in der der Wunsch für ein umfangreiches Gelingen des Haager Friedenswerkes zum Ausdruck gebracht wird. Unmittelbar nach Schluß der II. Haager Konferenz setzte sich *Anna B. Eckstein* an die Arbeit, um für die III. Konferenz eine Weltpetition im großen Stil, für die sie gegen 100 Millionen Unterschriften aus den meisten Ländern der Erde zu erhalten hofft, vorzubereiten. Sie verlegte deshalb ihren Sitz nach Europa und begann mit der persönlichen Propaganda in Deutschland, Österreich-Ungarn, England, Frankreich, der Schweiz, den skandinavischen Ländern und in den Vereinigten Staaten. Die Grundlage der Petition bildet eine bestimmte Formel. Zahlreiche internationale und nationale Kongresse, Generalversammlungen der verschiedenen Friedensorganisationen haben die Ecksteinsche Petition gebilligt und haben ihr ihre Unterstützung zugesagt. In feierlicher Weise soll der auf diese Weise beglaubigte Weltwille zum Frieden und die Weltforderung der zu dieser Durchführung erforderlichen Mittel der III. Friedenskonferenz unterbreitet werden.

Die Carnegie-Stiftung

Am 14. Dezember 1910 wurde die gesamte Kulturwelt durch die Nachricht überrascht, daß *Andrew Carnegie*, der schon soviel für die Förderung der Sache des Weltfriedens getan hat, ein Kapital von 10 Millionen Dollar zu dem unumwunden ausgesprochenen Zweck, um die „Abschaffung des internationalen Krieges zu beschleunigen", gestiftet habe. Damit wurde der Friedensbewegung der größte Dienst geleistet; fehlte es ihr doch nicht an Arbeitern und an Ideen, sondern in erster Linie an materiellen Hilfsmitteln, die Ideen und die vorhandenen Arbeitskräfte nutzbringend zu verwenden. Auf Grund dieser großartigen Schenkung, deren Stiftungsbrief ein dem Zarenmanifest würdig zur Seite zu stellendes Dokument ist, wurde die „*Carnegie Endowment for international peace*" in Washington begründet, die alsbald mit ihrer Tätigkeit begann. An ihrer Spitze steht ein Ausschuß von Vertrauensmännern (Trustees), dem 28 hervorragende Männer des öffentlichen Lebens der Vereinigten Staaten angehören, namentlich auch solche, die auf internationalem Gebiete bereits gewirkt haben. Der Präsident dieses Ausschusses ist der durch seine pazifistische Tätigkeit bekannte frühere Staatssekretär *Elihu Root*, als Sekretär wirkt der hervorragende Völkerrechtsgelehrte *James Brown Scott*. Zum Zwecke der wirksamen Betätigung wurden drei Gruppen begründet: Die Abteilung für Völkerrecht unter dem Vorsitz von *James Brown Scott*, die *Abteilung für Wirtschaft und Geschichte* unter Vorsitz von *John Bates Clark*, die *Abteilung für Verkehr und Erziehung* unter dem Vorsitz von *Nicholas Murray Butler*. Die letztgenannte Abteilung, die ihren Sitz in Neuyork hat, schuf sich eine „europäische Organisation", die aus einem „Advisory Council" besteht, der sich aus ungefähr 40 hervorragenden Persönlichkeiten zusammensetzt, die in irgendeiner Weise für die Entwicklung der Völkerrechts-Ordnung gewirkt haben, und als deren Präsident *Baron D'Estournelles de Constant* eingesetzt ist; außerdem aus einer Reihe von „Korrespondenten" und einem „Europäischen Bureau" mit dem Sitz in Paris. Der Generalsekretär des Bureaus ist *Jules Jean Prudhommeaux*, Sekretär *Jules Louis Puech*. Die *Abteilung für Wirtschaft und Geschichte* hat ebenfalls ihren Sitz in Neuyork. Sie bildet aus 17 der hervorragendsten Wirtschaftsgelehrten und Historikern einen „ständigen Rat", der sich im Sommer 1911 in Bern versammelte und dort ein ausführliches Studienprogramm für seine künftige Aktion entwarf. Die Abteilung für Völkerrecht hat ihren Sitz in Washington. Hier vertritt das 1873 in Gent begründete *„Institut du Droit international"* die Stelle eines „ständigen Rats".

6. Neuere Entwicklung in Deutschland

Die Gegenkräfte

Es sind zwar noch mächtige Gegenkräfte am Werk; doch deren geschäftige Regsamkeit und ihr angriffslustiges Vorgehen beweisen auch nur die Entwicklung des pazifistischen Gedankens. Der *„Wehrverein"*, dessen Gründung im Jahre 1912 erfolgte, und der dem deutschen Flottenverein als Parallelkraft zur Stimmungsmache für eine Vergrößerung des Landheeres zur Seite gestellt wurde, dient hauptsächlich der Bekämpfung des Pazifismus. Wenn auch hier und da einmal ein General „das Gequassel vom ewigen Weltfrieden" als „Mumpitz" bezeichnet (Generalmajor v. Deimling 1909), die Anhänger der Friedensidee als „politische Eunuchen" charakterisiert (derselbe 1911), ein Gelehrter sie „Einfaltspinsel" nennt und ein anderer General sie „reif fürs Irrenhaus" erklärt (General Keim 1910) oder sie auch als „Volksverderber" darstellt (derselbe 1912), wenn ein Berliner Professor die Friedensbewegung „mit Gesundbeten, Tischrücken und ähnlichen psychopathischen Erscheinungen" vergleicht (Prof. Bornhack 1912), der Präsident des preußischen Abgeordnetenhauses einen Abgeordneten zur Ordnung ruft, weil dieser den Krieg als „Hohn auf Gott, auf das Christentum und auf die Menschlichkeit" bezeichnet hatte (Präsident von Erffa 1912), so sind dies Zeichen der Verärgerung über die pazifistischen Fortschritte und Beweise dafür, daß es immer noch Volkskreise in Deutschland gibt, die es mit ihrem Nationalstolz vereinbar halten, sich der höchsten Entwicklung der Menschheit entgegenzustemmen. Dafür sprechen auch zahlreiche deutsche Zeitungen, die in abscheulicher Weise für Krieg, Kriegsstimmung und Kriegsmache eintreten, sprechen gewisse Bücher, wie jenes des Generals von Bernhardi (Deutschland und der nächste Krieg, 1912), die den Krieg unter allen Umständen, den Krieg sofort, den Krieg als Pflicht, als Glück- und Wertspender fordern.

Kaiser Wilhelm

Aber diese Regungen des alten Geistes fallen wenig ins Gewicht. Die Entwicklung geht ihren Gang trotz ihrer oder vielleicht auch dank ihrer. So auch die Entwicklung der Friedensidee in Deutschland. Die Äußerungen der verantwortlichen Persönlichkeiten lauten anders als die hier angeführten Kostproben aus der Küche der Gegner. *Kaiser Wilhelms* ernster Wille zum Frieden ist hier schon öfter betont und gekennzeichnet worden. Auch in den letzten Jahren hat der Kaiser wiederholt Äußerungen getan, aus denen hervorgeht daß der Friede für ihn nicht bloß Gefühlssache, sondern eine Angelegenheit ist, über die er reiflich nachgedacht hat. Zu einem französischen Militärattache soll der Kaiser 1907 die bezeichnenden Worte gesagt haben: „L'Europe est trop petite pour etre divisee", und der Pariser Professor *Mabilleau* (1902), Sir *Max Wächter* (1908), *Baron d'Estournelles* (1909), Minister *Pichon* (1910) berichten übereinstimmend, daß der Kaiser mit ihnen über die Idee eines Zusammenschlusses aller Kulturstaaten sprach und sich zustimmend darüber geäußert habe[82]. In seiner Straßburger Rede vom 10. August 1908 wies der Kaiser darauf hin, daß der europäische Friede „auf zu festen Grundlagen" beruhe, „als daß sie durch Hexereien und Verleumdungen, von Neid und Mißgunst einzelner eingegeben, so leicht umgestürzt werden könnten". Er gab der Erkenntnis Ausdruck, daß „es der Wunsch und der Wille der Völker selbst" ist, „sich in ruhiger Weiterentwicklung die großartigen Errungenschaften fortschreitender Kultur nutzbar zu machen und in friedlichem Wettbewerb ihre Kräfte zu messen". Denselben Gedanken drückte er 1909 in Cuxhaven aus, als er das gleichmäßige Friedensbedürfnis der Kulturwelt wieder hervorhob und darauf hinwies, wie alle Völker den Frieden brauchen, „um unter seinem Schutz den großen Kulturaufgaben ihrer wirtschaftlichen und kommerziellen Entwicklung ungestört obliegen zu können", und 1911 in Hamburg, wo er betonte, daß die wirtschaftliche Konkurrenz zwischen den Völkern nicht dadurch ausgekämpft werden könne, daß sie gegenseitig auf einander loshauen, sondern dadurch, daß jede Nation ihre Leistungskraft aufs höchste ansporne. Die Erkenntnis, daß es auch ohne Krieg geht, „daß die verschiedenen Staaten im Falle von auftauchenden Gegensätzen sich jetzt bemühen, zu einer Verständigung zu gelangen, die ihren Interessen jedenfalls mehr entspreche als die Führung eines gefährlichen Krieges", finden wir in des Kaisers Ansprache an die Diplomatie am Neujahrstage 1911 zum Ausdruck gebracht, und in der Hamburger Rede vom 18. Juni 1912 sehen wir jenen Gedankengang, der den Kaiser im kritischen Sommer 1911 den Frieden halten ließ, gekennzeichnet. „Nicht leichtsinnig darf die Fahne aufgepflanzt werden, wo man nicht sicher ist, sie verteidigen zu können" ist dort zum Ausdruck gebracht. Daß aber der Kaiser nicht nur pazifistisch gesprochen, daß er auch so gehandelt hat, ist oben bereits erwähnt worden.

---

[82] Siehe darüber des Verfassers Schrift *„Der Kaiser und der Weltfriede"*, Berlin 1910.

Der Reichskanzler v. Bethmann Hollweg

Auch der Reichskanzler *v. Bethmann Hollweg* hat wiederholt seine Sympathien für den Pazifismus zum Ausdruck gebracht oder andeuten lassen. Als am 15. März 1910 im deutschen Reichstag die *Resolution Eickhoff* zur Erörterung stand, wonach dem Reichskanzler empfohlen werden sollte, den Bestrebungen der Interparlamentarischen Union alljährlich eine Zuwendung aus Reichsmitteln zu gewähren, gab der damalige Unterstaatssekretär von *Schoen* die Zustimmung der Regierung zu jener Forderung kund, gleichzeitig versichernd, daß Herr *v. Bethmann Hollweg* die Sympathien teilt, „die sein Amtsvorgänger den Bestrebungen der Interparlamentarischen Union entgegengebracht hat." Er wies bei dieser Gelegenheit auch auf den oben geschilderten sympathischen Empfang hin, der der XV. Konferenz der Interparlamentarischen Union 1908 in Berlin bereitet wurde. Bei der großen Erörterung über die Rüstungsfrage, die am 30. März 1911 im Reichstag stattfand, nahm der Reichskanzler, wie oben erwähnt, eine ablehnende Haltung ein; doch sah er sich veranlaßt, hinzuzufügen, daß er damit *„nicht über den Wert der Arbeit der Freunde des Friedens und der Abrüstung urteilen"* wolle und dieser eine große und wichtige Aufgabe zuweise. So meinte er, daß die Stimmungen, aus denen jetzt noch Kriege entstehen können, vom Volksempfinden getragen werden müssen, und dieses „sich z. B. leider häufig willenlos unverantwortlichen Preßtreibereien hingibt". Hier läge die große Aufgabe der Friedensbewegung, einzugreifen. „Ein Gegengewicht gegen alle solche und ähnliche Einflüsse", meinte der Kanzler, „ist mir erwünscht, und ich werde der erste sein, der es dankbar begrüßt, *wenn es der internationalen Arbeit gelingt, solche Gegengewichte zu schaffen."* Ebenso finden wir in der Rede, die der Reichskanzler in den Apriltagen 1912 anläßlich der Erörterungen über die Wehrvorlage im Reichstag hielt, direkte Hinweise auf die pazifistische Arbeit. So in dem Satze: „Es geschieht ja viel, um die Konfliktmöglichkeiten zu vermindern, nicht nur auf Friedenskongressen, sondern auch durch Abmachungen unter den Staaten, Schiedsgerichtsabkommen und ähnliche Verabredungen. Dadurch werden Kriegsmöglichkeiten vermindert, aber ausgeschlossen werden sie nicht. Die Beziehungen der Nationen breiten sich immer weiter über den Erdball aus. Dadurch werden unzwei-

felhaft die friedlichen Berührungspunkte vermehrt …". Das sind
Worte, die aus unserem Lehrschau genommen sind. Sie aus dem
Munde des obersten Reichsbeamten zu hören, ist ein erfreuliches
Zeichen der Zeit, wenn auch die Folgerungen, die der Pazifismus
aus dieser Erkenntnis zieht, andere sind, als sie die Reichsregierung
heute noch zu ziehen vermag. Auch jenes denkwürdigen Satzes sei
hier gedacht, den der Reichskanzler am 16. März 1910 anläßlich der
Debatte über Forderungen der Gebrüder Mannesmann in Marokko
im deutschen Reichstag gesprochen hat, als ihm zu große Nachgie-
bigkeit gegenüber dem Auslande vorgeworfen wurde … Er rief den
Männern der starken Tonart zu: *„Zu einer Politik des Vertragsbruches
werde ich mich nicht hergeben!"*

Die Diplomatie

Ebenso ist in der deutschen Diplomatie eine Annäherung an die pazifistische Auffassung der Dinge zu bemerken. Staatssekretär *von
Schoen* hat während seiner Amtsführung den Vertrag mit Frankreich
vom 9. Februar 1909 über Marokko zum Abschluß gebracht, dem
immerhin die Bedeutung innewohnte, daß er die Grundlagen zur
friedlichen Abwicklung der Marokkokrise von 1911 gebildet hat,
und in seiner Vertretung hat Freiherr von *Kiderlen-Wächter* am 10.
November 1908 den Vertrag unterzeichnet, der den ernsten Casa-
blancafall vor das Haager Schiedsgericht brachte. Am 26. Januar
1909 konnte Herr *v. Schoen* in der Budgetkommission des Reichstags
offen seiner Sympathie für die Friedensbestrebungen Ausdruck geben und die Schlichtung von Streitigkeiten durch die Schiedsgerichtsbarkeit für vorteilhaft erklären. Diese Stellungnahme ist um so
bedeutsamer, als Herr *v. Schoen* 1910 als Botschafter nach Paris ging.
Der Aufschwung der Friedensidee in den Vereinigten Staaten und
in Großbritannien hat dem dort beglaubigten deutschen Botschafter
öfter Gelegenheit gegeben, sich an pazifistischen Veranstaltungen
zu beteiligen. Graf *Bernstorff* hat 1909 den weiten Weg nicht ge-
scheut, um sich von Washington zum Friedenskongreß nach Chicago zu begeben, dort eine Rede zu halten und beim Bankett in einem pazifistisch angehauchten Toaste den Handelsverkehr als Frie-
densvermittler zu rühmen, der die Beziehungen zwischen Deutschland und den Vereinigten Staaten mehr festige, als irgend ein Bot-

schafter und „wenn er selbst drei Friedensreden an einem Tage hielte", wie Graf *Bernstorff* an jenem Tage es getan hatte. Am 22. März desselben Jahres sprach der Botschafter auf dem Kongreß der „American Peace und Arbitration-League" in New-York. Der frühere Botschafter in London, Graf *Wolff-Metternich* hat während seiner Dienstzeit so oft Gelegenheit gehabt, an der deutsch-englischen Verständigungsaktion teilzunehmen, daß es gar nicht möglich wäre, alle diese Fälle hier zu verzeichnen. Am 17. März 1910 nahm der Botschafter sogar an der Jahresversammlung der englischen *„Arbitration-League"*, jener von Randal Cremer begründeten Friedensgesellschaft teil, wobei er eine viel bemerkte Rede hielt. Später vertrat er bei einer zur Feier des Kaisergeburtstages in London gehaltenen Rede jene pazifistischen Gesichtspunkte, die *Norman Angell* kurz vorher in seinem denkwürdigen Buch „Die große Täuschung" niedergelegt hat, ein Buch, das durch die Vermittlung des Grafen auch in die Hände Kaiser Wilhelms gelangt sein soll.

Wenn man diese im einzelnen vielleicht nicht sehr umwälzend erscheinenden Vorkommnisse als Gesamtbild ins Auge faßt, so wird man zugeben müssen, daß sich bei den verantwortlichen Stellen in Deutschland ein Wandel vollzogen hat, dessen hohe Bedeutung man ermessen kann, wenn man ein Jahrzehnt zurückblickt und erkennt, wie sehr die Auffassung damals anders war. Es ist ein Umschwung eingetreten, der zu den schönsten Hoffnungen berechtigt, und der es ermöglicht, solche Entgleisungen unverantwortlicher Stellen, wie sie oben geschildert wurden, nicht allzu tragisch zu nehmen; ein Umschwung überdies, den bewirkt zu haben der Pazifismus sich mit Recht rühmen darf.

7. Die deutsche Wissenschaft und der Pazifismus

Die Völkerrechtswissenschaft

Viel gewaltiger aber treten die Fortschritte zutage, die innerhalb der deutschen Wissenschaft in ihrer Stellungnahme dem Pazifismus gegenüber sich in den letzten Jahren geltend gemacht haben. Es erscheint in hohem Grade wichtig, hier zu zeigen, daß Auffassungen *à la Stengel* oder *à la Bornhack* nur vereinzelt dastehen und große Gelehrte den Pazifismus geradezu als einen Neubeleber der Wissenschaft darstellten, und seine Förderung und die Verbreitung der von ihm gegebenen Anregungen mit Freuden sich zur Aufgabe gestellt haben. Am weitgehendsten sind diese Tatsachen in der *Völkerrechtswissenschaft* zu verzeichnen, die jetzt unumwunden zugibt, durch den Pazifismus eine Wiedergeburt erlebt zu haben, und die heute durch die Mehrheit ihrer Vertreter die Fortbildung der pazifistischen Ideenwelt in die Hand genommen hat.

Niemeyer, Meurer, Zorn, Nippold, Schücking

Das Verdienst, als erster deutscher Gelehrter auf die Bedeutung der Friedensbewegung hingewiesen zu haben, gebührt Professor *Niemeyer* in Kiel, der anläßlich einer Besprechung der ersten Auflage des „Handbuch der Friedensbewegung" schrieb: *„Die Bedeutung der Friedensbewegung fordert wegen ihrer nicht ferner leugbaren positiven Erfolge, aber auch wegen ihrer weitergehenden positiven Bestrebungen die ernsteste Beachtung* … Die praktische, wie die wissenschaftliche Völkerrechtspflege sind jedenfalls nicht mehr in der Lage, *die Friedensbewegung als Utopie beiseite zu schieben, müssen sie vielmehr als Faktor der Entwicklung respektieren."* (Zeitschrift für privates und öffentliches Recht", Band XV, S. 509, 1905.) Später – am 5. März 1907 – hielt Professor Niemeyer beim Antritt des Rektorats der Universität Kiel eine Rede über „Internationales Recht und internationale Interessen", in der er die „Realität einer internationalen Organisation" darlegte und wieder auf die großen Verdienste der „von Jahr zu Jahr an Einsicht gewinnenden pazifistischen Gesellschaften, namentlich die Gesellschaft der Friedensfreunde und die interparlamentarischen Konferenzen" hinwies. Zum Schluß seines Vortrages führte er aus: „Diejenige Nation wird künftig in Krieg und Frieden die stärkste sein und an der Spitze der Zivilisation marschieren, welche die Zeichen der Zeit am aufmerksamsten beobachtet und im vollen Besitz nationaler Kraft, mit der entschiedenen Wahrung nationaler Interessen die Fortschritte der internationalen Entwicklung am weitsichtigsten zu verbinden versteht. – Möchte unser teures Vaterland auch hier unter anderen Nationen nicht zurück zu stehen brauchen."

Im Jahre 1905 erschien der erste Band von Professor Chr. *Meurers* monumentalem Werk über die (erste) Haager Konferenz, die erste deutsche wissenschaftliche Arbeit, die sich mit dem großen Friedenswerke befaßte, ihm volle Gerechtigkeit widerfahren ließ und die pazifistische Vorarbeit in vollstem Umfange anerkannte, die er dem Buche auch zugrunde legte. Das Erscheinen dieses Werkes bezeichnete nicht nur einen Wendepunkt in der Entwicklung der Völkerrechtswissenschaft in Deutschland, sondern auch einen Wendepunkt für den deutschen Pazifismus; – er wurde von der Wissenschaft legitimiert, ward universitätsfähig.

Professor *Zorn*, der bekanntlich wissenschaftlicher Delegierte Deutschlands auf der ersten und zweiten Haager Konferenz war, und früher für den Pazifismus wenig Sympathie zeigte, erkannte dessen Bedeutung gar bald. Schon 1906 schrieb er (Novemberheft der „Deutschen Revue"): *„Die moderne Friedensbewegung lediglich mit einem spöttischen Achselzucken abzutun, wie es vielleicht noch heute in Deutschland Mode ist, geht nicht an, ihre Ideen sind in der ganzen Welt verbreitet* und bilden einen nicht unbedeutenden Faktor im heutigen Völkerleben, *müssen also sorgsam beachtet werden,* zumal sie an den einzelnen Stellen unzweifelhaft schon direkten Einfluß auf die praktische Politik gewonnen haben, und ihr mittelbarer, indirekter Einfluß gar nicht in Abrede gestellt werden kann." Später äußerte er sich noch positiver, als er auf einem am 15. November 1908 gehaltenen Vortrag sagte: *„Die Friedensbewegung ist tatsächlich heute eine mächtige Flutwelle,* die das Völkerleben erfaßt hat. *Die pazifistische Bewegung wird nicht zum Stillstand kommen,* und es hieße seine Zeit nicht verstehen, wenn die Staaten ihr nicht Rechnung tragen wollten." Und in einer 1910 in der Festgabe für Güterbock erschienenen Abhandlung stellte Zorn fest, daß der „Internationale Friedensgedanke ganz zweifellos täglich bei den Völkern und Regierungen, in der Presse und den Parlamenten, in den leichten Erscheinungen der sogenannten öffentlichen Meinung, wie in der schweren wissenschaftlichen Arbeit des Völkerrechts unverkennbare und große Fortschritte macht". In derselben Abhandlung schreibt Zorn, nachdem er zugibt, daß die Anschauungen über die internationale Schiedsgerichtsbarkeit „eine starke Wandlung" erfahren haben, daß er jetzt selbst „von der hohen Bedeutung einer festgesicherten internationalen Rechtsordnung der Schiedsgerichtsbarkeit" durchdrungen" sei, und „in vollem Umfange die Wichtigkeit eines ständigen Schiedshofes für die Erhaltung des Weltfriedens" anerkenne, folgendes: *„Und ich scheue mich auch nicht, ehrlicher Weise zuzugestehen, daß der Erzieher in dieser Frage der Pazifismus und die mit ihm in Zusammenhang stehenden Einrichtungen, wie z. B. auch die Interparlamentarische Union war. Durch die starke Propaganda des Pazifismus in erster Linie wurde die Idee des internationalen Schiedsgerichtes zum Gemeingut der öffentlichen Meinung, wenigstens außerhalb Deutschlands."*

Im Herbst 1906 erschien Professor *Ottfried Nippolds* bahnbrechendes Werk „Die Fortbildung des Verfahrens in völkerrechtlichen Streitigkeiten", das zum ersten Mal die Anregungen des Pazifismus zum Zwecke einer ganz neuen Orientierung des Völkerrechts verarbeitete. Wir finden in diesem Buche einen völlig neuen Ton, wie er in deutschen Gelehrtenkreisen bislang noch nie angeschlagen wurde. Nippold legte mit diesem Buch den Grund zu einem „neuen Völkerrechte, das nicht mehr wie das alte im Dienste der Politik steht, sondern von ihr völlig unabhängig ist"; ein Völkerrecht, das man auch als Weltverkehrsrecht bezeichnen kann. In der Einleitung seiner epochemachenden Arbeit, in der wir Hinweise auf fast alle pazifistischen Schriftsteller finden, steht der Satz, der wiederum dem Pazifismus eine wissenschaftliche Legitimation erteilte: „Da die Juristen, da die Völkerrechtswissenschaft versagte, haben sich andere der Sache (nämlich der Fortbildung des Völkerrechts) angenommen. *Der Rechtsfortschritt hat den Friedensfreunden mehr zu verdanken, als man es heute in weiten Kreisen wahr haben will."*

In der „Zukunft" vom 17. August 1907 – die Haager Konferenz war im vollen Gange – fiel mir ein Artikel eines deutschen Gelehrten in die Augen, der den Titel „Modernes Weltbürgertum" trug. Darin ein mannhaftes Eintreten für die „Internationale Organisation", Anregungen für einen „Staatenbund der Kulturstaaten" auf Grund der zahlreichen bestehenden „Staatenvereine" für die verschiedenen Kulturzwecke mit einem ständigen Zentralorgan und die Ankündigung eines neuen Ideals für die Deutschen, das des „modernen Weltbürgertums". *Schücking,* der Verfasser jenes Aufsatzes, ging darin arg mit der modernen Rechtswissenschaft ins Gericht, der er ihre Unterlassungen gegenüber den wichtigsten Fragen des modernen Lebens vorwarf. Sowohl für das soziale Recht im modernen Staat wie im internationalen Recht hat sie versagt. „Was dort", fügte er hinzu, „Nationalökonomen, menschenfreundliche Unternehmer,

Kirchenfürsten und Praktiker der Politik an Rechtsforderungen aufgestellt haben, *das haben hier die Pazifisten getan. Es ist hohe Zeit für die deutsche Wissenschaft, statt hochmütig auf solches Treiben herabzusehen, die Anregungen zu verarbeiten, die von da aus zu uns gekommen sind.*" Dieser Aufsatz in der „Zukunft" war ein Kapitel einer Monographie, die nachher unter dem Titel „Die Organisation der Welt" zuerst in der „Festgabe für Daband" (1908) herauskam, später erweitert als selbständige Schrift erschien. Schücking weist darin unter anderem auf die Wissenschaft des Auslandes hin, die nicht dieselbe reaktionäre Haltung eingenommen habe wie die deutsche, die „vielmehr *die hohe Kulturbedeutung der pazifistischen Bewegung*" erkannte und mit ihr Hand in Hand arbeitete. Seit diesem ersten Auftreten ist Schücking ein fruchtbarer Kämpfer der Friedenssache innerhalb der deutschen Völkerrechtswissenschaft geblieben. Erst neuerdings (1912) hat er die Veröffentlichung eines völkerrechtlichen Reihen-Unternehmens begonnen, das den Gesamttitel „Das Werk vom Haag" trägt, für das er die hervorragendsten Völkerrechtsjuristen als Mitarbeiter gewonnen hat. Der erste Band dieses Unternehmens, der den Titel trägt *„Der Staatenverband der Haager Konferenzen"* und Schücking selbst zum Verfasser hat, bildet fast durchwegs eine Huldigung für die pazifistische Arbeit und eine geistvolle Fortführung des pazifistischen Gedankens. Der Verfasser stellt darin erneuert fest, daß seit dem ersten hier geschilderten Erwachen der Völkerrechtswissenschaft in Deutschland *„der Pazifismus in der deutschen Rechtswissenschaft seinen gesicherten Platz"* hat. Schon auf der ersten Seite bekennt er sich als Pazifist und Verehrer der Baronin Suttner, ermahnt er die moderne „Völkerrechtswissenschaft dringend, *mit Hilfe der Vorarbeiten des Pazifismus* Klarheit darüber zu gewinnen, was denn nunmehr geschehen muß, um der Kulturwelt den Rechtsfrieden nach Möglichkeit zu sichern."

Kohler, Huber, Oppenheim, Wehberg u. a.

Eine machtvolle Unterstützung der Friedensbewegung seitens der Wissenschaft wurde ihr durch eine Abwehr zuteil, die der hervorragende Gelehrte *Josef Kohler* von der Berliner Universität in einem Artikel der „Zeitschrift für Völkerrecht und Bundesstaatsrecht" (Bd. IV, S. 210) – „Die Friedensbewegung und das Völkerrecht" betitelt –

gegen Professor Stengels neuerliche Angriffe[83] erscheinen ließ. Kohler stellt sich darin ganz auf den Boden des Pazifismus, weist mit Geschick und Schärfe die landläufigen Einwände zurück und schildert die im pazifistischen Sinne völlig veränderte Weltlage von heute. „Das ist doch schon eine ungeheure Folge der Friedensbewegung", führt er aus, „und für diese hat man allen Grund dankbar zu sein! – Und *eine andere Folge* ist es, daß die ganze Diplomatie der Mächte dahin zielt, die Anlässe der Kriege möglichst hinwegzuräumen und bei den ersten Anzeichen des Sturmes beruhigend einzuwirken. … Sind diese Erfolge für nichts zu achten?"

Im Jahre 1910 erschien eine Schrift des Züricher Völkerrechtsgelehrten Professor *Max Huber*, des wissenschaftlichen Vertreters der Schweiz auf der II. Haager Konferenz, die den Titel führt „Beiträge zur Kenntnis der sozialen Grundlagen des Völkerrechts und der Gesellschaft"[84]. Darin wird die *hohe soziologische Bedeutung des modernen Pazifismus für den Staat* entwickelt und die Friedensbestrebungen *als die große neubildende Macht einer zeitgenössischen Kultur* dargestellt. Huber bezeichnet den Pazifismus als die gesellschaftliche Strömung, in der im Gegensatz zu gewissen zersetzenden Faktoren, *aufbauende Kräfte* zum Ausdruck kommen. „*Der Pazifismus*", so führt er aus, „*ist eine Teilerscheinung des Internationalismus*. Er bezweckt eine Steigerung der menschlichen Kultur durch die Ausschaltung von Faktoren, welche die einzelnen staatlich gesonderten Teile der Menschheit durch eben dieses Moment der Trennung in deren Entwicklung hemmen, sowie durch eine positive Zusammenfassung der individuellen Staatskräfte. Der Pazifismus bewegt sich insofern auf einer mittleren Linie, als er die *Individualität der Staaten* anerkennt, aber die Durchsetzung der Ansprüche der Staaten in mehr oder weniger weitgehendem Maße *abhängig macht von der Anwendung friedlicher Mittel*. Frühzeitig hat sich mit dem Begriff des Pazifismus, der an sich mit dem Wesen der modernen, auf die Selbständigkeit der Mächte gegründeten Staatengesellschaft nicht unvereinbar ist, die Idee einer grundsätzlich über die jetzige Form der internationalen Staatenbeziehungen *hinausgehenden Organisierung des*

---

[83] Professor STENGEL hat 1909 unter dem Titel „*Weltstaat und Friedensproblem*" eine Streitschrift gegen den Pazifismus erscheinen lassen.
[84] Im „Jahrbuch des öffentlichen Rechts", herausgegeben von JELLINEK, LABAND und PILOTY, Bd. IV, 1910.

Kollektivinteresses, einer internationalen Föderation verbunden." *Huber* charakterisiert diese Bestrebungen als *„revolutionären Pazifismus"* nach dem Titel der diese Tendenzen vertretenden Schrift des Verfassers dieses Buches. Im Zusammenhang damit weist *Huber* auf die *Beeinflussung des Völkerrechts durch den Pazifismus hin*, die er bei einer Besprechung des Schiedswesens und der Haager Friedenskonferenzen ausführlich nachweist. „Die Bedeutung aller dieser neuen völkerrechtlichen Institutionen liegt weniger in dem, was sie, formell rechtlich betrachtet, sind", führt er aus, „und was sie zurzeit an tatsächlicher Autorität gewaltsamen Auseinandersetzungen entgegenzustellen haben, *als in dem Gewicht, das sie moralisch den Ideen und Strebungen verleihen, durch die sie hervorgerufen worden und die sie wenigstens zum Teil verkörpern.*" Die Festigung dieser Ideen, des Pazifismus also, hat durch den Umstand, *„daß seit der I. Friedenskonferenz pazifistische Prinzipien im Völkerrecht Aufnahme gefunden haben, auch weiteren bedeutenden Neuerungen auf verschiedenen Gebieten des internationalen Rechts den Boden geebnet und auch Regierungen, welche dem Pazifismus mehr oder weniger skeptisch gegenüberstanden, tiefgreifenden Neuerungen des Völkerrechts auf anderen Gebieten geneigt gemacht.*" Weiter sagt er: „Die pazifistische Bewegung war in ihren Anfängen ohne Verbindung mit den Regierungen und ohne Einfluß auf diese; *in den letzten zwei Dezennien hat sie außerordentlich an Breite gewonnen.* In der Interparlamentarischen Union hat sie bereits einen gewissen Einfluß erlangt; aber ihre Macht liegt in den privaten Organisationen, welche in parlamentarischen und demokratischen Staaten auf die maßgebenden Kreise wirken können. So unzutreffend es wäre, im Pazifismus eine Macht zu sehen, welche den äußeren Gang der Politik jetzt schon wesentlich beeinflussen oder gar akute Konflikte überwinden könnte, so falsch wäre es, die *Bedeutung dieser Bewegung für die Weiterbildung des Völkerrechts zu unterschätzen. Daß die neuesten Institutionen des internationalen Rechts unter dem Einfluß des Pazifismus entstanden sind, kann kaum bestritten werden.* Auch wenn die Regierungen großenteils diesen Neuerungen mit äußerstem Skeptizismus gegenüberstehen, *haben sie den pazifistischen Strömungen doch äußerlich Rechnung getragen, weil diese eben eine gesellschaftliche Macht sind, zwar keine dominierende, aber eine immerhin fühlbare.*"

L. Oppenheim, der große englische Gelehrte deutscher Herkunft, der den Whewell-Lehrstuhl für Völkerrecht an der Universität Cambridge inne hat, sagt in seiner 1911 erschienenen Schrift „Die Zukunft des Völkerrechts" (aus der Festschrift für Binding) über die Friedensbewegung: *„Weite Kreise sind von dieser Bewegung ergriffen, selbst die Regierungen aller Länder können sich ihrem Einfluß nicht mehr entziehen,* und auch ihre Gegner können nicht länger mit Hohn und Spott allein sie bekämpfen."

Diesen Äußerungen deutscher Völkerrechtsgelehrter könnte noch eine Menge anderer hinzugefügt werden, von solchen, die ihre Anregungen durch den Pazifismus erhalten, dies ankennen und in diesem Sinne wirken. Es seien hier nur genannt, die Professoren *L. v. Bar, Paul Laband, Emanuel v. Ullmann, Max Fleischmann, Lammasch, v. Liszt* und verschiedene andere. Ganz besonders sei aber hier auf die Schriften wie auf die Tätigkeit des jungen Völkerrechtsgelehrten Dr. jur. *Hans Wehberg* hingewiesen, der in einer Reihe anerkannter Bücher wie in einer außerordentlich großen Zahl von Artikeln die Weiterentwicklung der Wissenschaft des Pazifismus förderte und sich unumwunden als Anhänger und Mitarbeiter des Pazifismus bekennt. „Die Friedensbewegung", so schrieb er in einem seiner letzten Artikel (1912), „ist heute bereits in dem Stadium, wo sie sich der Realpolitik klar anpaßt. Ihre vorgeschlagenen Maßnahmen, z. B. Stärkung des Rechtsgefühls, Hinweis der Zeitgenossen auf das Werden der internationalen Organisation, auf die berechtigten Interessen der anderen Staaten, Entwicklung der Schiedsgerichtsbarkeit usw. sind alle realpolitisch."

Lamprecht

Aber auch in anderen Zweigen der deutschen Wissenschaft macht sich eine Wendung zugunsten des Pazifismus bemerkbar. Unter den *Historikern* hat besonders *Lamprecht* nachdrücklichst auf die Friedensbewegung hingewiesen. Im sechsten Bande von Ullsteins Weltgeschichte („Lamprecht, Europäische Expansion", S. 621) findet sich darüber folgende Stelle: *„In Deutschland ist man zu sehr geneigt, diese Bewegung auch heute noch zu unterschätzen, obgleich sie doch fundamental ist und durch keinerlei Kritik oder gar Hohn beseitigt werden kann. Andere Mächte, insbesonders England und Frankreich, haben längst gezeigt, wie leicht sie in den Bereich wohlverstandener Interessen einzureihen ist, ohne an Kraft und Idealismus zu verlieren. Denn sie schaltet den Kampf* der Nationen an sich so wenig aus, wie sie den Streit der Individuen würde missen wollen. *Sie will nur einen Kampf mit minder brutalen Mitteln als denen des Krieges.* Und ihre Anerkennung und Ausnutzung im Interesse einer Nation erfordert demgemäß freilich *auch andere Mittel der Diplomatie* und der geistig-politischen Haltung, als sie Kriegerstaaten eigen sind. *Diese Kriegerstaaten aber, werden sie nicht sehr in Rückstand zu den höchsten und zugleich elementarsten Bewegungen gelangen, wenn sie nicht beizeiten der verwandelten Welt allgemeiner Überzeugungen inne werden?"* In einer Rede, die der berühmte Historiker im Herbst 1909 bei der Hauptversammlung des Vereines zur Erhaltung des Deutschtums im Auslande hielt, wies er auf das im Hintergrund schlummernde „allgemeine Kulturideal mindestens der europäischen Menschheit" hin, das in die nationale Rechnung eingestellt werden müsse. Dann fuhr er fort: *„Was haben wir die Friedenskongresse verlacht!* Ganz gegen unsere Interessen. Solche Dinge macht man nicht tot, daß man darüber lacht, sondern dadurch, daß man sich in vernünftiger Weise und unter Geltendmachung seiner Interessen an ihnen beteiligt." Und in seinem Artikel „Die Nation und die Friedensbewegung", der in der „Friedens-Warte" (1910 S. 41) erschien, verteidigte er den Pazifismus gegen die Stengelschen Angriffe und brachte ihn in Einklang mit einem wohlverstandenen Nationalismus. „Einsichtige Politiker", so sagt Lamprecht darin, „haben die Bewegung schon längst, seit sie ein *Faktor der geistigen Entwicklung Europas* geworden ist, das heißt seit etwa anderthalb Menschenaltern, praktisch einschätzen gelernt".

Harms, Goldscheid,
Lynkeus-Popper, Müller-Lyer

Von den deutschen Nationalökonomen hat erst kürzlich Professor *Bernhard Harms* in Kiel in seinem großangelegten Werke „Volkswirtschaft und Weltwirtschaft" (1912) auf die Vorarbeiten hingewiesen, die die „in Deutschland immer noch einigermaßen scheel angesehene Friedensbewegung" auf dem Gebiete der Erforschung des wirtschaftlichen Internationalisierungsprozesses geleistet hat. „Mag man", so fährt der Kieler Gelehrte fort, „über diese urteilen wie immer, – eine ungewöhnlich rührige Tätigkeit darf ihr nicht abgesprochen werden. Eine Tätigkeit nicht bloß propagandistischer Art, sondern *darüber hinaus von großer wissenschaftlicher Bedeutung.*" Soziologen wie *Rudolf Goldscheid* in seinen klassischen Schriften über Menschenökonomie, *Lynkeus-Popper* in seinen verschiedenen Schriften, *Müller-Lyer* (namentlich in seinem Buche „Der Sinn des Lebens") haben pazifistische Arbeit weitergeführt, und selbst protestantische Theologen sind in großer Zahl für das Friedenswerk der Pazifisten eingetreten.

Die Theologen:
Harnack, Rade, Nithack-Stahn, Weinel, Mahling

Harnack bekundete (in einem Artikel der „Neuen Freien Presse vom 25. April 1909), „daß die Friedensgesellschaften (für die Ausgestaltung einer neuen politischen Ethik) eine hohe Bedeutung haben und mit ihrer vorgreifenden Arbeit gewiß nicht zu früh kommen, mögen auch alle Diplomaten sie als Ideologen belächeln." *Rade* in Marburg warf in der „Christlichen Welt" (1909 No. 27) die Frage auf: *„Im Zeichen der Dreadnoughts* [‚Fürchtenichts' = Kriegsschiffe] *oder im Zeichen des Kreuzes?"* und rief seinen Amtsbrüdern zu: *„Helfen wir die Welt organisieren! Schon sind andere am Werk: Vielleicht können Sie es nicht ohne uns ? Vielleicht geht es doch unter dem Zeichen des Kreuzes ?"* Und der mutige Pastor der Kaiser-Wilhelm-Gedächtniskirche in Berlin, *Nithack-Stahn,* ruft in mehreren Artikeln und Broschüren das Christentum an, sich seiner Friedensmission zu erinnern. In einem Artikel „Das Evangelium und der Krieg" („Christliche Welt" 1910 No. 29–33) sagte er: „daß Krieg und Christentum sich im Grunde ausschließe, daß der Krieg gebietet, was die Religion verbietet: das sollte niemand leugnen." Und donnernd ruft er seiner Gemeinde zu, *„Willst du den Frieden, so bekämpfe den Krieg!"* In demselben Sinne wirkt Professor *Weinel* in Jena, der in einem Vortrage 14. Februar 1912 in der Friedensgesellschaft zu Jena über „Die Einwendungen gegen die Friedensbewegung" sagte: *„Ganz ohne Zweifel ist das Menschheitsideal auf unserer Seite,* und ich möchte es auf das entschiedenste betonen, daß wir nicht aus Zweckmäßigkeitsgründen den Krieg bekämpfen, sondern weil wir es *als eine Schande an sich erachten, Krieg zu führen";* wirkt auch Konsistorialrat Dr. *Mahling,* Professor der Theologie in Berlin, der 1910 in einem Berliner Blatte triumphierend die Festigung des internationalen Friedenszustandes rühmte und freudig ausrief: *„Eine internationale Friedensbewegung macht sich geltend !"*

Ostwald, Lichtheim

Neben den Theologen seien auch die Naturforscher nicht vergessen. Gewiß gibt es genug Anhänger des sogenannten Sozialdarwinismus in Deutschland, die das Gesetz des Daseinskampfes mißverstehen; aber Männer wie *Ostwald* gibt es auch, der die Friedensbewegung als den Katalysator der Kultur bezeichnete, oder wie *Lichtheim*, der auf der 82. Versammlung deutscher Naturforscher und Ärzte zu Königsberg 1910 sagte: „Die Lehre, daß der Krieg kein Übel, sondern eine Notwendigkeit sei, daß er allein die wertvollen Charaktereigenschaften der Völker erhalte, daß ein dauernder Friede zur Entartung und Fäulnis führe, *findet bei uns keinen Boden; eine Lehre der Naturwissenschaft ist sie nicht.*"

Dies sind nur einige Äußerungen der deutschen Wissenschaft zugunsten des Pazifismus, die irgendwie an die Öffentlichkeit kamen; es sind nicht alle Äußerungen. Wer aber aus diesen wenigen den grundlegenden Wandel nicht erkennt, der sich in so wenigen Jahren in diesem der pazifistischen Sache am längsten zweifelnd abgewandten Lande geltend gemacht hat, den Umschwung der Gesinnung nicht zugeben will, nicht sieht, wie auf der einen Seite die verantwortlichen Leiter der Politik immer mehr von dem Geiste des Pazifismus durchdrungen werden, der keineswegs gleichbedeutend ist mit Feigheit und kleinlicher Angst, wie ihre Handlungen immer mehr Beweise dieser Einflüsse bilden, und auf der anderen Seite nicht merkt, wie sich der Kreis der Wissenschaft auch in Deutschland immer enger zusammenschließt, um den Krieg, das kriegerische Prinzip, immer mehr zu vereinsamen, der hat kein Auge für die Grundlagen unserer Zeit, kein Ohr für die Ereignisse, in deren Mitte er lebt. Wir können uns um diese Leute nicht kümmern, die so die Grundprobleme unserer Entwicklung mißverstehen. Wir werden weiterarbeiten, so wie es vor mehr als zwanzig Jahren *Max Nordau* uns empfohlen hat, als wir unsere Arbeit begannen. Damals schrieb er an Baronin Suttner (30. Oktober 1891): „Als Schriftsteller glaube ich an die Macht des Wortes und an dessen Beruf, überlieferte Gesinnungen umzustimmen und neue, bessere zu vertreten. Glaubte ich nicht daran, so hätte ich ja längst meine Feder zerbrochen. Schreiben und reden wir also unverdrossen gegen die Kriegsgreuel! *Semper aliquid haeret* [*etwas bleibt immer hängen*], und allmählich werden wir die Regierungen und Völker wohl von Barbaren zu Menschen bekehren." Wie hatte er recht gehabt! Hätten die Pazifisten nicht in vollem Glauben an die überzeugende Kraft des Wortes jahrzehntelang die öffentliche Meinung Deutschlands bearbeitet, unbekümmert um den Hohn, der ihnen lange genug entgegenhallte, unbekümmert um Verleumdung, Beleidigung und Verachtung, nimmer wäre dieser Wandel in der geistigen Struktur des deutschen Volkes erfolgt; nimmer so rasch. Daß er eingetreten ist, daß er durch ihre Arbeit eingetreten ist, dürfen die Pazifisten ohne Scheu sich rühmen. Sie haben zu ehrlich gekämpft, um bescheiden sein zu sollen.

Die Propaganda in ihren Einzelheiten

Es ließe sich über die Entwicklung der Friedensaktion in Deutschland in diesem letzten Jahrfünft noch viel mehr sagen, als durch die Wiedergabe einiger Äußerungen von Staatsmännern und Gelehrten gesagt wird. Man könnte die Propaganda in ihren Einzelheiten darstellen, wie sie von Tag zu Tag von den verschiedenen Friedensgesellschaften, Verständigungsgruppen, von einzelnen Pazifisten, von der Presse, in den Kreisen des Hochhandels, der Industrie, der Studentenwelt, der Frauen und der verschiedenen politischen Parteien betrieben wurde. Es ist nicht nur der begrenzte Raum, der hier Einhalt gebietet, sondern auch die Unmöglichkeit, bei dem Mangel an Perspektive für diese Ereignisse das Wichtigste vom Unwichtigen zu trennen, das Zukunftsreiche vom Totgeborenen zu scheiden, und dabei über die trockene chronologische Aufzählung nicht hinauszukommen. Es sei daher für die neueste, in stetem Fluß befindliche Bewegung auf die Fachpresse, die Jahrbücher, die Jahreschroniken des Pazifismus usw. verwiesen. Dasselbe gilt auch für die Einzelheiten der Propaganda in den anderen Ländern[85], wo die Masse der Vor-

---

[85] Auf das Erscheinen eines Buches soll hier nur kurz nochmals hingewiesen werden, das einen Engländer zum Verfasser hat und dessen Einwirkung auf den Zeitgeist in allen Ländern von großer Tragweite sein dürfte. Es ist Norman ANGELLS Schrift *„Die große Täuschung"*, die in neun verschiedenen Sprachen (1909–1910) erschien. Darin wird die Unrentabilität des Krieges im Hinblick auf den

fälle noch mehr dazu zwingt, den Rahmen hier nicht so weit zu spannen und es bei einer Skizzierung der wichtigsten und allgemeinsten Ereignisse zu belassen.

8. Der III. Haager Konferenz zu

Die neue Friedenskonferenz, die im Jahre 1915 im Haag abgehalten werden soll, wirft schon seit langem ihre Schatten voraus. Der Vorbereitungsausschuß, der, entsprechend der von der II. Konferenz gefaßten Resolution, zwei Jahre vor der Konferenz zusammentreten und mit der Prüfung und Vorbereitung des Programms betraut werden soll, müßte demnach im Jahre 1913 gebildet werden. Einige Regierungen haben bereits (Sommer 1912) Ausschüsse zur Vorbereitung der nächsten Friedenskonferenz eingesetzt. Es sind dies die Regierungen von Dänemark, Frankreich, Norwegen, den Niederlanden und von Schweden. In der völkerrechtlichen und in der pazifistischen Fachpresse werden die Probleme schon eingehend erörtert, die man in jenen Kreisen auf dem Programm der nächsten Haager Konferenz sehen möchte. Die interparlamentarischen Konferenzen, die Weltfriedenskongresse und die Versammlungen des *„Institut de Droit international"* haben schon seit Jahren ihre darauf bezughabenden Wünsche geäußert. Immer erscheinen noch neue Vorschläge und Arbeiten. Eine reiche Literatur ist entstanden, die den Diplomaten die Arbeit leicht zu machen bestimmt ist. Es wird sich zunächst darum handeln, jene Fragen zur Erörterung zu bringen, die auf der zweiten Konferenz ungelöst blieben oder nur teilweise erledigt wurden. Zu diesen gehört der allgemeine obligatorische Schiedsvertrag und der wirklich ständige Schiedshof. Wenn der Prisenhof bis 1915 noch nicht errichtet sein sollte, wird die Konferenz dessen Einsetzung beschleunigen müssen. Von großer Wichtigkeit wäre es, Ge-

---

wirksamsten Zusammenhang der Völker in einer so klaren und überzeugenden Weise dargelegt, wie es die Vorgänger des Verfassers nicht vermochten. Das Buch hat ungeheures Aufsehen gemacht, in allen Parlamenten wurde davon gesprochen, viele Staatsoberhäupter, Minister und Diplomaten haben es gelesen und sich zustimmend geäußert Es ist dasjenige pazifistische Buch, das in den letzten Jahren den meisten Erfolg hatte.

wißheit darüber zu erhalten, ob es möglich sein wird, nunmehr das Rüstungsproblem zur Erörterung zu bringen, oder ob es wieder nicht gestattet sein soll, diese brennendste Frage der Zeit anzuschneiden. Es wird die Aufgabe der Parlamente und auch die der pazifistischen Organisationen sein, die Regierungen zu veranlassen, daß sie der Absicht einiger von ihnen, das Rüstungsproblem im Haag zur Sprache zu bringen, keinen Widerstand mehr entgegensetzen, und daß alle mit ehrlichen Absichten daran gehen, zu versuchen, den schwerwiegendsten Konflikt der Gegenwart seiner Lösung zumindest näher zu bringen.

Reiche Arbeit wird die Konferenz dort vorfinden, wo es sich darum handeln wird, bereits eingesetzte Einrichtungen weiter zu entwickeln, ihnen höhere Vollkommenheit und größere Wirksamkeit zu geben. Auf dem Gebiete der Kriegsvorbeugung ist da noch viel zu machen. Die Vermittlung und die guten Dienste, die im Konfliktsfalle oft versagen, könnten zu einer mehr automatisch wirkenden Funktion gebracht werden, die Untersuchungskommissionen sollten ständig werden. Man wird Mittel suchen müssen, um die Macht der öffentlichen Meinung als kriegshintanhaltende Kraft zur bessern Ausnützung zu bringen, die Rechte der Neutralen so zu stärken, daß auch hier eine kriegsverhütende Kraft besser zur Wirksamkeit kommt. Man wird vielleicht daran denken müssen, den durch das Haager Werk geschaffenen „Staatenverband" deutlicher sichtbar zu machen, ihn aus dem embryonalen Zustande herauszuführen und zum Bewußtsein zu erwecken. Man wird in der Kodifikation des Völkerrechts weiter fortschreiten müssen und wird darin selbst dann einen Fortschritt erblicken, wenn es sich um kriegsrechtliche Materien handeln sollte; denn die Festlegung des Weltrechts ist an sich Friedenswerk. Auf dem kriegsrechtlichen Gebiete hofft die Kulturwelt ein Verbot des Luftkrieges zu erreichen, eine Maßnahme, die als selbstverständlich angesehen werden wird, bis der erste Luftrausch sich gelegt haben wird. Denn durch die Vervollkommnung der Luftkriegsmaschinen wird jeder Krieg unmöglich werden, nicht weil er barbarischer sein wird – das pflegt kein Hindernis für die Einführung neuer Waffen zu sein –, sondern weil die Oberkommandos nicht mehr sicher sein werden; es sei denn, daß die Schlachtenlenker künftig ihr Amt unterirdisch werden ausführen wollen. Vom pazifistischen Standpunkt ist es daher eine Frage, ob es überhaupt taktisch richtig ist, für das Verbot des Luftkrieges einzutreten. Eine wichtige Aufgabe der nächsten Haager Konferenz wird es sein, das Konferenzwerk zur künftigen automatischen Funktion zu bringen, daß die Wiedervereinigung der IV. Konferenz bereits fest und nicht zu einem zu entfernten Zeitpunkt beschlossen wird, und daß während ihrer Nichttagung irgendein Amt oder ein Ausschuß die Konferenz repräsentiert.

Man sieht, daß die nächste Zeit reiche Arbeit im Dienste des Friedenswerkes bringen wird. Von dem Programm, das der vorbereitende Ausschuß aufstellen wird, wird das Schicksal der Konferenz, wird ein Jahrzehnt der Friedensentwicklung abhängen. Die Arbeiter am Friedenswerk werden daher gut tun, ihre ganze Kraft jetzt auf diesen einen Punkt zuzuspitzen, damit die Konferenz von 1915, die ein Jahrhundert nach dem Wiener Kongreß zusammentreten wird, alle Hoffnungen erfülle, die der folgerichtige und demnach gemäßigt denkende Pazifismus auf sie setzt. Es wird vieles davon abhängen. Möge die rastlose Vorarbeit, die seitens der Friedensbewegung geleistet wird, in der Hand befähigter Männer zum Wohle der Menschheit verwertet werden. Möge der große Moment kein kleines Geschlecht finden. Wie es aber auch kommen mag, aus dem hier versuchten Überblick über die Geschichte der Friedensidee und der Friedensbewegung kann man ersehen, daß der Pazifismus ein kraftvoller Strom geworden ist, der mächtig durch unser Zeitalter rauscht. Seiner Macht können Hindernisse erstehen, die ihn aber immer nur reißender machen werden; zum Versiegen kann er nicht mehr gebracht werden. Mögen die Gegner, die Gewaltprediger, die Kriegsapostel sich darüber klar werden: Eine Idee, die bereits eine solche Geschickte hat, wie diese, die so eng verwachsen ist mit allem, was das Menschenleben Großes, Beglückendes und Notwendiges zeitigt, die kann man an ihren Niederschichten besudeln, aber nie in ihrer Ganzheit besiegen. Mögen sich darüber auch die Mitstreiter klar werden und den Lärm der Gegner nicht überschätzen. Der Sand knirscht unter den Füßen des Wanderers und bedeckt seine Schuhe mit Staub. Das sind nur Begleiterscheinungen jeder Vorwärtsbewegung. Und daß es sich um eine Vorwärtsbewegung handelt, um einen ununterbrochenen Aufstieg, das darzulegen, ist der Zweck dieses geschichtlichen Überblicks. Möge aus diesem

Rückblick auf das Vergangene die werdende Frucht erkannt werden, möge daraus Mut und Zuversicht sprießen für die Millionen,
die der Zeit des nahen Weltfriedens entgegenarbeiten.

———

LITERATUR ZUR
GESCHICHTE DER FRIEDENSBEWEGUNG

(Auszug aus der sehr umfangreichen Bibliographie in
Frieds zweiteiligem ‚Handbuch der Friedensbewegung', 1911/1913)

ARNOLDSON, K. P.: Pax Mundi. Eine historische Darstellung der Bestrebungen für Gesetz und Recht zwischen den Völkern. Autorisierte Übersetzung aus dem Dänischen. Stuttgart 1896.

BAJER, Fredrik: Les Origines du Bureau international de la paix. 8°. Bern 1911. Verlag des Berner Bureaus. 27 S. [Interessanter Beitrag zur Geschichte der Friedensbewegung.]

FISCHER-LETTE, MARIE: Die Entstehung und Entwicklung der Friedensgesellschaften nebst einer Liste der (zu jener Zeit) bekannten Vereine. Frankfurt a. M. 1891. [Veraltet. Nur geschichtlich von Interesse.]

FRIED, Alfred H.: Bertha von Suttner. (Persönlichkeiten. Heft 14.) 8°. Charlottenburg o. J. Virgilverlag 28 S. (Kurze Charakteristik der bedeutenden Vorkämpferin.)

HENNIG, Dr., Richard: Alfred Nobel, der Erfinder des Dynamits und Gründer der Nobelstiftung. Eine biographische Skizze. Lex.-8°. Stuttgart (1912). Francksche Verlagsbuchhandlung. Mit 12 Abbildungen. 51 S.

HETZEL, H.: Die Humanisierung des Krieges und ihrer kulturgeschichtlichen Entwicklung. Eine Studie: Die Humanisierung des Krieges in den letzten hundert Jahren. Von der französischen Revolution bis zur Gegenwart (1789-1889). Die Tatsachen und die Literatur. 4°. Frankfurt a. d. Oder. O. J. Trowitzsch & Sohn. 288 S. [Der Titel ist irreführend. Das Buch enthält ein reiches Material zur Geschichte der Friedensbewegung und jener geschichtlichen Ereignisse, die für die Friedensidee von Wichtigkeit waren, nebst einer Sammlung zeitgenössischer Äußerungen darüber. Den I. Teil seines mühevollen Werkes (bis zur franz. Revolution) hatte der Verfasser, nach mir gemachten mündlichen Mitteilungen, die Absicht, in der Handschrift der Kgl. Bibliothek in Berlin zu vermachen.]

JÄHNS, Max: Über Krieg, Frieden und Kultur. Eine Umschau. 2. Auflage. 8°. Berlin 1893. Allgemeiner Verein für deutsche Literatur. [Eine Schrift gegen die Friedensidee; doch mit guten und interessanten Daten über die Friedensbestrebungen in früheren Jahrhunderten bis zur Mitte des 19. Jahrhunderts.]

KÄTSCHER, Leopold: Bertha von Suttner, die „Schwärmerin" fürs Gute. Mit Porträts, Illustrationen und einer Auswahl Gedankenperlen. 8°. Dresden 1903. 132 S. [Kurze biographische Skizze der hervorragenden Vorkämpferin.]

MEYER, Dr. Emil Heinrich: Die staats- und völkerrechtlichen Ideen von Peter Dubois. (Arbeiten aus dem juristisch-staatswissenschaftl. Seminar der Kgl. Universität Marburg. Heft 7.) 8°. Marburg a. d. L. 1908. Adolf Ebel. 119 S.

PENZIG, Dr. Rudolf: Moritz von Egidy. Lebendige Gedanken eines Toten. 8°. Berlin-Schlachtensee 1909. Volkserzieherverlag. 30 S.

SCHWITZKY, Dr., Ernst: Der Europäische Fürstenbund Georgs von Podebrad. Ein Beitrag zur Geschichte der Friedensidee. (Arbeiten aus dem juristisch-staatswissenschaftlichen Seminar der kgl. Universität Marburg Nr. 6.) 8°. Marburg a. d. L. 1907. Adolf Ebel. 60 S.

SIEMERING, Carl Ludwig: Von der ersten deutschen Friedensgesellschaft zu Königsberg i. Pr. 1850-1851. Nach neueren Forschungen anläßlich der Hundertjahrfeier Julius Rupps mitgeteilt. 8°. Frankfurt a. M. 1909. Gebr. Kröner. 44 S.

SUTTNER, Bertha v.: Memoiren. Gr.-8°. Stuttgart 1909. Deutsche Verlagsanstalt. Mit 3 Bildnissen der Verfasserin. 533 S. [Reiches Quellenmaterial für die Geschichte der Friedensbewegung von 1891-1902.]

SUTTNER, Bertha v.: Aus der Werkstatt des Pazifismus. 8°. Wien 1912. Heller & Co. 55 S. [Erinnerungen aus der neuzeitlichen Entwicklung der Friedensbewegung. Über die Haager Konferenz, Alfred Nobel, Reisen der Baronin nach Skandinavien und Amerika.]

———

DODGE, David Low: War inconsistent with the Religion of Jesus Christ. With an Introduction by Edwin D. Mead. Boston 1905. XXIV u. 168 S. [Neuausgabe der im Jahre 1812 erschienenen Schrift des Mitbegründers der modernen Friedensbewegung. Auch friedensgeschichtlich – namentlich die Einleitung – interessant.]

DUCOMMUN, Elie: Précis historique du mouvement en Faveur de la Paix. 8°. Bern 1899. Berner Bureau. 31 S.

EVANS, Howard: Sir Randal Cremer. His Life and Work. 8°. London 1909. Fisher-Unwin. 356 S. [Wichtiges Material für die Geschichte der Friedensbewegung in der zweiten Hälfte des 19. Jahrhunderts.]

FRANK, Louis: Les Beiges et la Paix. Gr.-8°. Bruxelles. 1905. Henri Lamarttine. 178 S. [Ausführliche Darstellung der belgischen Verdienste um den Internationalismus und Pazifismus. Interessante Schilderungen des Brüsseler Friedenskongresses von 1848 und seiner Folgen für die pazifistische und völkerrechtliche Entwicklung in Belgien.]

HENRY IV.: The Great Design of, from the Memoirs of the Duke of Sully etc. With Introduction by Edwin D. Mead. 8°. Boston 1909. XXI u. 91 S. [Friedensgeschichtlich interessante Darstellung und auszügliche Wiedergabe des Planes Heinrichs IV. von Frankreich.]

MONETA, E. T.: Le Guerre, le Insurrezioni e la Pace nel Secolo decimonono. Bis jetzt 4 Bde. 8°. Mailand 1903-1910. [Mit sehr eingehenden Schilderungen der Friedenskongresse in der Mitte des 19. Jahrhunderts.]

PASSY, Frédéric: Pour la Paix. Notes et Documents. 8 °. Paris 1909. 329 S. [Wichtige Beiträge zur Geschichte der Friedensbewegung von 1867-1908. Im Anhang einige friedensgeschichtlich interessante Dokumente.]

PASSY, Fred.: Historique du Mouvement de la Paix. 8°. Paris 1904. V. Giard et E. Brière. 64 S. [Kurzer Beitrag zur Entwicklung der Friedensbewegung in den letzten Jahrzehnten.]

Peckover, P. H.: Story of the Formation of the International. Peace Bureau. 8 °. Wisbech o. J. Verlag der „Wisbech Local Peace Association". 8 S.

Pontonie -Pierre, Edmond: Historique du mouvement de la Paix. 8°. Berne 1899. (Int. Friedensbureau). 117 S. [Interessanter Hinweis auf die Geschichte der Friedensbewegung um die Mitte des vorigen Jahrhunderts. Friedenskongresse zu Brüssel (1848), Paris (1849) und Frankfurt a. M. (1850) bis zur Gründung der „Ligue de la Paix et de la Liberté".]

Raeder, A.: L'Arbitrage international chez les Hellènes. (Publication de l'Institut Nobel Norvégien.) 4°. Kristiania 1912. Duncker & Humblot in München. 322 S. [Eine dokumentierte Darstellung der ausgedehnten Schiedspraxis im alten Griechenland. Aufzählung von 81 Schiedsfällen bzw. Schiedsverträgen.]

Sundblad, Carl: Svenska fredsrörelsens Historia. Åren 1883-1903. På uppdrag af Svenska Freds- och Skiljedomsföreningens Centralstyrelse utarbeted. 8°. Stockholm (1903). Verlag der Gesellschaft XV u. 340 S. [Zwanzig Jahre schwedischer Friedensbewegung mit vielen Belägen und Porträts.]

Alfred Hermann Fried

(* 11.11.1864 Wien, † 5.5.1921 Wien)
Friedensnobelpreisträger

Neue Deutsche Biographie Bd. 5 | 1961[1]

Von Hans Wehberg

Vater: Samuel (* 1833), aus Szigetvár/Ungarn, Privatbeamter – Mutter: Bertha (* 1842), Tochter des Kaufmanns Leopold Engel in Budapest.

Alfred Hermann Fried besuchte bis zum 15. Lebensjahre die Schule und war zunächst Buchhändler. Seit 1891 widmete er sich, angeregt durch Bertha von Suttner, der Vertiefung und Propaganda der Friedensidee. Es war die Zeit, wo die Friedensbewegung noch mehr oder weniger einen rein gefühlsmäßigen Charakter trug und wo man glaubte, ein Allheilmittel zur Sicherung des Friedens in der Schiedsgerichtsbarkeit, der Abrüstung und so weiter gefunden zu haben. Zum Beispiel in seinem *„Friedens-Katechismus, ein Compendium der Friedenslehre"* (1895) war Fried noch Vertreter der landläufigen Ansicht. Später ging er seine eigenen Wege. Er veranlaßte zwar 1892 die Gründung der Deutschen Friedensgesellschaft [DFG], stand solchen Gesellschaften später aber kritisch gegenüber. Besonders die weit hinter den Erwartungen pazifistischer Kreise zurückbleibenden Ergebnisse der 1. Haager Friedenskonferenz (1899) regten ihn zum Nachdenken an. Er erkannte, daß der Friede nicht von heute auf morgen geschaffen werden, sondern erst das Ergebnis einer längeren Entwicklung sein könne. Er trat besonders für den Ge-

---

[1] Textquelle | Hans WEHBERG: ‚Fried, Alfred Hermann.' In: Neue Deutsche Biographie (NDB). Band 5, Berlin: Duncker & Humblot 1961, S. 441-442. [Online-Ausgabe: https://daten.digitale-sammlungen.de/0001/bsb00016321/images/index.html?seite=455]; Text übernommen gemäß Lizenz: CC BY-NC-ND 3.0 DE Deed.

danken ein, die vorhandene Anarchie durch eine zwischenstaatliche Organisation zu überwinden. Er führte aus, der Pazifismus habe diese Organisation nicht erst zu schaffen, denn sie entwickle sich schon lange von sich aus; Aufgabe der Friedensbewegung sei es, diese Entwicklung zu beschleunigen, indem sie sie vor allem den Zeitgenossen bewußt mache. Die Organisation der Welt werde den Charakter der Streitigkeiten zwischen den Staaten ändern und die Ursachen der Konflikte beseitigen. Mit großer schriftstellerischer Begabung hat Fried seine Ideen in der Tagespresse, der von ihm 1899 begründeten Zeitschrift *„Die Friedens-Warte"* (später subventioniert durch die Carnegie-Friedensstiftung) und in programmatischen Schriften vertreten und ihre Richtigkeit an den Tagesereignissen zu demonstrieren versucht. In dem *„Annuaire de la Vie Internationale"* (Monaco und Brüssel 1905-1911) stellte er die Beweise für die Entwicklung der Internationalen Organisation zusammen. Er verstand es, die Aufmerksamkeit der Zeitgenossen auf diese Probleme zu lenken. Männer wie Walther Schücking und Max Huber sind von ihm beeinflußt worden. Daß Fried die Kraft dieser Internationalen Organisation überschätzte, kann heute, nach dem Versagen des Völkerbundes und der Schwäche der UNO, zugegeben werden. Organisation ist zwar für den Weltfrieden wichtig, doch nicht das allein Entscheidende. A. H. Frieds Verdienst bleibt darum nicht weniger groß: in der Zeit vor dem 1. Weltkrieg alles getan zu haben, um die Katastrophe abzuwenden, vor allem durch die wissenschaftliche Behandlung des Friedensproblems. Der Weltkrieg traf ihn aufs schwerste. Nach seinem Ausbruch ging er in die Schweiz, wo er die politischen Ereignisse kritisierte und für einen Völkerbund eintrat. Nach seinem Ende bekämpfte er die Friedensverträge von Versailles und Saint Germain und zeigte sich dem Völkerbund gegenüber kritisch.

Auszeichnungen: Friedensnobelpreis (1911 zusammen mit Minister T. M. C. Asser), Dr. sc. pol. h. c. (Leiden 1913).

Bibliographie

Bei Texten, die auch im Internet abgerufen werden können,
ist der jeweils vorangestellte Kurztitel
mit einem Sternchen* versehen.

1. Schriften von Alfred Hermann Fried | Auswahl

FRIED 1898 = Alfred Hermann Fried: *Das Tagebuch eines zum Tode Verurteilten.* Berlin: Carl Duncker's Verlag 1898. [153 Seiten].

FRIED 1900a = Alfred Hermann Fried: *Die Haager Conferenz, ihre Bedeutung und ihre Ergebnisse.* Berlin: Bermühler 1900. [VIII und 80 Seiten].

FRIED 1900b* = Alfred Hermann Fried: *Kleine Anzeigen.* Sociale Streifbilder vom Jahrmarkt des Lebens. Berlin: Hugo Bermüller Verlag 1900. [243 Seiten] [archive.org].

FRIED 1903* = Alfred Hermann Fried: *Lehrbuch der internationalen Hilfssprache „Esperanto".* Mit Wörterbuch in Esperanto-Deutsch und Deutsch-Esperanto. Berlin-Schöneberg: Esparanto-Verlag 1903. [120 Seiten] [archive.org].

FRIED 1904 = Alfred Hermann Fried: *Deutschland und Frankreich.* Ein Wort über die Notwendigkeit und Möglichkeit einer deutsch-französischen Verständigung. Berlin-Charlottenburg: Verlag Continent 1904. [80 Seiten].

FRIED 1905* = Alfred Hermann Fried: *Handbuch der Friedensbewegung.* Erste Auflage. Wien [und Leipzig]: Verlag der Österreichischen Friedensgesellschaft 1905. [Gesamtumfang VII und 464 Seiten] [archive.org] [Inhalt: Grundbegriffe der Friedensbewegung; Die realen Grundlagen; Organisation des Weltfriedens; Die Hager Konferenz; Geschichte der Friedensbewegung; Die Friedensbewegung und ihre Organe].

FRIED 1907a* = Alfred Hermann Fried: *Die moderne Friedensbewegung.* Leipzig: Verlag Teubner 1907. [120 Seiten] [archive.org].

FRIED 1907b* = Alfred Hermann Fried: *Die zweiter Haager Konferenz:* Ihre Arbeiten, ihre Ergebnisse und ihre Bedeutung. Leipzig: Elischer [1907/1908]. [218 Seiten]

FRIED 1908a* = Alfred Hermann Fried: *Die Grundlagen des revolutionären Pacifismus.* Tübingen: J.C.B. Mohr 1908. [68 Seiten] [archive.org].

FRIED 1908b = Alfred Hermann Fried: *Das internationale Leben der Gegenwart.* Leipzig: B.G. Teubner 1908. [104 Seiten].

FRIED 1908c* = Alfred Hermann Fried: *Wien – Berlin. Ein Vergleich.* Wien / Leipzig: Josef Lenobel Verlagsbuchhandlung 1908 [125 Seiten] [https://fedora.phaidra.univie.ac.at/fedora/get/o:403413/bdef:Asset/view].

FRIED 1909 = Alfred Hermann Fried: *Der kranke Krieg.* Leipzig: Alfred Kröner 1909. [176 Seiten].

FRIED 1910* = Alfred Hermann Fried: *Der Kaiser und der Weltfrieden*. Berlin: Maritima Verlag 1910. [194 Seiten] [archive.org].

FRIED 1911 = Alfred Hermann Fried: *Handbuch der Friedensbewegung. Erster Teil. Grundlagen, Inhalte und Ziele der Friedensbewegung*. Zweite, gänzlich umgearbeitete und erweiterte Auflage. Berlin und Leipzig: Verlag der „Friedens-Warte" 1911. [Umfang 492 Seiten; auf S. XII eine Fried-Bibliographie].

FRIED 1913* = Alfred Hermann Fried: *Handbuch der Friedensbewegung. Zweiter Teil. Geschichte, Umfang und Organisation der Friedensbewegung*. Zweite, gänzlich umgearbeitete und erweiterte Auflage. Berlin und Leipzig: Verlag der „Friedens-Warte" 1913; darin S. 1-262: „VI. Die Geschichte der Friedensbewegung". [Gesamtumfang 492 Seiten] [archive.org].

FRIED 1914* = Alfred Hermann Fried: *Kurze Aufklärungen über Wesen und Ziel des Pacifismus*. Berlin: Verlag der Friedens-Warte 1914. [32 Seiten] [archive.org].

FRIED 1915* = Alfred Hermann Fried: *Europäische Wiederherstellung*. Zürich: Orell Füssli 1915. [139 Seiten] [urn:nbn:de:bvb:12-bsb11124817-2].

FRIED 1916a* = Alfred Hermann Fried: *Vom Weltkrieg zum Weltfrieden*. Zwanzig Kriegsaufsätze. Zürich: Orell Füssli 1916. [106 Seiten] [urn:nbn:de:bvb:12-bsb11125291-2].

FRIED 1916b* = Alfred Hermann Fried: *Die Forderung des Pazifismus*. Zürich: Orell Füssli 1916. [30 Seiten] [urn:nbn:de:bvb:12-bsb11124950-7].

FRIED 1917* = Alfred Hermann Fried: *Die Bestrebungen der Vereinigten Staaten für Ausbau und Festigung einer zwischenstaatlichen Ordnung* (1794–1917). Haag / Holland Juli 1917. [52 Seiten] [urn:nbn:de:bvb:12-bsb11125368-3].

FRIED 1918 = Alfred Hermann Fried: *Pan-Amerika*. Entwicklung, Umfang und Bedeutung der zwischenstaatlichen Organisation in Amerika. 1810–1918. Zweite Auflage. Zürich: Orell Füssli 1918. [293 Seiten].

FRIED 1918* = Alfred Hermann Fried: *Probleme der Friedenstechnik*. (Nach dem Weltkrieg, Bd. 6). Leipzig: Verlag Naturwissenschaften GmbH 1918. [53 Seiten] [urn:nbn:de:bvb:12-bsb11125321-5].

FRIED 1918*/2005 = Alfred Hermann Fried: *Mein Kriegstagebuch*. (Vier Teile). Zürich: Max Rascher 1918/1920. [461 Seiten (archive.org)]. [Neuedition hg. von Gisela & Dieter Riesenberger | Alfred Hermann Fried: Mein Kriegstagebuch – 7. August 1914 bis 30. Juni 1919. Bremen: Donat Verlag 2004; 384 Seiten].

FRIED 1919 = Alfred Hermann Fried (Hg.): *Der Völkerbund*. Ein Sammelbuch. Wien/Leipzig: E. P. Tal 1919. [129 Seiten].

FRIED 1920* = Alfred Hermann Fried: *Der Weltprotest gegen den Versailler Frieden*. Leipzig: Reinhold 1920. [78 Seiten] [https://digital.ub.uni-leipzig.de/mirador/index.php].

FRIED/SUTTNER 1917* = Alfred Hermann Fried (Hg.): *Bertha von Suttner: Der Kampf um die Vermeidung des Weltkrieges*. Randglossen aus zwei Jahrzehnten zu den Zeitereignissen vor der Katastrophe. 1892–1900 und 1907–1914. Zwei Bände. Zürich: Orell Füssli 1917. [Erster Band: nicht eingesehen; Zweiter Band: XVI und 630 Seiten] [Online-Ausgabe des Zweiten Bandes: urn:nbn:de:bvb:12-bsb11125370-6].

2. LITERATUR
ÜBER ALFRED HERMANN FRIED
UND DIE DEUTSCHE FRIEDENSGESELLSCHAFT

AMSELEM 2006 = Armand Amselem: Les prix Nobel de la paix juifs. Recherche la paix et poursuis-la (Ps 34:15). Lyon: Aléas 2006.

DONAT/HOLL 1983 = Helmut Donat / Karl Holl (Hg.): Hermes HandLexikon. Die Friedensbewegung. Organisierter Pazifismus in Deutschland und in der Schweiz. Vorwort von Dieter Lattmann. Düsseldorf: Econ Taschenbuch Verlag 1983, S. 135-137: ‚Alfred Hermann Fried' (von A. Gasser).

GÖHRING 2006 = Walter Göhring: Verdrängt und Vergessen. Friedensnobelpreisträger Alfred Hermann Fried. Wien: Kremayr & Scheriau 2006.

GÖHRING 2011 = Walter Göhring: Frieden ohne Grenzen – zu Alfred Hermann Fried, Friedensnobelpreisträger 1911. (Spuren in die Gegenwart). Wien: Löcker 2011.

GRÜNEWALD 1992 = Guido Grünewald: Nieder die Waffen! Hundert Jahre deutsche Friedensgesellschaft 1892-1992. (= Schriftenreihe Geschichte und Frieden, Band 3). Bremen: Donat Verlag 1992. [219 Seiten].

GRÜNEWALD 2016 = Guido Grünewald (Hg.): Alfred Hermann Fried: Organisiert die Welt! Der Friedens-Nobelpreisträger – sein Leben, Werk und bleibende Impulse (= Geschichte & Frieden, Band 36). Bremen: Donat 2016. [272 Seiten].

KUPFER 2001 = Bernhard Kupfer: Lexikon der Nobelpreisträger. Düsseldorf: Patmos 2001.

LIPP/LÜTGEMEIER-DAVIN/NEHRING 2010 = Karlheinz Lipp / Reinhold Lütgemeier-Davin / Holger Nehring (Hg.): Frieden und Friedensbewegungen in Deutschland 1892-1992. Ein Lesebuch. Essen: Klartext Verlag 2010, S. 22, 43, 56-60, 64 f, 68, 70, 79 f, 98, 130.

LÜTGEMEIER-DAVIN 1982 = Reinhold Lütgemeier-Davin: Pazifismus zwischen Kooperation und Konfrontation. Das Deutsche Friedenskartell in der Weimarer Republik. (= Pahl-Rugenstein Hochschulschriften 104). Köln: Pahl-Rugenstein Verlag 1982. [542 Seiten].

LÜTGEMEIER-DAVIN 2016 = Reinhold Lütgemeier-Davin: Köpfe der Friedensbewegung (1914-1933). Gesehen von dem Presszeichner Emil Stumpp. Essen: Klartext Verlag 2016, S. 65, 86, 219.

MACHE 2015 = Beate Mache: Alfred H. Fried und die pazifistische Bewegung. In: Kalonymos Heft 1, Essen 2015, S. 12. [http://www.steinheim-institut.de/kalonymos/pdf/kalonymos_2015_1.pdf#page=12].

MAUERMANN 1990 = Helmut Mauermann: Das Internationale Friedensbüro 1892 bis 1950. (= Silberburg Wissenschaft, Geschichte, 284). Stuttgart: Silberburg-Verlag 1990.

ÖBL 1957* = Eintrag „Fried, Alfred Hermann". In: Österreichisches Biographisches Lexikon 1815–1950 (ÖBL). Band 1 Wien: Verlag der Österreichischen Akademie der Wissenschaften 1957, S. 361-362. [https://www.biographien.ac.at/oebl_1/361.pdf / www.biographien.ac.at/oebl_1/362.pdf].

RAJEWSKY/RIESENBERGER 1987 = Christiane Rajewsky / Dieter Riesenberger: Wider den Krieg. Große Pazifisten von Immanuel Kant bis Heinrich Böll. München: Verlag C. H. Beck 1987, S. 54-60. [Verfasser D. Riesenberger].

SCHEER 1983 = Friedrich-Karl Scheer: Die Deutsche Friedensgesellschaft (1892 – 1933). Organisation, Ideologie, politische Ziele. Ein Beitrag zur Geschichte des Pazifismus in Deutschland. Zweite Auflage. Frankfurt am Main: Haag und Herchen 1983.

SCHÖNEMANN-BEHRENS 2004* = Petra Schönemann-Behrens: „Organisiert die Welt". Leben und Werk des Friedensnobelpreisträgers Alfred Hermann Fried (1864–1921). Dissertation Universität Bremen. Bremen 2004. [395 Seiten]. [https://webdoc.sub.gwdg.de/ebook/diss/Bremen/2004/E-Diss1332_Sch oenemannP.pdf].

SCHÖNEMANN-BEHRENS 2011 = Petra Schönemann-Behrens: Alfred H. Fried. Friedensaktivist – Nobelpreisträger. Zürich: Römerhof 2011.

SCHÖNEMANN-BEHRENS 2021 = Petra Schönemann-Behrens: Alfred Hermann Fried. Peace activist and Nobel Prize laureate. (Brill's Specials in Modern History, 5). Leiden: Koninklijke Brill NV 2021.

TUIDER 2009 = Bernhard Tuider: Alfred Hermann Fried – ein Adlatus oder Inspirator von Bertha von Suttner? Neue Perspektiven auf die Beziehung zweier Leitfiguren der österreichischen Friedensbewegung. In: Marianne Klemun (Hg.): Wissenschaft und Kolonialismus. Wiener Zeitschrift zur Geschichte der Neuzeit, Band 2/2009. Innsbruck: Studienverlag 2009, S. 134–162.

TUIDER 2010 = Bernhard Tuider: Alfred Hermann Fried. Pazifist im Ersten Weltkrieg – Illusion und Vision. Saarbrücken: VDM Verlag Dr. Müller 2010.

URBANEK 2011 = Wilhelm Urbanek (Hg.): 100 Jahre Friedensnobelpreis an Alfred Hermann Fried. Wien: Verlag Bezirksmuseum Alsergrund 2011.

WEHBERG 1961* = Hans Wehberg: ‚Fried, Alfred Hermann.' In: Neue Deutsche Biographie (NDB). Band 5. Berlin: Duncker & Humblot 1961, S. 441-442. [https://daten.digitale-sammlungen.de/0001/bsb00016321/images/index.htm l?seite=455].

3. GESAMTDARSTELLUNGEN ZUR GESCHICHTE
VON PAZIFISMUS UND FRIEDENSBEWEGUNG

BARKELEY 1948 = Richard Barkeley [ehemaliger Name: Richard Baumgarten]: Die deutsche Friedensbewegung 1870-1933. Hamburg: Hammerich & Lesser 1948. [145 Seiten].

DONAT/HOLL 1983 = Helmut Donat/Karl Holl (Bearb.): Die Friedensbewegung: Organisierter Pazifismus in Deutschland, Österreich und der Schweiz. Hermes Handlexikon. Düsseldorf: Econ Taschenbuch Verlag 1983. [432 Seiten].

DÜLFFER/HOLL 1986 = Jost Dülffer / Karl Holl (Hg.): Bereit zum Krieg. Kriegsmentalität im wilhelminischen Deutschland 1890-1914. Beiträge zur historischen Kriegsforschung. Göttingen: Vandenhoeck & Ruprecht 1986.

FABIAN/LENZ 1922 = Walter Fabian / Kurt Lenz: Die Friedensbewegung. Ein Handbuch der Weltfriedensströmungen der Gegenwart. Unter Mitarbeit von 64 hervorragenden in- und ausländischen Vertretern des Pazifismus. Berlin: Schwetschke & Sohn 1922. [336 Seiten] [Reprint mit neuem Vorwort in Köln: Bund-Verlag 1985].

HOLL 1988 = Karl Holl: Pazifismus in Deutschland. Frankfurt am Main: edition suhrkamp 1988. [275 Seiten].

HOLL/WETTE 1981 = Karl Holl / Wolfram Wette (Hg.): Pazifismus in der Weimarer Republik. Beiträge zur historischen Friedensforschung. Paderborn: Ferdinand Schöningh 1981. [181 Seiten].

KOBLER 1928 = Gewalt und Gewaltlosigkeit. Handbuch des aktiven Pazifismus. Im Auftrage der Internationale der Kriegsdienstgegner herausgegeben. Zürich und Leipzig: Rotapfel-Verlag 1928. [388 Seiten].

RIESENBERGER 1985 = Dieter Riesenberger: Geschichte der Friedensbewegung in Deutschland. Von den Anfängen bis 1933. Göttingen: Vandenhoeck & Ruprecht 1985. [297 Seiten].

SCHÜTRUMPF 2023 = Jörn Schütrumpf: Deutsche mit Anstand. Der „Bund Neues Vaterland" wird „Deutsche Liga für Menschenrechte". Eine Veröffentlichung der Rosa-Luxemburg-Stiftung zum 75. Jahrestag der „Allgemeinen Erklärung der Menschenrechte". Hamburg: VSA 2023. [https://www.rosalux.de/fileadmin/rls_uploads/pdfs/sonst_publikationen/VSA_Schuetrumpf_Deutsche_mit_Anstand_RLS.pdf].

WETTE 1991 = Wolfram Wette: Militarismus und Pazifismus. Auseinandersetzung mit den deutschen Kriegen. Mit einem Vorwort von Fritz Fischer. (= Schriftenreihe Geschichte und Frieden, Band 3). Bremen: Donat Verlag 1991. [268 Seiten].

WETTE 2017 = Wolfram Wette: Ernstfall Frieden. Lehren aus der deutschen Geschichte seit 1914. (= Schriftenreihe Geschichte & Frieden, Band 38). Bremen: Donat 2017. [640 Seiten].

4. FORSCHUNGS- UND PUBLIKATIONSREIHEN

FRIEDEN UND KRIEG – Beiträge zur historischen Friedensforschung. Für den Arbeitskreis Historische Friedensforschung herausgegeben von Detlef Bald, Jost Dülffer, Andreas Gestrich, Christa Hämmerle, Corinna Hauswedell, Christian Jansen, Claudia Kemper, Wolfram Wette [https://historische-friedensforschung.org/veroeffentlichungen/frieden-krieg].

SCHRIFTENREIHE „GESCHICHTE UND FRIEDEN" (Stand März 2024: 52 Bände). Herausgegeben von Wolfram Wette und Dieter Riesenberger (†). [Donat Verlag, Bremen: https://www.donat-verlag.de].

edition pace

Die hier fortgesetzte *edition pace*,
initiiert von Thomas Nauerth und Peter Bürger,
erschließt Quellentexte, Inspirationen & Forschungsbeiträge
zu folgenden Themenschwerpunkten:

Kultur der Gewaltfreiheit und des Friedens;
Persönlichkeiten, Spiritualität und Praxis
des gewaltfreien Widerstands;
Friedenstheologie, Kritik der Kriegsreligion;
Kirchliche Friedenslehren und Geschichte des
religiös motivierten Pazifismus;
Ökumenische und interreligiöse Lernprozesse
in der Bewegung für Gerechtigkeit, Frieden und
Bewahrung der Schöpfung.

Ergänzend:
Regal zur Geschichte der Friedensbewegung.

Buchausgaben:
https://buchshop.bod.de/
(Suchfunktion I Eingabe: *edition pace*)